南怀瑾 著

南 怀 瑾 四 书 精 讲

典藏版

话 说 中 庸

人民东方出版传媒
People's Oriental Publishing & Media
东方出版社
The Oriental Press

图书在版编目（CIP）数据

话说中庸 / 南怀瑾著 . —北京：东方出版社，2024.3
（南怀瑾四书精讲：典藏版）
ISBN 978-7-5207-2029-8

Ⅰ.①话… Ⅱ.①南… Ⅲ.①《中庸》—研究 Ⅳ.① B222.15

中国国家版本馆 CIP 数据核字（2023）第 175828 号

南怀瑾四书精讲（典藏版）
话说中庸
南怀瑾 著

责任编辑：张莉娟 杨 灿
出 版：东方出版社
发 行：人民东方出版传媒有限公司
地 址：北京市东城区朝阳门内大街 166 号
邮 编：100010
印 刷：北京文昌阁彩色印刷有限责任公司
版 次：2024 年 3 月第 1 版
印 次：2024 年 3 月第 1 次印刷
开 本：650 毫米 ×960 毫米 1/16
印 张：17.75
字 数：215 千字
书 号：ISBN 978-7-5207-2029-8
定 价：498.00 元（全八册）
发行电话：（010）85924663 85924644 85924641

编者的话

南怀瑾先生是享誉国内外，特别是华人读者中的文化大师、国学大家。先生出身于世代书香门第，自幼饱读诗书，遍览经史子集，为其终身学业打下了扎实的基础；而其一生从军、执教、经商、游历、考察、讲学的人生经历又是不可复制的特殊经验，使得先生对国学钻研精深，体认深刻，于中华传统文化之儒、道、佛皆有造诣，更兼通诸子百家、诗词曲赋、天文历法、医学养生等等，对西方文化亦有深刻体认，在中西文化界均为人敬重，堪称"一代宗师"。书剑飘零大半生后，先生终于寻根问源回到故土，建立学堂，亲自讲解传授，为弘扬、传承和复兴民族文化精华和人文精神不遗余力，其情可感，其心可佩。

二十世纪七八十年代，南怀瑾先生在台湾、香港等地开始讲述"四书"，其中他对《论语》和《孟子·梁惠王》的讲述整理成《论语别裁》《孟子旁通》，分别于1976年、1984年出版。1996年南先生用讲话的语气撰写《原本大学微言》，经周勳男整理后于1998年出版。1998年南先生寓居香港时又亲自撰成《话说中庸》，约9万字，本拟继《原本大学微言》之后出版，可惜因人事变迁和其他种种因素一拖再拖，直至南先生离世仍未得出版。悲痛、遗憾之余，一直负责整理南先生书稿的刘雨虹老师经过再三考虑，决定将南先生所撰书稿一字不变出版，另将她整理后的书稿作为附录印出。同时，南先生年谱一并附于书后，虽简单，但这可能是先生第一个年谱。2015 年 3 月，台北南怀瑾文化事业有限公司出版了《话说中庸》繁体字本，经南先生子女独家授权，由我社在大陆出版简体字本。

作为"四书"之一的《中庸》原为《礼记》之一篇，相传为孔子之孙子思所作。因不满意宋儒对《中庸》的解释，南怀瑾先生亲自撰写了《话说中庸》一书，澄清了人们对"中庸"的误解，指出《中庸》是发挥圣学的宏文，子思旨在阐明孔子之所以为圣人的学养和造诣，既为传统的儒学辩护，又表达自己亲受孔子的教诲而别传圣学心印的精义；《中庸》的要点在于指出学问修养必须先至"中和"的境界，才能明白天人之际心性相关的道体和作用。

南先生在讲述《中庸》时，先"依文解义"，即先消化文句表层的意义，然后再做深入的研究。他指出，《中庸》涵盖了许多重要概念，如天人之际，鬼神之说，君臣、父子、夫妇、昆弟、朋友"五达道"，智、仁、勇"三达德"，"温故""知新""敦厚""崇礼"四重品德等，再由这些概念进行阐发，触类旁通，广征博引，列举中外历史故事，结合自身的阅历和感受，对博大精深的中国传统文化进行了深刻剖析。他采用一贯主张的"以经注经""以史证经"的方式，将《中庸》与《大学》《易经》《论语》等儒家经典相结合，尤其着重阐发了《中庸》与《大学》的密切关系。他指出，曾子的《大学》是从《易经·乾卦文言》的发挥，子思作《中庸》是从《易经·坤卦文言》及《周易·系传》发挥的继起之作，意在阐述"大学之道，在明明德"的"内明"和"外用"之学。具体而言，"天命之谓性，率性之谓道，修道之谓教"是直指天人之际性命互通的基本原理，学养到达"致中和，天地位焉，万物育焉"的中和境界是"内明"性天风月的第一义谛，然后依性起修，可以从事"外用"于治国平天下的功勋事业，这是《中庸》的上论。《中庸》的下论说明下学上达的途径——从反身而诚做起，实证天人之际的大机大用，从而达到复性境界的真正造诣。

南怀瑾先生融会贯通儒释道，在讲述时，将《中庸》等儒家学说与佛、道进行对照，如以佛家唯识法相学中所谓的"率尔心"解释"率性之谓道"的"率性"，以禅宗六祖慧能所说"下下人有上上智"解释孔子所谓"唯上知与下愚不移"；用比较哲学、比较宗教学的方法，以佛学大小乘"闻、思、修"的修行理念，"信、解、行、证"的修行次第，"教、理、行、果"综合的教法，来解释"博学""审问""慎思""明辨""笃行"，等等。

我社与南怀瑾先生结缘于太湖大学堂。出于对中华优秀传统文化的共同认识和传扬中华文明的强烈社会责任感、紧迫感，承蒙南怀瑾先生及其后人的信任和厚爱，独家授权，我社遵南师遗愿，陆续推出南怀瑾先生作品的简体字版，其中既包括世有公论的著述，更有令人期待的新说。对已在大陆出版过的简体字版作品，我们亦进行重新审阅和校订，以求还原作品原貌。作为一代国学宗师，南怀瑾先生"通古今之变，成一家之言"，毕生致力于民族振兴和改善社会人心。我社深感于南先生的大爱之心，谨遵学术文化"百花齐放，百家争鸣"之原则，牢记出版人的立场和使命，尽力将大师思想和著述如实呈现读者。其妙法得失，还望读者自己领会。

东方出版社

二〇二一年十二月

1

目录

出版说明

一九九八年，南师怀瑾先生寓于香港时，撰写这本《话说中庸》。也像写《原本大学微言》一样，先生每日深夜写千余字，次日再由宏忍师打字，其间往复修改三数次之多，才告完稿。

这本书稿，本拟继《原本大学微言》之后即行出版，但是阴错阳差的人事变迁，以及内外其他因素，这本书稿却未能及时出版，一拖就是十几年至今。

二〇〇八年，先生交代嘱咐，先将蔡策先生记录的《孟子》所余各篇，编辑整理出版，然后再行出版有关《中庸》的这本书。

奈何《孟子》最后三篇尚未及出版，先生却意外地悄然离世而去。

面对这本书稿考虑再三再四，决定将原书稿保持一字不变，另将整理后的全部书稿作为附录印出。所作的整理，只有调整长句变短，段落拆解分开，以及简化字句，另多加小标题等，希望国学涉入较浅的读者，易于了解。例如：

原稿：但这也不能说完全是在上位者使野有遗贤的过错。

编改：但野有遗贤，也不能说完全是在上位者的错。

原稿：那是自己平常对家庭父母亲属之间，并没有做到合于人伦之道的孝顺品行，所以便没有得到朋友社会之间的赞许和称誉。

编改：由于自己对父母亲属，没有做到合于人伦之道的孝顺品行，所以得不到朋友社会的赞许和信任。

原稿："诚"，就是天性本具率真的直道，但它赋予在每一个人生身之后的后天人性之中，人们却需要借重学养的修行，才能重新返还而合于原先本有具足的自性。

编改："诚"，就是天性本具率真的直道，但人出生后的后天人性，却需要借重学养修行，才能返合于本有具足的自性。

先生的原稿，是以讲课的方式撰写的，不像一般论文那样严肃，目的是使读者易于了解。所以在整理的过程中，斟酌考虑甚多，难以圆满，也因自身学养能力不足之故，只能勉力而为。

另外，经过两年多的资料搜集整理，先生的简单年谱已初步完成，特附录于书后。

协助工作的，除宏忍师、牟炼外，彭敬始终参与修订工作，十分辛劳，忙碌了一两年，这本书终于可与读者见面了。

刘雨虹　记

二〇一五年元月

　　现代的中国人，尤其是年轻一代的同学们，大概很少听过《中庸》这个名称了，如果是在中年以上，五六十岁的人，有些一提到《中庸》，还会拿它来当笑料，甚之，还很感慨地说：中国人就是被《中庸》所误，所以弄得国家民族百年来吃尽了苦头。但你如向他请教什么是"中庸"他又说不出具体的道理了，因为他们也没有好好读过《中庸》，更谈不上彻底研究《中庸》了。

　　一般人们所谓的中庸，大概就是马马虎虎，糊涂敷衍的意思。也正如现代人用湖南话来说，就是和稀泥；用上海话来说，就是捣浆糊。万事得过且过，不必太认真，大概像煞有介事就可以，那便是中庸之道了。比较好一点来说，只要不左不右，应付得过去，自己不做任何确定的主张，做个随波逐流的滥好人，便是中庸之道了。这样地理解《中庸》，这样地用《中庸》，当然就会使人个个成为庸庸碌碌之辈，所谓国将不国，的确是误国之学，实是不值一谈。

　　其实，《中庸》是一本书，它是传统五经《礼记》中的一篇文章，在宋代的时候，被当时的儒家学者们特别抽出来，和《大学》《论语》《孟子》合起来叫作"四书"，从此影响左右了中国千年来的民族文化。这个历史的故事，我在讲《大学》的时候，已经有比较简略的交代，不必再说了。

　　《中庸》一书，是孔子的孙子子思所作。子思名伋，也便是承继孔子学问心法的弟子曾子的学生。曾子作了一篇《大学》，子思作了一篇《中庸》，都是传承孔子一系儒家学问心法的大作。

　　子思生当中国春秋时代的末期，也就是战国七雄争霸的开始时期，大约在公元前四百九十年之间，比西方文化希腊上古的大哲学家苏格拉底的出世早八十多年。子思在幼年时期，孔子还在世，他是曾经亲自受到孔子的教养，但他却从曾子那里接受学问教育。所以说，子思是曾子的学生，后来的孟子，便是子思的学生。

子思为什么要著《中庸》呢？我们根据孔子后人所著《孔丛子》一书的记载资料，子思在他十六岁的时候（后世疑为六十岁之误，考证难详），到了宋国，宋国的大夫乐朔和他谈论学问之道，话不投机，乐朔对他表示不高兴，就叫人去围攻他。事情被宋国的君侯知道了，亲自去救出了子思。因此子思很感慨地说："文王困于羑里，作《周易》。祖君（孔子）屈于陈、蔡，作《春秋》。吾困于宋，可无作乎！于是，撰《中庸》之书四十九篇。"

乐朔和子思的对话

乐朔和子思讨论学术，他们是怎样地发生歧见呢？《孔丛子》的记载：

"子思年十六，适宋。宋大夫乐朔与之言学焉。朔曰：《尚书·虞》《夏》数四篇善也（《尚书》——《书经》所收集的，只有《尧典》《舜典》等三四篇文章是好的）。下此以讫于秦、费，效尧、舜之言耳，殊不如也（其他的那些《秦誓》《费誓》啊，都是模仿尧、舜的话，实在不够格）。子思答曰：事变有极，正自当耳（那是时代社会有所改变，所以有些文章，也是正对当时的习惯而作）。假令周公尧舜，更时异处，其书周矣（假使周公和尧、舜，彼此颠倒上下换个时代，那么尧、舜的文告，也便会和周代的文句一样了）。乐朔曰：凡书之作，欲以喻民也。简易为上，而乃故作难知之辞，不亦繁乎？

（乐朔说写文告，本来是要一般人们都看得懂，知道了事情，所以愈简单明白愈好。但读那些古书的文章，有些故意作出读不懂的字句，这不是有意找麻烦吗？）子思曰：书之意，兼复深奥；训诂成义，古人所以为典雅也。昔鲁巷亦有似君之言者，伋答之曰：道为知者传，非其人，道不贵矣。今君何似之甚也！（子思说：古书上的记载，固然有时觉得很深奥，其实，只要对文字学的训诂下点工夫就懂了。古人把口说的话变成文字，就要求典雅一些，才使文学有艺术感。从前鲁国也有乡下的里巷之人，像你一样提出这个问题问我，我（子思）对他说：学问之道，是传给真有慧智的人，如果不是智者，那对学问之道，有什么可贵之处呢？现在你怎么也和一般不学无术的人一样见解呢？）"

子思这样说了，乐朔当然是"不悦而退"。便回来对他自己的党徒们说："孺子辱吾（孔伋这个小子，当面侮辱了我）。""其徒曰：此虽以宋为旧。然世有仇焉，请攻之。遂围子思。宋君闻之，驾而救子思。（乐朔的党徒们听了便说：孔家的祖先，虽然也是宋国的人，但隔了很多世代了，而且和我们有旧仇，我们正要找他出气、修理他。因此，就来围攻子思。幸而被宋国的君侯听到了，才亲自带人来解救了子思的危难。）"

但《孔丛子》又记载"子思作《中庸》之书四十九篇"，这正如子思所说，读古书要知道训诂之学了。古文所说的"篇"字，是从竹从扁。换言之，在子思的时代，作书写文章，是把字刻在竹简上面。所以说《中庸》共有四十九篇。后来宋儒朱熹把它割裂分编成三十三章，这便变成了《大学》《中庸》朱注章句之学的起源，并非是子思的原著。但要真正对《中庸》原著考证起来，实在也并非容易的事，我们也只好各说各的了。

何谓《中庸》

子思著《中庸》的原意，如果根据《孔丛子》等平实的记载，他是为了解释孔子删《诗》《书》，订《礼》《乐》，保持中华民族传统文化学问之道的著作。所谓"《中庸》一书，其中言智、仁、勇，言费隐，言诚明、天道、人道。非深入圣人之奥，不能达于心口。子思之学，有渊源于中庸乎见之矣"。

在初唐时期，孔颖达著《礼记正义》，引用汉儒郑玄目录云："名曰《中庸》，以其记中和之用也。庸，用也。孔子之孙子思伋作之，以昭明圣祖之德也。"

但到了南宋初期，宋儒朱熹自作《大学》《中庸》的章句，《中庸》被分割编为三十三章，而且加冠圣境，根据韩愈一篇《原道》论文，认为《中庸》是传"上古圣神，继天立极"的道统，从尧、舜的传心法要而来。那就是尧传位给舜的时候，说了一句"允执厥中"的话。舜再从他一生经验的总结，更加深入地悟到人性的精微，就加了三句而传给禹，所谓"人心惟危，道心惟微。惟精惟一，允执厥中"，这才是中国传统文化的道统。由尧、舜、禹、汤、文王、武王、周公、孔子传承相续。但从孟子以后，便失传了，这便是韩愈《原道》的意思。因此朱熹就认为，现在总算由宋儒程颢、程颐兄弟重新悟出来了，再传到朱熹等人，又把道统接上去了。朱熹和宋儒们却绝口不提这种道统说法，是根据韩愈的《原道》思想而来，未免太过小器了。同时又说："其曰天命率性，则道心之谓也。其曰：择善固执，则精一之谓也。其曰：君子时中，则执中之谓也。"这也都是朱熹对《中庸》确有心得的另一见解。至于在朱注《中庸》章句开头，特别标榜程颐（伊川）解说《中庸》的书题，稍等再说。

有趣的是，到了清初乾隆时代，有名的诗人才子袁枚（子才），他最讨厌宋儒理学，也最不喜欢佛、道两教。他对于《中庸》，认为是西汉儒家的作品。因为他认为孔子、孟子都是山东人，动不动就提到泰山。而《中庸》唯独称华岳。他断定子思没有到过秦地，哪得见过华山或嵩山。袁子才素来就有文思辩才，但对于这些论点，始终免不了名士气的狂放。孔子、子思祖孙，都遭逢乱世，周游行踪所及，岂可认为他们绝对不知华岳！不能单凭一句书本上的文字来作论据，就断定子思未见过华岳。袁枚善于谈诗选色，精煮随园豆腐。至于义理之学，并未深入，而且也是性所不近，习之所远，不足论也。但后人也有认为《中庸》"载华岳而不重"的"华"字，本是山岳的"山"字，乃汉代传刻之误，较为有理。

宋儒程朱说《中庸》

现在再说南宋理学名儒朱熹，在他的章句《中庸》之先，特别提出程伊川解释《中庸》书题的定义，那就大有不同于汉、唐诸儒的解释了。如云：

"子程子曰：不偏之谓中，不易之谓庸。中者，天下之正道。庸者，天下之定理。此篇乃孔门传授心法。子思恐其久而差也，故笔之于书，以授孟子。其书始言一理，中散为万事，末复合为一理。放之则弥于六合，卷之则退藏于密。其味无穷，皆实学也。善读者玩索而有得焉，则终身用之，有不能尽者矣。"

朱熹所引用的程伊川对于《中庸》书题的解释：

第一，所有用字用句的内涵，一望而知，都是采用《易经·文言》

《系传》的义理。如"放之则弥于六合，卷之则退藏于密"，乃至"玩索而有得焉"等结语都是，在此姑且不加讨论。

第二，程子特别提出子思是把孔门《中庸》的心法，唯独传给孟子，不知是根据什么而来，如用一句古文来说，殊不知何所见而云然？

第三，就是开始解释《中庸》两句，"不偏之谓中，不易之谓庸"，问题着实不少。这是一个中国传统文化上的根本问题。程伊川也是讲究群经之首《易经》学问的健者。《易经》包含有"理、象、数、通、变"五大种类。《易》学的理，也就是绝对的哲学和科学的总纲，而且更是数理逻辑的总和。一、不偏就是中吗？二、天下人事和物理，真有一个中吗？

其实，只要有了一个人为假定的不偏之中，这个中心点的本身，已经是有固定的边际，有了边际，早就是偏了。由此引申类推，有一个中，便已是偏，哪里有一个不偏之谓中呢？如有，那也只是人为意识思想分别的假定之中。譬如一个人站在中心，面南背北，左东右西，从北望南，此人已在北面之南。由南望北，此人已在南面之北。左右东西，都是一样道理。所谓中心，只是临时方便，假设为中。由此类推，做人做事，哪里确定有一个不偏之中呢？所以"不偏之谓中"，这等于说："徒有虚言，都无实义"而已。

其次，"不易之谓庸"。不易，就是绝对没有变易的意思。人世间哪里有一个绝对不变不易的事实存在呢？因此而说："中者，天下之正道；庸者，天下之定理"，实在都在玩弄文字上的文学游戏，望之成理，探之无物，也是"徒有虚言，都无实义"。因此，朱熹也觉得大有不洽之处，又在《中庸》书题的下面，自注说："中者，不偏不倚，无过不及之名。庸，平常也。"这岂不是与程子的说法，似是而非，自相矛盾吗？总之，宋儒理学的本来面目，便是如此；从表面看来，气象非凡，如果一经逻辑的推理，就往往自相矛盾了。其原因，就是他们因袭佛道两家及禅宗的说法而来，但又自己不深究"因明"逻辑的辨证，就不知不觉变成"自语相违"了。

《中庸》与《中论》

事实上，程伊川对《中庸》书题解释的见解，是从哪里来呢？那是因为佛学经论中，有一本印度传来龙树菩萨所造的《中论》，它和《百论》、《十二门论》三本佛学专著，在中国的初唐时代，自立一个学派，合称为"三论宗"的重典，风行一时，流传极广。

《中论》的主旨，是批驳后世佛学门徒，偏重于空，或偏重于有的学理，以空非真空，有非实有，启迪缘起性空，性空缘起的毕竟空与胜义有的辨析。故于即空即有，非空非有的原则上，建立一个"因明"义理的"中观"。所以佛学中便有《中论》八不之说，所谓"不生不灭，不断不常，不一不异，不来不出"不中而中的论理。在程氏兄弟（明道与伊川）的当时，都自号称出入佛老多年，他当然也知道《中论》这类佛学的名言。但为了自别于佛道，推开佛学的《中论》，特别标榜吾儒亦早有中庸之道，可以胜过"中观"。所以便有"不偏之谓中，不易之谓庸"的名句出现了。而他却不知佛学的《中论》，是从"因明"逻辑的严谨性而立论。如果随便说一句不偏不易，抬上"因明"逻辑的考台，那绝对通不过的。至于隋唐之际，文中子王通也著有一本《中说》的书，但宋儒们素来薄视王通，绝对不会拿文中子来做对手的，所以我们也不必牵涉到《中说》上去。

　　其实他如引用《论语》所载："子曰：吾有知乎哉？无知也。有鄙夫问于我，空空如也，我叩其两端而竭焉。"这便和《中庸》末后句"上天之载，无声无臭"相同，这才是真正的中庸。

中不中用的中　是《中庸》的中

　　那么《中庸》一书内涵的定义，究竟是什么意思呢？简单明白地说，是以孔颖达所引用汉儒郑玄的解释为最恰当平实。所谓："名曰中庸，以其记中和之用也。庸，用也。"《中庸》一书的中心要点，便是子思提出学问修养的主旨，必须先要做到"中和"的境界，才能明白天人之际心性相关的道体和作用。

　　换言之，子思作《中庸》，他是继承祖父孔子的心传，阐述其师曾子著"大学之道，在明明德"的"内明"和"外用"之学。由他提出"中和"才是"明德""止于至善"的境界。"君子而时中""不可须臾离也"，才能到达"知止而后有定"，乃至"虑而后能得"的七个学养工夫的次第。"慎独"与"诚意"，便是"内明""外用"之间，兼带身心修养的妙用。然后用之于入世的行为，必须具备智、仁、勇的三达德，才能真正做到齐家、治国、平天下的事业。

　　明白了这个原则以后，就可知道《中庸》所谓的"中"，必须以中州音和鲁南一带的发音来读，等于打靶或射箭的中了的中（音仲）发音一样。庸呢？就是用。换言之，学问之道，不是知识，更不是空言。它要在自己个人的心性身心的修养上，"择善固执"，随时随地，处在中和"知止而后有定"的境界，养之有恒，自然而然就会由静虑而得阐发智、仁、勇的正知正行了。

　　至于子思作《中庸》，他和曾子著《大学》的迥然不同之处，便是他首先提出"天命之谓性"的"天"和"性"，然后才讲到"道"和"教"，看来很是特别。事实上，我在讲《大学》的时候，已经提出曾子的《大学》，是从《易经·乾卦·文言》的发挥。子思作《中庸》，是继曾子之后，从《坤卦·文言》及《周易·系传》所发挥的继起之作。例如《中庸》首先提出的"天命之谓性"而到"中和"，便从《坤卦·文言》而来，如曰：

　　《文言》："至柔而动也刚，至静而德方，后得主而有常，含万物而化光。坤道其顺乎！承天而时行。""君子黄中通理，正位居体，美在其中，而畅于四肢，发于事业，美之至也。"以及《系传》所说："一阴一阳之谓道，继之者善也，成之者性也。仁者见之谓之仁，智者见之谓之智，百姓日用而不知，故君子之道鲜矣。""成性存存，道义之门。"乃至《说卦》的："和顺于道德而理于义，穷理尽性以至于命。"尤其是"君子黄中通理，正位居体，美在其中，而畅于四肢，发于事业，美之至也"，以及"成性存存，道义之门"和"和顺于道德而理于义，穷理尽性以至于命"等学说，便是《中庸》开宗明义，最先提出学养证悟到"中和"的境界，才是根本的宗旨所在。

　　你只要明白了《易经·文言》等这些史料，你就可以知道《中庸》所说的性命和天道之理，都是言有所本，学有渊源的。至于读古书有关"天"和"道"两个字的内涵，我已经在《大学》的开始，便已有了说明，现在不再重复了。

上　论

依文解义先说《中庸》的纲宗

> 天命之谓性，率性之谓道，修道之谓教。道也者，不可须
> 臾离也；可离非道也。是故，君子戒慎乎其所不睹，恐惧乎其
> 所不闻。莫见乎隐，莫显乎微，故君子慎其独也。喜怒哀乐之
> 未发谓之中；发而皆中节谓之和。中也者，天下之大本也；和
> 也者，天下之达道也。致中和，天地位焉，万物育焉。

《中庸》第一节所讲的原文，便是全部《中庸》的总纲，也就是
子思承继传统儒家孔门学养心法的心印。等于曾子所著的古本《大
学》原文，从"大学之道，在明明德"开始，到"此谓知本，此谓知
之至也"，就是《大学》全文的大纲要。那么《中庸》第一句所说的
"天命之谓性"的"天"和"性"两个字的名词，它所指的内涵是什
么呢？其实，刚才我们在前面已经讲过把《中庸》所据的根源，是由
《周易》坤卦的《文言》，以及《系传》等的内涵而来，希望大家首先
便要反复注意。现在我们只要采用一个最老实、最笨，也最聪明的
读书方法，便是"以经注经"，乃至"以史证经"的方法，便可自能
融会贯通其意了。例如有关本文的天和性字，你只要把《中庸》全
书的结尾，他所引用《诗经·大雅·文王之什》"上天之载，无声无
臭"两句，便可知道他在这里所提出之天，既非物理世界天体的天，
也不是宗教性的玄天上帝之天。《中庸》首先所说的天，是代表心物
一元形而上的义理之天。那么有关于性字呢？它是指的天性、人性、
物性，或是明心见性的性，以及世俗通用所认为的性欲之性呢？答
案也很简单。《中庸》在这里所指的性，是天人之际，心物一元，人
生生命本有的自性。你只要详读《中庸》原文，便有子思自注的"自

诚明谓之性，自明诚谓之教"，以及"性之德也，合外内之道也，故时措之宜也"，就可完全明白他在《中庸》首节提出的"天命之谓性"的性，是指人道根本的自性，它是人们有生自来与天道相通的本性，所以他用典雅浓缩的言文，只需简单明了五个字"天命之谓性"，就可直指人心，自悟自性了。

第二句，"率性之谓道"，就比较难办了。我们大家从两三千年来，就惯用一个词儿，叫作率性这样做，率性那样做，或率性不干了，或率性干到底，等等，这些都和《中庸》所说的率性相关。因为率性一词，已经变为两三千年来传统习惯用的口头语。其实率性这一个名词，是指从本有的天性、人性所起动作用的初心一念，如果勉强引用二十世纪法国哲学家柏格森的观念来说，就是直觉或直观。但照"直觉"、"直观"的实质心理状态来说，那是属于意识的范畴，还是不太彻底的。

那么我们只好再比较详细地引用佛家唯识法相的分析来作说明，就比较清楚了。唯识法相学所说，由本自清净的自性上，起心动念的心识作用，大约可分析归纳为五种心性的现象：一、率尔心。二、寻求心。三、决定心。四、染净心。五、等流心。这五种心态，我们从一般的状况来作说明，就要倒转来先说等流和染净的心态。何谓等流心呢？便是我们的心念思想，永远犹如一股瀑流一样，像长江和黄河，永远是源源滚滚不分清浊，夹带泥沙而奔流不息。所谓清浊不分，便如我们的心念思想，善恶夹杂，圣凡并存，同样平等的都在奔流不息，所以叫它是等流之心。但分开来讲，纯粹的善心善念，便叫净心；恶念恶心便叫染心，也就是最容易受外境影响的染污心。

至于率尔心和寻求心，以及决定心，一般是用在学佛修道的修止（定）、修观（慧）上来讲，比较容易明白。所谓率尔心，就是平常在不思不虑平静的心境中，无缘无故，突然生起一念的初心，来不知其所从来，去亦不知其所从去。等于我们睡足一觉，刚刚醒来的一刹那之间，清清明明，并未加上任何分别思念的心境。如果这样一直保持下去，就等于佛说的"直心是道场"了，但并非说知道这样就是悟道了。可是一般没有修持素养的人，是绝对做不到随时保持这种清明自在的初心境界。那么，跟着而来的，便会习惯性地生起寻求之心了。

例如回忆、追思等心态，便是寻；希望、思索事物等心态，便是求。至于决定心呢？大概可分为圣人和俗人的两种境界，如果是学养修为有素的圣人，不管是哪种起心动念，甚之是率尔之心，一知便休，随时返还自性的清净本然，这便是趋向圣境的决定心。倘使是一般平常的俗人呢？对某一思念和事情，断然下了决定，去或不去，干了或不干，决断下来，便是一般平常人所用的决定心。但这些心态，如果照唯物哲学和科学的观点来讲，都和脑的作用有关联。然而从唯识法相学来讲，脑是五识——眼识、耳识、鼻识、舌识、身识的总和，心意识的意识并不在脑，何况第六意识的后台还有更深入的两重作用。不过，现在我们不是在讲唯识法相之学，只是借用发挥，稍作说明而已。

我们了解了这些心理情况以后，便可知道《中庸》所说"率性之谓道"的率性，也就是等于唯识法相学所谓的率尔心。当我们在天性自然中，突然率性而起的心念，就是性命生起机动作用之道的由来，所以便叫它是"率性之谓道"了。但是率然而起的性命机动之道，它有善恶并具的作用，绝对不可以不辨善恶，任由它率性而妄行，由它任性而乱动的。所以便要静思反观，需要主动地修正它，使它去恶从善，乃至使它"止于至善"才对。因此便有"修道之谓教"的一句，说明学问修养之道，是要使它还归本净，而合于天然本性纯善之道的境界，这便是教化、教育的主旨。也就是我们平常习惯所说道是需要修得，所以便有修道这个名词的由来。因此，他又特别强调道需修得的重要，便有下文"道也者，不可须臾（与刹那的意思相同）离也，可离非道也"的告诫。不可，是教导语的否定词，并非是不能，或者作为不能离的误解。这就同我平常对一般研究佛学的人说，佛说"不可思议"，所谓不可是否定词，是叫你不可以用平常习惯性的思想议论妄作批注的告诫，并非说佛法是"不能思议"啊！如果是"不能思议"，佛何以自说三藏十二部经典，还教人去思维修呢？（一笑）

同样的道理，《中庸》在"天命之谓性"的自性自悟之后，跟着便说要悟后起修的重要，所以便提出怎样修正自己而合于天然本净自性的教法。"是故君子戒慎乎其所不睹，恐惧乎其所不闻"，这是说，所以明白了天然自性的君子们，随时随地，对于起心动念，都要戒慎恐惧的自修其道。即使是在没有任何一个人看见你在做什么，或听见你在做什么，也是不敢放任，随便妄作非为的。你不要认为没有人看见，或没有人听见就可随便乱来吗？其实是"莫见乎隐，莫显乎微"，须知天然自性本有具足一切的功能，随时随处都有鉴临自己的作用。从表面看来，好像是没有人看见你做什么，没有人听见你做什么。事实上，它是"似无所在而无所不在"。即使在最深沉的隐秘之处，或最微末渺小之处，它都会明显地反映呈现在自心自性的影像之中。这正如佛说："假使经百劫，所作业不亡。因缘会遇时，果报还自受。"

"故君子慎其独也"，所以有道的君子们，便会自己注重心意识起心动念的慎独的工夫，净持心境上率性而起，以及照顾独头意识的心态，使它返还于灵明独耀的本位，进入"喜怒哀乐之未发谓之中，发而皆中节谓之和"的中和境界。当你在灵明独耀，合于天然本有自性的清明心境中，所有和生理情绪相关的喜、怒、哀、乐等妄想之念都未发动，便是正确中入自性本净的境界了。如果偶因外来境界的引发，动了喜、怒、哀、乐等的情绪妄念，当下就能自动自发地加以调整，重新归到安和平静的本来清净境界之中，这便是中和的妙用了。所以说："中也者，天下之大本也；和也者，天下之达道也。"因此又再一步阐释修道的人，随时随处能中入灵明独耀的心境中，这便是普天之下，人人修养自性清净的大本。如果偶有所动，便能随时随处调节返还于安和境界，这便是普天之下，人人可以通达而做到的修道工夫。"致中和，天地位焉，万物育焉"，假使人能随时随处修养到达中和的境界，那么，你就会明白自己本来就与天地并存在同一本位，同时也会明白自己本来就与万物同等的在天地生生不已的养育之中。到了这种境界，也等同道、佛两家所说的"与天地同根，万物一体"的道理，完全一致的不二法门了。

讲到这里，为了让我们大家多加体会《中庸》所讲的中和境界，顺便引用中国禅宗一位张拙秀才有名的悟道偈，作为参考。

> 光明寂照遍河沙　凡圣含灵共我家
> 一念不生全体现　六根才动被云遮
> 破除烦恼重增病　趣向真如亦是邪
> 随顺世缘无罣碍　涅槃生死等空花

张拙秀才偈中所用的都是佛家名词。含灵，是说凡有灵知之性的众生。六根，是指眼、耳、鼻、舌、身、意。涅槃，梵文所谓清净佛性的代号。至于不断烦恼而证本性，不执着真如为道体这两句，都是称赞天然自性本自清净的第一义谛。一念不生与六根动处被遮的道理，便和《中庸》所说道需要修的"修道之谓教"意义相同。总之《中庸》的全文总纲精髓，就在本段的原文之中，最为重要，先要把握得住这个纲要，下文便可迎刃而解，后来大部分都是说明"修道之谓教"和做人处世外用之学的发挥。但我们现在只是先作依文解义的说法，先来消化文句表层的意义，后面再做深入的研究。跟着便是从《中庸》原文首先提出的总纲之后，他又特别慎重引用孔子有关《中庸》"率性之谓道"与"修道之谓教"的话八节，用来说明中庸的重要性。

自在从容中道难

仲尼曰："君子中庸，小人反中庸。君子之中庸也，君子而时中；小人之中庸也，小人而无忌惮也。"子曰："中庸其至矣乎！民鲜能久矣。"子曰："道之不行也，我知之矣：知者过之，愚者不及也。道之不明也，我知之矣：贤者过之，不肖者不及也。人莫不饮食也，鲜能知味也。"子曰："道其不行矣夫！"

子曰："舜其大知也与！舜好问而好察迩言，隐恶而扬善，执其两端，用其中于民，其斯以为舜乎！"

子曰："人皆曰予知，驱而纳诸罟擭陷阱之中，而莫之知辟也。人皆曰予知，择乎中庸而不能期月守也。"

子曰："回之为人也，择乎中庸，得一善则拳拳服膺而弗失之矣。"

子曰:"天下国家可均也,爵禄可辞也,白刃可蹈也,中庸不可能也。"

由"天命之谓性"开始到这里,朱注分割为九章。

现在我们根据第一节所引用孔子的话,先称孔子的字以表示慎重。依先秦以前的礼仪,对父祖长辈,可以称呼其字,而不直呼名讳,所以他首先提出"仲尼曰",表示慎重。但这些文字都很明白,本来不需要再加解释,只是为了诸位青年同学们都是从白话文的教育起步,因此,再来大概作一番说明。

"君子中庸,小人反中庸"两句,是说明中庸就是人们从天然本有的自性中,直心而行,坦然合于大道作用的名词。但是天性纯良的君子之人,随时都能住于率性而行、从容中道的境界。如果是天性并不纯良的小人呢?他就任性妄作非为,会向相反的方面发起作用。因此又进一步加以说明,"君子之中庸也,君子而时中",所谓天性纯良的君子之人,他的身心行止,随时都会率性而行在中和的境界之中。至于禀性并不纯良的小人呢?他就会毫无忌惮地任性妄为。因为他自己觉得,这就是我率性而行的当然道理。人,本来就应该任其自然,自由自在,这又有什么不对呢?

这就说明天然本有的自性之中,它是具备兼有善恶的种性。同样是一个人,他在生而自来的天然本性中,或纯善,或纯恶,或善恶兼半,或善多恶少,或善少恶多,每个成分都各别有所不同。例如佛说:"纯想即飞,纯情即坠",也是同一道理,很难细数分析详尽。因此,古今中外,一切圣贤,都在急急忙忙,着重在教化的工作,希望人人都能修到去恶返善,还归天然纯净本有自性的道体,才为究竟。所以，他又接着引用"子曰：中庸其至矣乎！民鲜能久矣"。这便是引用孔子感叹的话说，有关中庸之道的学问修养，恐怕是到了谷底了，人们很久以来，就很少注意到它的重要了。

但孔子又说："道之不行也，我知之矣：知者过之，愚者不及也。道之不明也，我知之矣：贤者过之，不肖者不及也。人莫不饮食也，鲜能知味也。"这是孔子说，这个天然自性本有纯净的大道，人们为什么都不能自明，又不能依道而自行呢？啊！我知道了，凡是生性比较聪明而有慧智的人，聪明反被聪明误，因此妄用聪明，不肯甘于本分，喜欢妄自做出异乎平常的事来。那些不够聪明的愚笨人呢？却偏想修行学道，自己头上安头，把道推崇得太高太远太玄妙了，所以又永远摸不着道的边缘。其实，这个本来便是平平庸庸的大道，人们却始终不会明白，那是什么缘故呢？因为那些自认是贤人君子的人们，又太过于重视修道的重要，平常一副道貌岸然的样子，反而做得太过头了，因此又不合于道。可是那些很不肖的人们，又偏要去学习修道，追寻稀奇玄妙，因此也永远够不上道的边缘。

其实，道是很平常的，譬如每个人，都会饮食，口渴了喝水，肚饿了吃饭，但每个人都饮食了一辈子，而真有多少人每天每次都会彻底知道吃喝东西的正味呢？大部分都在吞咽下去，所有滋味，只是含糊不清，浅尝辄止就是了，并没有彻底知道真正的滋味是什么呢！因此，孔子便自深深地感叹说："道其不行矣夫！"这个天然本有的大道啊，恐怕永远也不会行得通了。

讲到这里，使我忽然想起古人笔记上的两个故事，用来说明孔子所说"知者过之，愚者不及也""贤者过之，不肖者不及也"的道理。第一个故事，是在南宋的时代，朱熹在福建武夷山讲学，恰好道家南宗神仙丹道的传人白玉蟾，也隐居在武夷山。那个时候，朱熹正在探索汉代道家丹道神仙鼻祖魏伯阳所著的《参同契》，始终不能得其要领。跟着他的弟子们，常常提到白玉蟾许多的奇迹，朱熹素以儒家的理学大师自居，便说，那些都是偶中而已。有一天，他约白玉蟾一起游山，中途忽然碰上一阵大雨，大家都被淋得一身湿了，可是白玉蟾却全身不着雨滴，还很优游自在。朱熹面对这样的情况，便情不自禁地问白玉蟾，你这是什么道行？白玉蟾便笑笑地说，不过偶中而已。朱熹听了，为之哑然失色，当然，更不知其究竟了。

第二个故事，在明朝的时代，理学名儒王阳明，当然也是出入佛老两家多年，他对于参禅打坐，修道炼丹，仍然并不忘情。当他在江西的时候，有一次，在一个道观的门口，看到当时著名的道家活神仙蔡蓬头。王阳明认为机不可失，便赶过去，当面叩头。但蔡蓬头回身就走到道观里去了，好像根本没有看见王阳明似的。因此，王阳明就紧跟不舍，蔡蓬头正到了大殿上，他又过去跪下一拜。蔡蓬头又转身走了。但王阳明丝毫不敢怠慢，又追随在他身后，总算没有白费力气，蔡蓬头被他追到道观后园的亭子上站住了。王阳明于是再过去恳切地跪下一拜。这个时候，蔡蓬头发话了。他对王阳明说，你前门后殿三拜，礼虽隆，然始终未脱官气，于仙道无分。说完了，又飘然而去，使得王阳明为之黯然失色久之。

我们顺便透过这两个故事，用来说明孔子所说"知者过之，愚者不及也"和"贤者过之，不肖者不及也"的道理，很值得作为旁证的参考。

入世修行从容中道更不易为

前面引用孔子的话，说明学问修养随时从容中道的不易。跟着，再引用孔子的话，说明入世修行，为人处世而从容中道更难的道理。孔子说："舜其大知也与！舜好问而好察迩言，隐恶而扬善，执其两端，用其中于民，其斯以为舜乎！"这是引用孔子赞叹虞舜的话说，像舜一样，真可以说是大智慧的成就者。舜既爱好学问，随时随地，谦虚向人请教，同时又爱好审慎体察一般通俗而最浅近的俗话。所谓"迩言"，便是平常浅近的俗话。例如通常人们所说的小心啊！当心啊！留意啊！其实，这些俗话，都是合于"率性之谓道，修道之谓教"的至高无上的名言。这便是"好察迩言"的道理。"好察迩言"，并非是说舜最喜欢听信身边最亲近人说的话，那就问题并不简单了，千万不可错解。

其实，这在《周易》乾卦九二爻的《文言》中，孔子便说过，入世而为人君的领导德行，必须要如"龙德而正中者也。庸言之信，庸行之谨，闲邪存其诚，善世而不伐，德博而化"。这里所说的庸言、庸行，就是指最平常、最平庸通俗的言行。因此，在《中庸》这里，便有"隐恶而扬善"的一句，也是说明自己本身的内在心理上，必须隐没恶念，发扬善心才行。这就是"闲邪存其诚，善世而不伐，德博而化"的道理。"隐恶而扬善"，并非是说对于任何人事，只表扬他的好处，隐埋了他的坏处的单面作用。所以下文便说舜有"执其两端，用其中于民，其斯以为舜乎"的盛德之赞了。所谓"执其两端"，是说对善恶两者之间，都很清楚，有时必须面对现实，把握善恶之间，妙用权变，作出适于当时当位的中庸之用，这便是虞舜有圣人之道，同时有圣人之才的大智妙用了。

　　但是人能具备大智、大仁、大勇这三达德，又谈何容易！因此，孔子又自谦地说："人皆曰予知，驱而纳诸罟擭陷阱之中，而莫之知辟也。人皆曰予知，择乎中庸而不能期月守也。"这是引用孔子在赞叹虞舜的大智之后，便说到别人都说我也很有智慧，事实上，我并没有什么智慧。例如别人故意设个圈套，驱使我走进猎网里面，落到陷阱里去，我都不知道逃避。这是孔子自说有关从容中道，在外用作为上的自嘲自讽。至于对于心性内明修养的中庸之道呢？他又更加谦虚地说，我虽然决心要住在中庸的本分上，不想再动了。但不到一个月，就又守不住自己的心戒了。所以说，我哪里是真有智慧的人呢！

　　我们讲到这里，就不禁要问孔子为什么会有这样的感慨呢？答案很明白，这就是孔子生当乱世，想要实行传统的人伦大道，穷其一生精力，明知其不可为而为之的伟大之处。从他出任鲁相以后，明知绝对不能即身可救鲁国的衰败，就毅然离开父母之邦的故国，先到齐国，然后又周游列国（有说是七十二国），中途又与弟子们困厄在陈、蔡之间，七日不得饮食，几至饿死。最后只好长期居留在卫国等等的经历。这就可以明白他的一生，并非是如他自己所说的"贤者辟世，其次辟地，其次辟色，其次辟言"的行径。事实上，他是被时势人事所迫，处处碰到世途上的陷阱，使他始终困于尘劳而不能大行其道。但他是明知其不可为而为之，总希望以自身的教化，能够唤醒人心，返还正道的愿力，始终不变。

　　很相似这样的事，就是人类文化，正当公元纪元前五六百年的阶段，印度的释迦牟尼佛不愿称王称帝，而毅然离家出世去成佛而教化众生。希腊苏格拉底，为坚持理性的正念，甘愿饮毒而亡。至于迟五百年后而生的耶稣，为了显示正义的博爱教化，也宁可舍身被钉上十字架。这都是千古圣贤同一悲天悯人的心情，以身示则，作出不同教化的榜样，永垂万世不易的法则。

《中庸》在本节里所引用孔子的感叹："驱而纳诸罟擭陷阱之中，而莫之知辟也"，只是反面的说明知其可避而不愿逃避而已。大家只要读过《吕氏春秋·孝行览·遇合篇》中所说，就可以完全了解孔子一生的这种精神了。如《吕览》所云："孔子周游海内，再干世主，如齐至卫，所见八十余君，委质于弟子者三千人，达徒七十人，万乘之主，得一人用（而）可为师，不于无人。（而）以此游仅至于鲁司寇。"这就是最好的说明了。

至于他自说"择乎中庸而不能期月守也"，这也是孔子自谦的反面文章，择守中庸，常住中和的境界，那是专为个人自己涵养在性天风月，美在其中的定静极则，足以自立自利，但不一定可以立人利他。所以他宁可被隐者们讥为栖栖遑遑如丧家之犬，以身作则，传授淑世利人的中庸之道，绝不愿浪费岁月，徒使中庸用世之学湮没于世道人间。然而入世行道，毕竟不是容易的事，其中的痛苦艰危，实在无法可使一般人了解。但有的时候，虽然在悲愿宏深中，也难免会发生只求自了的小乘意向。所以孔子便有对颜回的"择乎中庸""拳拳服膺"，死守善道的欣羡之叹了！因此，子思也非常巧妙的，在这里便引用"子曰：回之为人也，择乎中庸，得一善则拳拳服膺而弗失之矣"的描述。

所谓"拳拳服膺"四个字，是形容犹如用两手，把握到了一种至善美好的东西，贴身放在胸口抱着，绝不放开双手的现象。等于那些得了道的出世隐士，或如佛家小乘的罗汉们，道家的神仙们，宁可涧饮木食，高超远蹈，避开世网，不肯入世而自找麻烦。所以下文便又引用孔子的话说："子曰：天下国家可均也，爵禄可辞也，白刃可蹈也，中庸不可能也。"这是说要使天下国家做到真正的平等均衡的政治成就，并非是不可能的事。至于轻于去就，辞去高官勋爵，舍弃富贵功名，也并非是不可能做到的事。甚之，犹如在战场上，舍身忘死，冲出剑树刀山的包围，也是可以做得到的事。唯一不可能做到的，就是即身成就，达到中庸内圣外王学问修养的境界。

我们讲到这里，如果从宋儒朱熹的《中庸》章句来算，已经研究讨论了九章。依照我们的理解，由"天命之谓性"开始，到"天地位焉，万物育焉"，正是《中庸》的总纲，也便是《中庸》之学的大前提。继由"仲尼曰"开始，到"中庸不可能也"，都是子思引用孔子的话，明辨中庸之道重要性的引申。综合前面九节的全文，才是《中庸》上文的第一段落，但朱熹却把它分割为九章。接着而来的，如朱熹所编的第十章起到第十五章，是说天性和人性之间，乃至与地缘关系的发挥。

天命之性与地缘人性的异同

　　子路问强。子曰："南方之强与？北方之强与？抑而强与？宽柔以教，不报无道，南方之强也，君子居之。衽金革，死而不厌，北方之强也，而强者居之。故君子和而不流，强哉矫；中立而不倚，强哉矫；国有道，不变塞焉，强哉矫；国无道，至死不变，强哉矫。"

我们读了《中庸》这一节，子路所提出有关南方和北方地域与人性的异同，也许觉得非常诧异，怎么在《中庸》这里，会有这个问题的出现呢？事实上，这是古今中外人类历史上的重大问题，也可以说是从唯物史观说到唯心史观的哲学性、政治性乃至政治哲学史上的重大问题。无论是中国或世界各国，几乎都是同样存在的问题。正如《周易·系传》所说"方以类聚，物以群分"的原理相同。目前我们看到报章上所创的新名词，如所谓"地域情缘"，也正与此有关。

本节的重点，便是"子路问强。子曰：南方之强与？北方之强与？抑而强与？"这是说，子路忽然想起一个问题，他问夫子，哪个样子，才可算是真正刚强的人？大家都知道，孔门的七十二贤弟子中，唯有子路好勇。换言之，子路是天生的英雄人物，而且在孔子的弟子中，既有文才，又有武略的将帅之才的能人。所以他因有所感而提出这个问题。孔子听了便说，你想问的是南方人的倔强个性？或是北方人的倔强个性？或是只对整个人性来说，什么叫作真的刚强呢？我告诉你吧！"宽柔以教，不报无道，南方之强也，君子居之。"从一般来说，具有温柔宽谅的教养，而且不愿意还报那些没有道理的行为，这便是南方人柔中有刚，好强个性的表现，是适合于一般君子们习惯居留的环境。"衽金革，死而不厌，北方之强也，而强者居之。"平常民风就很强悍，卷起袖子，腰间围着皮带，插上刀剑，宁死不屈的个性，这是北方人刚强的性格，是一般有倔强气质的人所习惯居留的环境。但过于温柔和过于刚愎的个性，都是偏差的弊病。"故君子和而不流，强哉矫；中立而不倚，强哉矫；国有道，不变塞焉，强哉矫；国无道，至死不变，强哉矫。"如果是真正有道有学的君子之人，虽然要以温柔和顺待人，但不可过于软弱无能，随波逐流，成为毫无勇气的样子，那必须要加以矫正，使他能够强毅而独立。总之，为人处世，如果能够中立不倚，当然很好，但不可矫枉过正，变成一味倔强而不通人情世故，那也便要加以矫正，使他能够合于和顺的德行才对。尤其生当国家社会有道的时代，始终不会变为标奇立异的特殊人物，自己有错误就改过自新，那才可算是"强哉矫"的完人。如果生当国家社会无道的时代，坚持道义人品的风格，独立而不倚，至死不随流俗所变，这才算是"强哉矫"的精神。

古代文章运作的习惯，用字简练，含义深远。例如本节孔子和子路的对话，讨论地缘区域所产生后天人性强弱的问题，如果详细加以讲解，又是另一专论。它所牵涉的范围，关系天文星象、地理、地质、生物化学环境、区域的人文风俗习惯等因素，一讲又是几十万字的专论，我们不能离题太远。但本节所讲有关地缘区域所生后天生命的习性，虽有南北东西之分，而在"天命之谓性"的天性而言，原本同体，并无差别。正如禅宗六祖的大弟子石头希迁禅师所著的《参同契》，所谓："竺土大仙心，东西密相付。人根有利钝，道无南北祖。灵源明皎洁，枝派暗流注。"这便是它的最好批注和说明。现在所要了解的，就是《中庸》原文，述说到这里，他引用子路和孔子的对话，说明由先天的"天命之谓性"，所变现生起后天有形相以来人性之异同，需要怎样加以学问修养，来矫正它的过分偏差，而使他还复于中庸正道的本位。所以接着而来的，便又引用孔子自说遵守传统圣贤的教导，怎样是他自修"率性之谓道"的本志。

子曰："素隐行怪，后世有述焉，吾弗为之矣。君子遵道而行，半途而废，吾弗能已矣。君子依乎中庸，遁世不见知而不悔，唯圣者能之。"

这是孔子自说，有些修道的人，他一生的修为，喜爱清静无为，怀素抱朴，高蹈世途，隐迹山林，始终与世隔绝。另外也有些修道的人，喜爱标奇立异，表现得非常神奇古怪，异乎平常。但无论是素隐或行怪的禀性和作风的人，也都会影响现代或后世，而且也会被人们所崇拜信仰，或者也自有著述留传后世。但是，我是绝对不愿这样做的。所谓君子之人，只是遵守天然自性的禀赋，尽人事之道，任由天命的安排。如果半途而废，我是绝对不能的。总之，君子之道，是依乎中庸而住于天人之际的中和。如果只自遯世避迹，出离人间，永远不被人所知道的，那是唯有出世的圣贤才能如此。孔子只讲到这里为止，我们不要为他再加一句说"我所不为也"的话啊！那就会违背了孔子为人伦大道而苦行的本心，反为罪过！其实，在《周易》乾卦初九爻的《文言》，孔子已经说过："龙德而隐者也。不易乎世，不成乎名，遯世无闷。不见是无闷，乐则行之，忧则违之，确乎其不可拔，潜龙也。"这是指真正出世的圣贤，那是潜龙勿用的路线，是另有其道理的。

形而下的人性与形而上的天性

君子之道费而隐。夫妇之愚，可以与知焉；及其至也，虽圣人亦有所不知焉。夫妇之不肖，可以能行焉；及其至也，虽圣人亦有所不能焉。天地之大也，人犹有所憾。故君子语大，天下莫能载焉；语小，天下莫能破焉。《诗》云："鸢飞戾天，鱼跃于渊。"言其上下察也。君子之道，造端乎夫妇。及其至也，察乎天地。

本节接着引用孔子讲到人的生命，禀天然自性而动起的功能之道，是形而下饮食、男女的人性，与形而上先天纯良洁净本性的关键要点，也是人道与天道相关的所在。尤其是第一句的"君子之道，费而隐"，最为重要。

我们必须先要了解在这里所用"费"和"隐"两个字内涵的重要性。"费"字是什么意思呢？其实，明白了现代人通用的一句话叫"浪费"，以及"费用"这个名词，就知道在《中庸》这里所讲的"费"字，就是到处都散漫着，任何时间、空间都随便弥漫着它的作用便叫费。"隐"字，是与"费"字相反的意思，任何时间、空间，随便在哪里，你都摸不着、看不到的，便叫隐。这两个字的道理，有关本节讲说"天命之谓性"，关系非常重大，所以必须再三啰唆，交代清楚，才能讨论下文。不然，再如古人惯用的注释手法，"性者，性也；或天性与人性也"，就仍然不着边际了。

再进一步来讲，孔子所说的"君子之道，费而隐"一句，就是孔子的直指人心，见性修道的方便法门。道在哪里？道在平常日用之间。道体自性的显现，它本来是无所不在而无所在的一种功能。所谓"费而隐"，便是无所在无所不在的说明。例如佛学所说的证得菩提，这个梵文翻译过来的名词，便是指觉悟自性而成道的意义。详细翻译全文（阿耨多罗三藐三菩提），叫作无上正等正觉。佛也说过："一切处皆成正等正觉。"孔子所说的"费而隐"，就和佛说一切处的意思相同。另如道家的庄子，他最喜欢用滑稽的言文来表达道的理念。因此，他便说"道在屎溺"，等等。当然屎溺也在一切处和平常日用之中。所以庄子说的一点也不错。可是讲到这里，又使我想起古今两个故事，先插进来讲，作为说明的参考。

第一个故事，是五十多年前，我在四川峨眉山静居的时候，有一天，寺里的当家师来对我说：岂有此理！今天来了一个朝山的香客，他要跳进我们的粪池里洗澡，完了，再要跳到我们的水池来清洗。知客师不准他这样，他就大吵大闹，说是修一门道功，每天非这样做不可，希望你去阻止他。我听了就说：他是从遂宁来的吧！当家师说：你怎么知道？我说：遂宁有一位得道的高僧，大家叫他疯师父，他还有一个师公，叫癫师爷，平日就住在乡下的茅厕里。他大概是跟疯师父没有学好，弄错了方向。结果，他们叫他来见我，我说：你的师父，我见过，你不要替他出来丢人现眼吧！他说：师父对我说"道在屎溺"嘛！我说：你师父没说错，只是你会错了意。从今天起，赶快停止这样做。回去告诉你师父，是我叫你去跪在师父前面求忏悔，要他好好教你。这里的水池，是大众吃喝用的蓄水池，如果你不听话，大家起了公愤，马上就要赶你下山去，天已快黑了，你就不好受了。这就是"愚者不及也"最可笑的故事。

另一个故事，就是宋朝时代名儒而兼诗人的黄山谷，他从当时著名的大禅师晦堂参禅，非常用心，追问得很紧。有一天，晦堂禅师看他急得那个样子，便说：你读过"二三子，以我为隐乎？吾无隐乎尔。"黄山谷听了，当然很不是味道，那是《论语》上记载孔子的话，当时读书考功名，大家都背得很熟，那还要问吗？可是师父问了，他只好很恭敬地说，读过，记得。晦堂便不再说什么了。其实，道在平常日用间，并没有另外一个秘密可以隐瞒的。晦堂禅师只引用了孔子的一句话，就已明白指示得很清楚了。可是黄山谷却犯了"智者过之"的偏差，过分高推圣境，所以仍很茫然。于是晦堂禅师便站起身来，独自优哉游哉走出山门外去散步。黄山谷只好默默无闻地跟在师父后面走去。那是秋天，恰巧正是木樨桂花盛开的时候，黄山谷静静地跟着师父走了一阵，晦堂禅师忽然回头问他，闻木樨香否。黄山谷立刻就答说闻啊！晦堂禅师便说："吾无隐乎尔。"在这个时候，黄山谷一听，便恍然大悟，当然也彻底知道"君子之道费而隐"，以及佛说"一切处皆成正等正觉"的大义了。这便是禅宗公案中有名的黄山谷"闻木樨香否"而悟道的故事。但这还是黄山谷的初悟境界，到了后来，他也随着苏东坡一样，被贬官到贵州的倒霉时刻，有一次，因为疲倦了想躺下睡觉，一不小心，把枕头碰到地上，呼的一声，他才彻底大悟了。

现在我们已先解释了"君子之道费而隐"的一句前提，接着，便是孔子说的，"夫妇之愚可以与知焉；及其至也，虽圣人亦有所不知焉。夫妇之不肖，可以能行焉，及其至也，虽圣人亦有所不能焉"八句名言。如果只从文字来讲，孔子已经说得最明白不过了。但为了现在青年同学们，只好再来赤裸裸地解说更清楚一点。但这八句的要点，只有两个字：一是夫妇之愚，可以与"知"焉，及其至也，虽圣人亦有所不"知"的"知"字。二是夫妇之不肖，可以能"行"焉，及其至也，虽圣人亦有所不能的"行"字。换言之，人们怎样才能认知到天然自性的性命之道？怎样修行才能证到天然自性的至道呢？

大家也知道，在《周易》的《序卦下篇》说："有天地，然后有万物。有万物，然后有男女。有男女，然后有夫妇。"有夫妇，然后才有父子、君臣、上下等等人文社会的形成。所以人类世界形成了人群，开始都是由于男女夫妇两性之间性欲的冲动，互相做爱，因此而出现人类社会几千万亿年生命上的许多麻烦。在这里所指的这个人性冲动的爱和欲，是指狭义的微观的性爱和性欲，不是指广义的宏观的爱和欲。因此，孔子在这里所说的"夫妇之愚"，是指人性发起欲爱的时候，是盲动的，是愚痴暗昧的情绪中的情况，便自然会做出那种不肖的行动了。

可是这种人性爱欲的行为，它是不是从最初、最基本的"天命之谓性"的本性而来的本能冲动呢？性行为的本能，它本身就有善恶的属性吗？有道的圣人，也还会有这种行为吗？如果说圣人没有，或不可能有，那么，圣人都要绝种才对喽？孔子和老子也有子孙后代，释迦牟尼也有儿子呢！所以要从这个问题出发，由先天本体自性的功能，而讲到人的心理、生理、物理、生物化学等等道理，我的妈啊！那可真的牵涉太大了，又是一部非常重要生命专论的大论。但世界上所有著名的大宗教的教义，都对性的问题是否定的、厌恶的、戒除的。所有哲学道德的学问，对于性的问题，都是避免的，消极而隐晦，避重就轻而不谈的。

例如道家的老子之教，是以清心寡欲为重点，并没有指出必要绝情弃欲方为究竟的告诫。唯独原始佛教的小乘佛学，对于性爱，是绝对肯定的禁欲，认为它是生死罪恶根本症结的所在。需要彻底的清净，才能超出三界而证得涅槃的道谛。世界上的宗教和哲学，面对这个问题的研究，只有道家的南宗丹道学派，以及由印度传入西藏的原始红衣密教的"宁玛"一系。可是如不是深通医理、医学和生物化学学理，很容易误入歧途，非常严重。所以我们只是略作提示，不能偏向在这个问题上详做讨论。我们应该回转到孔子所说的本题，从"夫妇之愚"和"夫妇之不肖"来讲。

其实，在《礼记》的《礼运篇》中，孔子已经讲得很明白，如云："饮食男女，人之大欲存焉。死亡贫苦，人之大恶存焉。故欲恶者，心之大端也。人藏其心，不可测度也。美恶皆在其心，不见其色也。欲一以穷之，舍礼何以哉？"这是说人生对于饮食男女的欲望，以及对于死亡病苦的畏惧，都是从率性而来所生起心念习气的变化作用。厌恶与美好，也都是心的变化。可是心的作用藏在人的生命中，它是无形色可见，自心不见自心。如果要想追寻它唯一根本的来源，除了真能彻底明心见性才行。孔子在《礼运篇》中这一段话，直到八九百年以后，公元三八五年之间，大乘佛经精义进入中国，由鸠摩罗什法师翻译的《维摩诘所说经》出现，指出淫、怒、痴等烦恼即菩提，生死和涅槃的不二法门，对于形而上和形而下的生命心性相关之说，在中国文化中，即已别开生面。跟着又有禅宗初祖达摩大师的西来，专门阐扬直指人心，见性成佛的教外别传宗旨，就与中国固有传统文化，一拍即合，大放其异彩了。

我们明白了这个原理以后，再回转来研究《中庸》所引用孔子这一段话，"君子之道费而隐"，夫妇之愚及不肖，可以与知而且能行，但要追究这个最基本的饮食男女的极致从哪里来，虽圣人也有所不知与不能。这岂不是越弄越糊涂，说了等于白说，那我们又何必学圣人，修成了道又有什么用呢？

有关这个问题，在明末万历时代，有一位饱学的儒门居士，便问过当时禅宗临济宗的一位大师，天童密云圆悟禅师。密云悟的答案，真可算是千古绝唱，不同凡响。他是怎样答呢？圆悟禅师说："具足凡夫法，凡夫不知，凡夫若知，即是圣人。具足圣人法，圣人不知，圣人若知，即是凡夫。"换言之：一个平凡的普通人，对于男女饮食，从他天生本来自性中就具备了它的功用，所以当他生起男女饮食的爱欲作用时，就自知道要男女饮食的行动了。但他不能反照自知，这个男女饮食的爱欲，却是天然本净自性阴暗面的动影，因此，便始终被这个后天习性的动影所左右而不能自拔。如果一个平凡的普通人，忽然能够反照，见到了自己原来本净的自性，他就立地成圣，便不再叫凡夫了。所以说"凡夫若知，即是圣人"。相反的，如果真已明心见性了的得道圣人，他自己还存在有一种我已知道了性命之道，我是得道的圣人之念，那么，他还是一个地道的凡夫。换言之，得道的圣人，只要还有我智我圣的圣智自雄一念存在，那么，这个圣人，无疑的，他还是一个狂人。所以说"圣人若知，即是凡夫"。由此你便可以了解真正得道的圣人，他和一个最平凡的普通人相似。同样的道理，在佛学中，如观自在菩萨所说的《般若波罗密多心经》也说："无智亦无得，以无所得故，菩提（觉悟）萨埵（有情）。"只是孔子所说的，和观自在菩萨所说的，言文名词各有表达的不同，其理并不两样。例如孔子的一生，既不玩弄前知，更是绝口不谈什么神通或奇特的功能，甚之，对于生与死的问题，也拒绝回答。如他对子路的对话，便说："不知生，焉知死。"你连生从哪里来都不知道，还问什么死向哪里去呢。

因此，接着下文便有"天地之大也，人犹有所憾。故君子语大，天下莫能载焉。语小，天下莫能破焉"的阐说了。有关孔子在这里所提的大小问题，与"天命之谓性"的体、相、用最有关系。同时，也是相关于哲学与科学的大问题。首先我们需要先知道，在周秦前后时代，所用的天地这个名词，就等于秦汉以后所说的宇宙，是同一理念。但言语都是随着时代社会的演变，由简单渐渐变为繁复。汉代以后，把宇宙这个名词扩展了，所谓上下左右谓之宇，把宇字代表了空间；往来古今谓之宙，把宙字代表了时间。换言之，宇宙便成为代表无限无尽时空的理念，天地只是在宇宙之中一个有形相的空间现象而已。

我们首先交代了天地和宇宙两个名词的内涵，再回转来看孔子在这里所说的第一句"天地之大也，人犹有所憾"，这是说人们对于所生存在其中的天地，虽然从表面看来也很伟大了，但是人们却对这个伟大的天地，还并不满意，还会随时随地怨天怨地。所以说做天做地，还不能使人满意，更何况做人呢！即使做人做到像天地那么伟大，也还会使人有所抱怨的啊！其实，这个宇宙中的天地，它究竟有多么伟大呢？那就很难说了。首先，就先要了解怎样才叫作大和小的定义？因为大小只是两个表示性的口语符号。真正的大，是无边无际无限无量才叫大。如果有了边际限量，就不能叫大了。相对的，怎样才叫作小呢？它同样也是无边际无限量的才叫小。如果还有一丝毫的形相可见，有了边际限量，还不能叫作小。这等于庄子也说过的话，"大而无外，小而无内"。如果还有内外之别，便都不能叫它是多大多小了。

所以孔子便说"故君子语大，天下莫能载焉"，你要真正知道怎么叫作大，那大到天地都装不下。"语小，天下莫能破焉"，你要知道怎样叫作小，那小到没有东西可以再解剖它，分析它了。换言之，大到无边无量就是小；小到无限无量就是大。这个哲学性的道理，也就和自然科学性的最高原理是一样的。一个原子，再加分析到了电子、核子、中子、质子，然后再加分析到了最后的最后，便是空的。空就没有什么大小之别了。因为大小都是人为意识观念上的假定名词而已。所以庄子用寓言来表达这个意思，便说："藏舟于壑，藏山于泽，藏天下于天下。"释迦牟尼佛便说："于一毫端现宝王刹，坐微尘里转大法轮。"这都是说明心性的体相与物理世界物质的微尘，同样都在无量无边，无大小内外，无中亦无边的空性之中，偶然而起的暂时性的一点作用而已。尤其释迦牟尼佛更进一步说明心物一元的心性之体："虚空生汝心内，犹如片云点太清里，况诸世界，在虚空耶！"

大家只要知道明白这些上古圣人的名言内义，便可了解孔子在这里所说大小的理念，也就是表达天命之性的"费而隐"，无所不在而无所不在的作用。所以他在下文便引用了《诗经·大雅·旱麓》第三章诗句的祈祷词说："鸢飞戾天，鱼跃于渊，言其上下察也。"这是把《诗经》中词句所描写天地空间上下宽广的境界，用来申述人们须在自己本性的心境上，随时随地胸襟中别有一番天地，如光风霁月，日丽风和，犹如"海阔从鱼跃，天空任鸟飞"的中和气象。"天地位焉，万物育焉"，然后才能真有清明的智慧，可以观察到与生命俱来本有的性天风光。因此，他的下文，便有"君子之道，造端乎夫妇。及其至也，察乎天地"的结语。这是说明从人性所起的爱欲作用，以"修道之谓教"来反身而诚，反观而知，便可以达到"率性之谓道"的境界，然后才能自知天然本有性命实际的本相。

《中庸》到此，再引用孔子八节的名言，阐明"率性之谓道"，禀性起修的原理。接着又引用孔子的遗教，说明由修道而转进到入世行道的行持。这便是"修道之谓教"的指标了。

从人道本位的修行说起

　　子曰："道不远人，人之为道而远人，不可以为道。《诗》云：伐柯，伐柯，其则不远。执柯以伐柯，睨而视之，犹以为远。故君子以人治人，改而止。忠恕违道不远，施诸己而不愿，亦勿施于人。君子之道四，丘未能一焉。所求乎子以事父，未能也；所求乎臣以事君，未能也；所求乎弟以事兄，未能也；所求乎朋友先施之，未能也。庸德之行，庸言之谨；有所不足，不敢不勉；有余，不敢尽。言顾行，行顾言，君子胡不惴惴尔!

　　君子素其位而行, 不愿乎其外。素富贵行乎富贵, 素贫贱行乎贫贱, 素夷狄行乎夷狄, 素患难行乎患难。君子无入而不自得焉! 在上位不陵下, 在下位不援上, 正己而不求于人, 则无怨。上不怨天, 下不尤人, 故君子居易以俟命, 小人行险以徼幸。"

我们从这里开始, 变更研究讨论的方法, 碰到可以在原文原句下, 试加语体的今译, 便可明白, 就不另加发挥了。除非需要特别说明的要点, 再用如上面一样的办法, 稍加解释。因为这些原文原句, 都是 "文从字顺", 本来就是上古的语文, 稍一用心, 可以一目了然, 不必再来画蛇添足。但能切实背诵纯熟, 完全不假思索而记忆不忘, 那就在你的一生中, 大有帮助你做人处世的妙用了。

"子曰: 道不远人, 人之为道而远人, 不可以为道。" 孔子说: 道并没有远离了人, 人们如果认为是与现实人生距离太远的事, 那你就真很可惜, 不可以为道而修道了! "《诗》云: 伐柯, 伐柯, 其则不远。" 这是孔子引用《诗经·国风》所录《豳风·伐柯》第二章的词句, 它的意义, 是说要斫一枝树干, 斫就斫吧! 只要你对着树干, 瞄准了部位, 一下子斫下去就对了。"执柯以伐柯, 睨而视之, 犹以为远", 如果你用心太过, 手里把握着树干, 小心翼翼地, 眯起眼神, 看了又看, 就会愈看愈难, 反而不容易下手了。"故君子以人治人, 改而止。忠恕违道不远, 施诸己而不愿, 亦勿施于人。" 所以要学做君子之道的人, 在世间人群中修行人道, 并没有其他特别的方法, 你要知道我是一个人, 别人也是一个人, 如果我错了, 便改过就是了。

对人尽心尽力叫作忠。能够原谅包容别人叫作恕。如果能够处处以忠恕待人，那就离道不太远了。换言之：你只要觉得这样做，这样说，加在我自己的身上是很不愿意接受的，那你就不要照这样加在别人的身上就对了。这句话，在《论语》上也记载过，"己所不欲，勿施于人"便是同一意义的两种记录。"君子之道四，丘未能一焉！"跟着，孔子又自己很谦虚地表白说：君子之道有四种重要的修为，我孔丘一样都没有做到。"所求乎子以事父，未能也"，自想要求做一个很好的儿子来孝养父母，我并没有真能做到（因为孔子在童年的时候，父母亲早已逝世了）。"所求乎臣以事君，未能也"，想要求自己做一个很好的臣子，好好地为国君（老板）做点事，我并没有真能做到（其实，是鲁国的权臣们排挤他，其他各国的君臣们也怕他，但他却始终没有埋怨别人的意思，反而只有自责而已）。"所求乎弟以事兄，未能也"，自想做一个很好的弟弟，能够很好地照顾兄长和姊妹，我也并没有真能做到尽我做弟弟的责任。"所求乎朋友先施之，未能也"，自想对于我的朋友们，能够做到事先给他们好处和帮助，我也没有真能做到。至于"庸德之行，庸言之谨，有所不足，不敢不勉。有余，不敢尽"，我只能做到对于最平凡通俗人们所要求的道德行为，我会尽量去做好。有关平凡通俗所要求的好话，我会很小心谨慎地去实践。"有余，不敢尽"，万事留有余地、余力，都不敢做绝了。"言顾行，行顾言，君子胡不慥慥尔"，讲得出口的话，一定要在自我的行为上兑现。在行动上的作为，一定是合于我自己所说过的道理。因为我要学到自己是个君子之人，岂敢不随时随地老老实实去用心实践呢？"君子素其位而行，不愿乎其外"，真正要学做一个君子的人，只要很朴素踏实在自己的本位上做人，绝不愿意受外界影响和诱惑而变更本愿。

"素富贵行乎富贵，素贫贱行乎贫贱，素夷狄行乎夷狄，素患难行乎患难。君子无入而不自得焉。"如果本来就出生在富贵的环境中，那就照富贵的条件去做，不必过分假扮成平常了。如果本来就是贫贱的，那就老老实实过着贫贱的人生，不需要有一种自卑感的存在，故意冒充高贵。如果本来就是夷狄中人，文化水平不高，或者现在是居住在水平较低的夷狄环境中，那就按照夷狄的习俗去做一个夷狄中的好人。如果现在正在患难之中，那就只能照患难中的环境来自处，以待解脱。倘使因患难而怨天尤人，反而增加了患难中的痛苦，更难解脱。倘使你能彻底明白了素位而行的道理，也就是现代人所说的随时随地能适应环境，那便可无往而不自得其乐了。当然，乐在自得，是主观的。假定是别人给你的安乐，那是客观的，并不自在。因为别人可同样的能够取消了你的安乐。"在上位不陵下，在下位不援上，正己而不求于人，则无怨。上不怨天，下不尤人，故君子居易以俟命，小人行险以徼幸。"明白了素位而行的道理，虽然你今天地位权力高高在上，但也绝不轻视或侮辱在你下位的人。因为上台总有下台时，世界上没有千秋万代不倒的高位。如果你在低级的下位，也不必去攀缘上级，你只要尽心尽力去做到你职责以内的分内事。"正己而不求于人"，自己就会坦然自得，并没有什么值得怨恨了。一个人能做到上不怨天，下不埋怨别人，那就能很自在了。"故君子居易以俟命，小人行险以徼幸"，所以说，要学做君子之人的道理，知道了素位而行的原则，平生只如《易经》所说的道理，正心诚意地做人，任随时间空间来变化现实，以待天然机遇的命运，即使不得其时，也可自得其乐。但是一般不学君子之道的小人们，宁可偷巧而去冒险，希望侥幸求得成功，结果都是得不偿失。这正如古人有两句咏阴历七月七日"乞巧节"的诗说："年年乞与人间巧，不道人间巧几多。"侥幸取得偷巧的成果，到底并非常规，而且是很不牢靠的。

以上说到孔子提出"君子素其位而行，不愿乎其外"以及"君子居易以俟命，小人行险以徼幸"的话。前一阵就有人问我：这是孔子主张人要守本分，不可冒险做本分范围以外的事，这种教育的流弊，也正是我们民族性致命的缺失，我们看到现在一般人做事，只顾本位主义，反而认为"多做多错，少做少错，不做不错"是对的，这岂不是"素位而行"的弊病吗？我说：如果把孔子的"素位而行"，以及不求侥幸而成功的道理，解释为只顾本位主义的私心作用，那便是很大的偏差误解了。同时也忘记了孔子所提示"居易以俟命"的重点了。他所说的"素位而行"的道理，重心是要你注意一个"位"字。大家也都知道，孔子是年过半百以后才专心研究传统文化第一部著作的《易经》。《易经》的大法则，是告诉我们宇宙物理和人事的规律，随时随地都在变数之中，交变、互变、内变、外变，世界上没有一个永恒不变的事物。等于佛说"诸法无常"是同一原理。但在变化中间，是存有将变未变，和变前变后现象运行的必然数字。例如从一到二、到十、到百，一分一秒，一步一节，各有不同的景象出现。由于这个原则，如果对人事来说，最重要的，便要知道把握适合于变数中的时间，和你所站的位置。如果是不得其时，不得其位，或不适其时，不适其位，你要勉强去做，希望侥幸而得，就会被时间的运转和空间的变化所淹没了。假使得时得位，你想不做，也是势所不能的。所以孔子早年去见老子，老子便告诉他："君子得其时则驾，不得其时，则蓬累而行。"他已明白告诉孔子，你虽然有大愿力，要想淑世救人，可是这个时势，并不合适于你，不得其时其位，是永远没有办法的。后来的孟子，最后也明白了这个道理，所以便说"虽有智慧，不如乘势。虽有镃基，不如待时"的名言了。

举一个历史上大家所熟悉的人物故事来说，例如汉代的韩信，在他少年的时代，不得其时，不得其位的倒霉时刻，他头脑清醒，知道忍辱，所以在闹市之中，当众甘受胯下之辱。不然，一剑杀人，后果就不堪设想了。后来登坛拜将，得其时，得其位，威震一时，功成名遂。但他到底学养不够，一战功成以后，被自己的时位冲昏了头，就随时随地犯了错误，不知道那个时候的运数和权位，已经完全属于泗上亭长刘邦的手中，他还想要做最后的侥幸冒险以自救，结果便弄巧成拙，身败名裂了。以汉初三杰来说，只有陈平最能把握时位，自处得比较好，但他也很自知后世的结果，真不失其为人杰。

如果我们对照历史故事，假装糊涂而其实最聪明的，就莫过于汉高祖的刘邦了。他在不得其时，不得其位，只做亭长的时候，就沉醉在酒色之间。后来被项羽封为汉王，就故做糊涂安于汉中。一旦做了皇帝，他又很清醒地听信别人的意见。乃至病得要死的时候，宁可明明白白知道自己要死去，也不肯拿自己的性命，交给那些自不知道怎样死的医生随便给他药吃。很可惜的是他一辈子也没有读书明理，所以不能把大汉的历史朝代，搞得更伟大高明一点。但他一生的作为，除了晚年的白登被围以外，是绝不愿去做过分侥幸的尝试，这是事实。可以说他是天生得时、得位的帝王之命，只是不学无术，不知传统圣人所说的"君子之道"罢了！《中庸》到此，就再引用孔子所说在人道中素位而行的平实原则。

子曰："射有似乎君子，失诸正鹄，反求诸其身。"君子之道，辟如行远必自迩，辟如登高必自卑。《诗》曰："妻子好合，如鼓瑟琴；兄弟既翕，和乐且耽；宜尔室家，乐尔妻帑。"子曰：
"父母其顺矣乎！"

"子曰：射有似乎君子，失诸正鹄，反求诸其身。"这是孔子引
用人们学习射击的道理。便可应用到人生的行为哲学上来。譬如射
箭或打靶，一箭射出，打不中靶本的红心，那只有反省思量自己功
力修养的差劲，绝不能怪到目标摆的太远，或是弓箭发劲的不足了。
"君子之道，辟如行远必自迩（同近字），辟如登高必自卑（低下之处
叫卑）。《诗》曰：妻子好合，如鼓琴瑟；兄弟既翕（彼此和合），和
乐且耽；宜尔室家，乐尔妻帑（孥）。子曰：父母其顺矣乎！"这是
孔子说人生的道理，都要从个人和家庭之间基本做起，不要好高骛
远。他又引用《诗经·小雅·鹿鸣》第七章的词句，描写在一个家庭中，
夫妻恩爱和好，犹如和谐的旋律乐章一样的优美。兄弟之间，互相
和气而快乐地生活在一起，使全家上下大小，都过着平安适宜的日
子。那当然就会使父母顺心惬意了。这便是一般人所希望的孝顺家
庭的现象。正如宋儒程颢的诗所说，"富贵不淫贫贱乐，男儿到此是
豪雄"了。

《中庸》的文章述说，讲到以孔子自身的体验，说明从人道本位
的修行，由个人而到齐家的不易，到此告一段落。但在下文，又忽
然一转，变成异峰突起，插进孔子从来不肯讲的天人之际，鬼神与
人道相关的问题，并由此而进到齐家、治国与天命的关系，实在使
人非常诧异。换言之，凡是子思加在《中庸》文章中所引用孔子的
话，除非是子思从小便亲受孔子的家教以外，其他的弟子们，很少
记述夫子这些方面的教诲了。这个问题，也是研究传统儒家孔门之
学的一个重大题目。如果你读遍"五经"，专门集中有关这方面的资

料，才能弄得清楚孔子平常不轻易讲鬼神与生死存亡之道，是有他精深意义的存在。不然，孔子早已在两千年前，就变成中国的一位宗教教主，装神弄鬼，专门搞那些传统的神秘学，容易使人误入歧途，就不会成为大成至圣先师的万世师表，永为人道人伦教化的大圣人了。现在我们且看下文。

天人之际　鬼神之说

子曰："鬼神之为德，其盛矣乎！视之而弗见，听之而弗闻，体物而不可遗。使天下之人，齐明盛服，以承祭祀，洋洋乎如在其上，如在其左右。《诗》曰：神之格思，不可度思，矧可射思。夫微之显，诚之不可揜如此夫！"

子曰："舜其大孝也与！德为圣人，尊为天子，富有四海之内；宗庙飨之，子孙保之。故大德，必得其位，必得其禄，必得其名，必得其寿。故天之生物，必因其材而笃焉，故栽者培之，倾者覆之。《诗》曰：嘉乐君子，宪宪令德，宜民宜人，受禄于天；保佑命之，自天申之。故大德者必受命。"

我们现在读了《中庸》这节原文，第一个最明显的问题，就是鬼神是否真有其事的问题了。因此，我们只好花一点时间，认真简单扼要介绍一下这个问题。但大家不要认为西方文化中只有科学，根本就不承认有鬼神。那我可大胆地告诉你真错了。我曾经到过欧美，居留的时间也不算太短，从我交往的欧美人士也并不太少。我可以说一句，西方人士的信鬼、信神，那些活灵活现的鬼话连篇，着实不少。有时候，我还和那些彼此了解的西方好朋友们说笑话，洋鬼真多，怪不得东方人会拿这个名称开你们的玩笑了。可是，人类的文化就是那么有趣，西方的鬼神，也都是蓝眼睛、高鼻子的形相；东方的鬼神，又都是那样扁面孔的形相。难道人际、国际都有交往，鬼际、神际却互不往来吗？再说，西方人的算命，有的常说，你前世是埃及人、希腊人、罗马人，却极少说你前世是中国人或缅甸人呢？难道做鬼投胎，也早就有了种族主义了吗？总之，可笑的事多着呢！我一时也说不完，如我有空，要讲这些知道的故事，还真可以写笔记小说来卖钱，很可惜是我既不愿为，更不屑于为之。我经常告诉同学们，鬼神并不是什么太可怕的东西，魔也不可怕，最可怕的是活人。东西方的文化，也都认为人可变鬼、变神、变魔，所以最可怕、最厉害还是人。鬼、神、魔，有时候比起人来，更有人性，反而人变成没有人性的太多了，你说是吗？好了，闲话少说，书归正传。

鬼和神，在中国的原始文化中，并非完全是唯心的东西，它却是物理世界的另一种东西。总之，你首先要了解我们几千年前的老祖宗们，造出这两个字的来源，它是既用"象形"，又用"会意"来造字的。人文的文化是大地的文化，所以"鬼"字和"神"字，都以"田"字为中心，田就代表了土地。"鬼"字呢？是在这个大地上的一种沉坠的能量，也可以说像电一样，只要下沉入土就看不见了的东西。所以"鬼"字从田，分叉入土了，旁边加一个厶的标记，上面长了一根草一样的毛毛，就变成我们现在写的"鬼"字了。它是只能下堕，不能上升的东西。

"神"字呢？它从示开始写，示就代表上天挂下来垂示到地面上的现象。再从示旁画一个田地的圈圈，可以上通天，下彻地，横面也可以通。总之，是四通八达像电能一样的便叫神，换言之，鬼和神，都是像虚空中电的能量作用一样。田地上面下雨，便容易打雷。雷打过了，电流向地下钻进去就没有了，便叫电。田地上长出东西便叫由。可以在田地上下相通的便叫申。上下相通，旁边加一个会意的字，告诉你那是上天示意的现象，便叫神了。所以它也是物理能量的一种变化，是物理的，不是什么特别神秘的东西。不过，鬼是下坠的，所以中国文化说鬼属阴，它是以阴性电极为主的作用。神属阳，是以阳性电极为主的作用。但在唯心方面来讲，又说"鬼者归也"。它是归藏到无形一面去了的东西。"神者，申也。"它是具有挥发性功能的作用。如果再进一步来讨论神，孔子在《易经》的《系传》上便说过"阴阳不测之谓神"了。过去也曾经有同学问我《系传》上这句话的意义。我告诉他，这是说"能阴能阳者，非阴阳之所能"。这就是"形而上者之谓道"的形而上学的范围了。讲到这里，你们一定想问我在笑什么？告诉你，我现在心中有鬼，我引用两句话笑我自己："可怜夜半虚前席，不说苍生说鬼神。"这正是此时的情景（一笑）。

再说，我们的文化，在春秋、战国，诸子百家并出的时期，非常注重鬼神的信念，尤其是墨子（翟）。墨子的学说，早在两千多年前，就具有如十九世纪以来新兴的社会主义和共产主义等思想的成分。他主张"尚同"（尊重平等）、"尚贤"（提倡贤人政治）、"尚鬼"（犹如宗教性崇拜鬼神的存在）。墨子是宋人，宋国是殷商的后裔。在中国的文化历史中，夏人"尚忠"（也说尚质）。夏朝的文化，比较重视朴实自然生活和注重质朴忠诚的人生。可是时代的演变到了商朝，尤其传到殷朝的末代，便非常重视鬼神和天命的信仰，宗教性的风气比较浓厚。所以我们的历史上，便说殷人"尚鬼"。后来再到周朝建国，由文王、武王、周公的领导，才完成了"尚文"的文化基础，从此便形成中国人道人伦人文文化的深厚根柢，所以孔子便有赞叹周朝是"郁郁乎文哉"的颂辞。墨子是宋人，孔子的祖先也是宋人。而且由夏、商、周以来的三代文化，"尚忠""尚鬼""尚文"，都各有它深厚的内涵和特点。我们了解这个历史渊源，因此便知在孔子的学说中，提出重视鬼神的问题，是很自然的观念，就并不认为奇怪了。况且我们的文化，在三代以前，如尧、舜时期之先，根本都很重视尊崇天地和山川神祇，所以上古历史上的帝王注重封禅和祭祀，就是中华民族宗教性的传统。因此，直到春秋、战国，以及秦、汉阶段，那些历史上所记载鬼神的报应，以及崇拜山川岳神、灶神、巫师、方士、神仙等等的资料，实在也热闹万分，多得不可胜数。如果要讲文化史，这也是不可以不知的重大课题。但到了东汉开始，直到魏、晋、南北朝阶段，因为印度佛教的输入，配合了中国固有文化中的天人和鬼神之道，便对天人之际和鬼神之说，就转入理论科学的方向，大有不同于一般西方宗教文化中的含糊其辞，只是盲目地说鬼话神了。

那么，佛学传入中国以后，对于天人之际和鬼神之说，它又是怎样地解释呢？我首先告诉你，佛学是一门切合于未来科学的学问，只可惜被一般胡扯乱说，把它死钉在宗教迷信的范围，实在是很大的损失。我们先要搁置佛学中有关天人之际的宇宙观和世界观。因为由这两个题目说起，配合现代科学，又是一部较大的论著，所以暂搁一边。我们只用浓缩的办法，先讲佛学中的鬼神之说吧！

佛学把我们这个宇宙间的天人关系，分类为三界，所谓欲界、色界、无色界，叫三界。欲界的一切生命，都从男女两性和饮食的贪欲而来。色界，是超越物质的物理世界。无色界，是指超越物理的精神世界。注意，这里所用的精神这个名词，也只是临时随便借用的，并非定论。至于物质世界，它是以一个太阳作中心，它所带领有关系的各个星球，叫作一个世界。在这样的世界中，所形成地球物质的国土世界，只是这个太阳系统中之一小部分而已。但佛学把这个世界中的所有生命，分类归纳以后，划分作六个道类的众生。即所谓天道、阿修罗道（非善类）、人道等三类生命，叫上三道。畜生（傍生）、饿鬼、地狱，便叫下三道。综合起来叫六道，但不是说有六条路线的不同，这个"道"字，是分类的代号而已。事实上，这种六道的生命，是彼此互相交流混杂，统统在一个人间知识所未能了解的一种旋转不停的运动之中，犹如一部机器，或一部大车的车轮一样，永远在旋转不停的走势之中，互相受牵连和影响，构成了所有生命存在，变成新陈代谢的现象。例如人吃了畜生猪牛鸡鸭、青菜萝卜而成了粪便和泥土。畜生和动物植物，又吸收了泥土中的人体所消融了的养分，变出动、植、矿物。这样的生命互相转化现象，中文佛学，取用一个很优美的名词，便叫它"六道轮回"。轮回便是旋转不休，互相混合的意思。那么，从欲界以上的天人，共有二十八个层次，一圈一圈地放大，并不是一层一层地堆叠上升。人道，是六道及欲界的重心，也可说是三界的中心点。从人道以次，便是横出傍生的畜生，包括空中飞的，地上、地下爬的，水里游的等等生物，不胜枚举。比畜生更低一级，在有形象的生命和无形象的生命之间的，便叫饿鬼或鬼道。他们和人、畜生一样，也同样有男女饮食的贪欲，可是他们对于饮食，得之不易，大部分长时间都在饥饿状态之中。人死了的灵魂，如果没有变化，或不转化变成鬼道中的生命，都不能叫鬼，那是另有名词，中文佛学叫它是"中阴身"或"中有身"。我们通用的代名词，叫它是灵魂。严格地说，这可不能和鬼道的鬼混为一谈。但世界上的人，都把它叫惯了，所以把活人死后还未投胎阶段的灵魂也叫作鬼了。事实上，有一部分的鬼，和中阴灵魂景象又很相似。譬如生物化学和病理上的细菌，分类各有不同。鬼和灵魂的分辨，就更难讲得清楚了。至于地狱道，比鬼道还要低级的生命，依据它所忍受身体感觉和知觉上痛苦程度的分类，又界别十八层次，所以一般人就叫它是十八层地狱了。

佛学又把这个物质世间人和畜生等下三道的生命，分为胎生、卵生、湿生、化生的四种。再详细地分析，加上有色、无色、有想、无想、若非有色、若非无色、若非有想、若非无想，就有十二种。所以天人之际和鬼道，有许多是属于有色（有物质的形象）、无色（没有物质的形象）、有的有知觉思想、有的没有知觉思想，只有生理物理的反应作用的生命。至于说若非有色、若非无色、若非有想、若非无想，这四种描述，是属于色界天、无色界天乃至地狱中的生命，拿我们现在的科学知识来说，还很难有恰当的表示。

那么，从人道作中心来说，上至天人，下及地狱，凡是属于贪恋爱欲淫欲的生命，他的男女饮食，作用也大有差别的。例如说有一部分鬼道所需要的饮食便叫寻香，等于我们人道所说的吸气或吃气，并不像人和动物那样，是靠吃食实质的东西。所以佛学中类分饮食，便有四种。例如一是抟食（也叫段食），犹如人和动物，是靠分段的时间，用手足和嘴巴来吃的。二是触食，是靠身体的触觉和感受来维持生命。例如人靠吸收日光、空气等等作用来维持生命，便是触食的情况。三是思食，它是由思想的作用，可以使生命满足而存在的，这等于我们平常所说知识是精神的食粮，就有点类似了。四是识食，那是天人境界的一种情况，很难说明。总之，除了抟食以外，其余的三种饮食，都不是人类所易理解的事。可是，人同时需要这四种食粮，只是人们不能自知而已。所以佛家、道家有些修炼到了特别境界的人，有时也可以辟谷休粮，不食人间烟火了，这并非是完全不可能的事。如果连后面三种食粮，如触食、思食、识食都断了，就不是那么容易了。

有关爱欲和淫欲的问题，就不如饮食对于生命那样重要了。例如地狱中的生命，纯苦无乐，或苦多乐少，就无暇、无心思动爱欲之念了。同样的道理，一个生命，修为到色界以上的天人境界，也就净化了爱欲的作用了。所以道家便有炼精化气，炼气化神，炼神还虚，最后达到粉碎虚空的修炼程序之说，也确实并非虚言，只是非一般盲修瞎炼的人所可到达而已。欲界中心的人道和欲界中比较高级的天神，同样都有爱欲和淫欲这种作用，统名为六欲天的贪欲。所谓六欲，它又包括了色、声、香、味、触、法（意识冲动）六样作用一起发动爱欲的行为，配合笑、视、交、抱、触的动作，这都属于生理范围的作用。人道和畜生道男女两性交媾的行为，简称便叫精交；如果是欲界高层次的神人，就有比人道较为升华的作用，只是气交；又有更高层次的神人，就是神交了。现在我们总算花了一点力气，综合佛、道两家，把天人之际和鬼神之间的理论和传述的知识，大概扼要地介绍了一番。

至于六道的生命中，有关天道和地狱，都有很繁杂细密的区分，内容很难详尽，而且也不属于本题的范围，不必多说了。那么，在这所有生命中的六道，谁该投生天道？谁该下堕畜生道乃至地狱？谁该生在人类中为人？究竟是谁在作主呢？是真的如中国民俗所讲，有个阎罗王掌握生死簿，对照善恶报应来裁判转生，或是如西方宗教所讲善人上天堂，恶人下地狱，到了世界末日，等上帝的宣判呢？有关这些问题，一讲又是一个专题，而且牵涉到比较宗教学等课题，同时它的内容理论，也很繁多，我们也不能再讲。如果只从佛学的基本观念来讲，只能先告诉大家，宇宙间的事物，不论是已知、将知、未知的种种，说有则一切皆有，说空则一切皆空。普通常听一般人说的信则有，不信则无，也很有道理。这两句话虽是很浅近的俗语，如果照大舜"好察迩（近）言"的精神，便知它也是"庸言之谨"的好道理。但依照佛学的主要观点，这种分类的六道生命，最基本的根源，是"无主宰、非自然"，都是因缘所生的作用，所谓"缘起性空，性空缘起"。因此，其他的宗教，就误解佛学是属于无神论者。其实不然，佛学承认有天人、神、人、鬼等六道。但一切生命，并非是由某一个或某一种超人权威的主宰所支配，并非是由他力所能摆布，也不是自力可以安排，但也非自然的物理作用。六道生命真正主宰，统在于自我的自心。因为自心的行为变化，生起善和恶，与善恶之间的昏昧作用，叫作业力。基于这个业力的运行变化，犹如日月星辰，地球物理等的法则，永远在空中旋转变化不停，互相吸引，互相排挤。又如物理作用，有同性相排，异性相吸，同时又有同类相吸，异类相排的关系，因此而使生命常在轮回不息。所以佛道两家的教理，和中国传统儒家的教理一样，必须先从人道中洗心革面，先做到去恶向善，渐渐修到除恶务尽，达到天理流行"止于至善"的境界，再加进修，才得跳出三界外，不在五行中。真正跳出三界，超越五行支配的仙佛或圣人，他不是成就做一个可以主宰万物生命的神人，他只是一个不受物理法则所支配，超越鬼神，不被自心意识所蒙蔽的闲人而已。叫他是佛、是圣，都是人为的加冠代号而已，实际上到了这种程度，你可叫他是一个不是东西的东西也对。

　　总之，三界六道众生的生命轮转变化，都是以人道为中心，最根本的基地，都是依物理空间而生生灭灭，犹如能量的互变。佛说，正常的鬼神与人道，本来就并存在这个世界，虽然昼夜互相穿插往来，彼此都无妨碍，犹如虚空或物理的能量，互相交互穿透。人多处，鬼神亦多，人们过往来去，透穿鬼神的身体，鬼神过往来去，也透穿人们的身体，只是阴阳气质的不同，互不相妨。除非因心念行为有善恶业力特殊情况，也就会发生特殊感应的现象。所以后世的宋儒理学家们，也承认这种道理，便说："鬼神者，二气之良能也。"所谓二气，就是指阴阳两个符号的代名词。

我们因为孔子说了一句"鬼神之为德，其盛矣乎"的话，引起我说了一大堆的鬼话，不然，鬼神也就盛不起来了。但孔子所说的鬼神，其目的是教人能自敬其心，自诚其意，做到合于天人之际的圣贤君子之行，并不完全如墨子的"尚鬼"主张。因此，让我再向大家讲一个小故事，作为反面的参考。在东晋时代，有一位佛教的高僧道生法师，因与关中的僧众大德们有了不同的见解，便渡江南来，独自结庵，住在江南的山上，闲来无事，便对着石头说法，因此有"生公说法，顽石点头"的传说。据说，有一个鬼，也跟道生法师听经说法多时了，法师便叫他快去投胎做人，好好修行，可以生天成佛。这鬼听后，作了一首诗说：

作鬼经今五百秋　　也无烦恼也无愁
生公劝我为人去　　只恐为人不到头

生公听了，也就罢了。换言之，这首鬼诗，是说做人难，做个好人更难。鬼做不好，再死便做魙。人如做不好了，也许死后想变鬼还不可能，所以他怕做人。再说，清初顺治时期，江苏常熟有一位得道的潮音尼师，预知死期而坐化，因此，钱谦益（牧斋）为她作塔铭，写了一首诗说：

> 纷纷恒化是何情　习惯迁流每着惊
> 若使生人真畏死　须知死者复愁生

钱牧斋和吴梅村都是明末清初的江南才子，也都对佛法有研究，但并不专精。他这首诗却很有意思，也许别有情怀，认为"生逢乱世做人难"吧！

论虞舜姬周的受命于天

我们先把鬼神之说略作交代，现在回来再讲《中庸》引用孔子所说鬼神的作用。"子曰：鬼神之为德，其盛矣乎！视之而弗见（看不见形相），听之而弗闻（听不到声音），体物不可遗（如果从物理去体会，也不可以因它遗留在物外，就否定他的存在）。使天下之人齐（同斋）明盛服以承祭祀（他能促使天下的人们，都要斋戒清明自己的心思不敢乱想，穿了干净的礼服来祭拜），洋洋乎如在其上，如在其左右（那就会感觉到是他洋洋洒洒的如在自己的头上，如在自己的左右一样）。"然后孔子又引用《诗经·大雅·荡之什》第七章的诗做引证说："神之格思，不可度思，矧可射思（神明的到来，是不可用意识去测度他的。况且妄用胡思乱想来猜猜点点，那是更不可以的）。""夫微之显，诚之不可揜如此夫（这就是说明世间有隐微不可知的一面，但又有不可思议的明显作用，只有用心意识的至诚，才能得到感应，不可以用不诚之心来掩盖了自己的灵性）！"

接着，就是孔子再三推崇虞舜和周文王、武王、周公的盛德，以及他们制订尊敬祖先的孝行礼制，笃行仁民爱物大孝于天下的精神，所以才能得到天人交感，完成历史上人道人伦的大业。这才是纯粹禀承天命之性，率性而行修道教化的功用。

"子曰：舜其大孝也与！"孔子在这里，所说第一句话的关键，就是说明传统儒家所谓的孝道，并不是专指对个人父母的孝养而已。所谓孝道的指标，是从天命之性纯粹至善的修行起用，做到大孝于天下的德业，才是孝道的究竟。三代以上，唯有虞舜，出生在一个大有问题的家庭，所谓父顽、母嚣、弟傲。自己起于田间，不怨天，不尤人，内修德性，笃行孝道，因此被唐尧所选拔，试之为政，即能辅助帝尧，建立完善文化的基础。同时起用大禹治水，奠定华夏以农立国的万古根基。最后又不违背帝尧公天下的禅让之德，传位于禹。所以孔子极力盛赞他为大孝的真人，所谓："德为圣人，尊为天子，富有四海之内。"但又视天下如敝屣，让位给大禹来继承其业绩。因为他有大孝于天下的功德，才使父母祖宗的宗庙，永远受到后人的敬飨，下及子孙后代，永远得保安宁。所谓"宗庙飨之，子孙保之"，便是这个意思。因此，孔子再加发挥说："故大德必得其位，必得其禄，必得其名，必得其寿。"这四句话所说必然性的定律，也就等同于老子所说"天道好还"的大法则。凡是有真性情的人，能立德、立功于天下，必然会得到禄位、盛名和长寿的果报。"故天之生物，必因其材而笃焉。故栽者培之，倾者覆之。"所以说，上天生长万物，很自然的，就会因他本身所禀受资材的好坏，加以笃促他来完成大业。靠栽种成长的东西，上天就施以风云雨露来培植它，过分偏向倾斜的东西，就自然会被颠覆倾倒了。所以《诗经·大雅·生民·假乐》第一章所说:"嘉乐君子,宪宪(显显)令德,宜民宜人,受禄于天;保佑命之,自天申之。"这六句古诗,文字意思本身就很明白,都是说明凡有盛德功行的人,上天就会顺其天命之性的自然法则来保佑他的成功。所以孔子便说"故大德者必受命",这又是孔子再三说明,凡是对人世立有大功德的人,在他天然自性的生命中,必然禀受有至性至情的基因。但最有趣的,是我们的历史,从秦、汉开始,后世的帝王,和一般读书知识分子的儒生们,假借孔子这些赞颂虞舜盛德的话,就随便推崇那个有权力做了皇帝的老板,称赞他是受命于天的真命天子。"自古以来大马屁,高呼万岁几千年",有时候读历史,看到这些故事,就会使你大为丧气。只有朱元璋做了皇帝以后,有一次大发脾气,骂他的一班大臣们说:你们不要老是称赞我是尧舜,我哪里可以和尧舜来比。就算我是尧舜,难道你们都是皋陶、契、稷那样的大贤臣吗?这真是朱元璋痛快坦率的名言,为之拍案叫绝。

> 子曰:"无忧者,其惟文王乎!以王季为父,以武王为子,父作之,子述之。武王缵大王、王季、文王之绪,壹戎衣而有天下,身不失天下之显名,尊为天子,富有四海之内,宗庙飨之,子孙保之。武王末受命,周公成文武之德,追王大王、王季,上祀先公以天子之礼。斯礼也,达乎诸侯、大夫,及士、庶人。父为大夫,子为士,葬以大夫,祭以士;父为士,子为大夫,葬以士,祭以大夫。期之丧达乎大夫;三年之丧达乎天子;父母之丧无贵贱,一也。"

接着赞颂虞舜的盛德以后,其次便说继夏朝和殷商之后,真正建立了华夏文化，以人伦之道作为政治社会中心的周朝，如周文王、武王、周公父子三位的功业，也是合于率性修道的盛德，当之无愧。"子曰：无忧者，其惟文王乎！以王季（历）为父，以武王为子，父作之，子述之（以上赞文王、武王）。武王（姬发）缵（这里所用这个"缵"字，含有继承效法的意义）大（太）王（后稷）、王季（历）、文王（姬昌）之绪，壹戎衣而有天下（只用了一次军事行动就取得天下），身不失天下之显名，尊为天子，富有四海之内，宗庙飨之，子孙保之（以上赞武王）。武王末受命（当武王姬发还没有受命于天而做周朝的天子），周公（姬旦）成文武之德（周公就预先准备完成文王、武王治国的文化大业），追王大王（后稷）、王季（历），上祀先公以天子之礼（周公开始制定，尊为天下主的天子，必须崇祀高推祖先的神主也同天子的礼仪）。斯礼也，达乎诸侯、大夫，及士、庶人（这种礼仪制度的规范，上至天子，下及各国的诸侯、卿大夫，乃至士子和一般的老百姓的庶人们，都是有一定的精神，但有不同的规格）。"例如"父为大夫，子为士，葬以大夫，祭以士；父为士，子为大夫，葬以士，祭以大夫。期之丧达乎大夫；三年之丧达乎天子；父母之丧无贵贱，一也"。以上文字很明白，都是说明周公所制定各级祭祀的仪礼。

子曰："武王、周公其达孝矣乎！夫孝者，善继人之志，善述人之事者也。春秋修其祖庙，陈其宗器，设其裳衣，荐其时食。宗庙之礼，所以序昭穆也。序爵，所以辨贵贱也。序事，所以辨贤也。旅酬下为上，所以逮贱也。燕毛，所以序齿也。践其位，行其礼，奏其乐；敬其所尊，爱其所亲，事死如事生，事亡如事存，孝之至也。郊社之礼，所以事上帝也。宗庙之礼，所以祀乎其先也。明乎郊社之礼，禘尝之义，治国其如示诸掌乎！"

　　接着又再引用孔子说明周制祭礼的精神要点。"子曰：武王、周公其达孝矣乎！夫孝者，善继人之志，善述人之事者也。"这是孔子称赞由武王时代开始，周公所制定的祭礼，便是真正通达人伦孝道的宗旨。所谓孝的真正意义，就是一个人，真能体会到先人的意志，继续完成上辈的愿望，和善于传述先人的事迹给后代知道。"春秋修其祖庙（所以每年到了春天和秋天适当的时候，便重新修整祖庙），陈其宗器（陈列祖宗们所留下有意义的代表性的遗物），设其裳衣（或是祖宗们穿过的衣裳），荐其时食（就把自己勤劳耕种所得的当时当令的食物，奉献在祖宗的神主之前，祷告自己在这半年一年中所作所为的业绩，请其尝新。）宗庙之礼，所以序昭穆也（但在宗庙中实行祭礼的排列次序，无论是祖宗的神主位置，或是现在参与祭祀各代各辈的当事人，都要照左昭（父）右穆（子）来排列位置）。序爵，所以辨贵贱也（至于祖宗或子孙后辈中，有功名爵位的，就要照历代国家所规定职位的高低来安排。又古礼，有'朝廷序爵'，在政府中任职的人，不论年龄辈分的高低大小，就要照公职爵位的高低来安排位置了。'乡党序齿'，至于退到家庭亲族之中，那便要照辈分年龄大小来安排位置。即使在一般社会，乃至朋友之交，也是照此礼仪）。序事，所以辨贤也（如果本族中，有人对国家社会或家族，做过有特别贡献的事，那就以对贤者之礼来安排位置，这是对注重贤德行为的重视）。旅酬下为上，所以逮贱也（至于参与祭祀服务工作的人，都要一律平等加以酬劳，尤其是对下面基层最劳苦的人，更为重要）。燕（同宴）毛，所以序齿也（对于须发皓白的老年人，必须另加宴请，表示敬老的意思）。践其位（主祭和陪祭的人，各就其位），行其礼，奏其乐；敬其所尊，爱其所亲，事（同侍）死如事生，事亡如事存，孝之至也（这是说实行祭祀之礼的时候，必须内心肃穆，具足这种诚意）。郊（祭天）社（祭地）之礼，所以事上帝也（至于周制所规定的祭天地之礼，那是天子代表国家全民祭祀上帝的大礼）。宗庙之礼，所以祀乎其先也（所谓天子和诸侯，以及庶民老百姓所举行的宗庙之礼，都是祭祀祖先的仪礼）。明乎郊社之礼（明白了为什么要祭祀天地鬼神之礼），禘尝之义（明白了祭拜天地的禘礼，和祭祀的时候，需要奉献食物，敬请尝新的意义）。治国其如示诸掌乎（那么对于治理国家的为政之道，就犹如看自己手掌的条纹那么明白清楚了）！"

祭祀和宗教

我们在前面简单大概说明《中庸》引用孔子所说天人之际的"鬼神之为德，其盛矣乎"开始，到"舜其大孝也与"，以及"无忧者，其惟文王乎"三段文章，贸然一读，好像与"天命之谓性，率性之谓道，修道之谓教"的本旨，以及"致中和，天地位焉，万物育焉"的学养境界，似乎接不上关系，不知道是什么意思。这就需要用《中庸》后面所说"博学之，审问之，慎思之，明辨之，笃行之"的治学精神，不可掉以轻心，须加切实注意了。如果把这三段所引用孔子的话，加以慎思、明辨，就需要对周礼文化中的祭祀、丧礼，以及天人之际的演变，深入了解，才能衔接《中庸》原文的整体意义。那样一来，就需牵涉到《周礼》和《仪礼》两部书的研究，走向专之又专的专家途径，很难达到通俗化的作用。所以只好从略，用曲径通幽的方便法门来了解，使大家比较容易明白。

一、引用孔子学说，推崇我们中华民族自远古以来的祖先，初由人类原始生活时期，到达由母系社会，再转变以男性为主的族姓宗法社会，经历夏、商两代，到了周朝文、武、周公时期，才正式建立起天人之际，人伦文化规模的问题。这是有关周公制礼，规定以周天子为中心的中央统治领导权，建立分封诸侯联邦政体的封建制度，及全民社会的生活规范，统在《周礼》《仪礼》两部书中存有资料。《中庸》只是引用特别重视孝道的敬祖，和祭祀礼仪的精神，等于在说明《大学》中的"诚意、正心、修身、齐家、治国"之道，必须先从"诚意"做起的重要。例如孔子在《周易·系辞下传》所说："上古穴居而野处（上古的人类，并未发明房屋，只随便散处在洞穴或旷野里）。""古之葬者（上古人类埋葬死去的人），厚衣之以薪（只用树皮茅草等把尸体厚厚地包裹起来），葬之中野（埋在野地里）。不封不树（既没有坟墓的界别，也不竖立标记，更没有立碑）。丧期无数（也没有守丧期限的规定）。"此其一。

二、同时孔子在《礼运》篇中的感叹，上古的太平之治，"天下为公"的大同之世不可再得。三代以下，退而求其次，如"禹、汤、文、武、成王、周公。由此其选也，此六君子者，未有不谨于礼者也"。这是说由三代以下这六个时代，已经可算是仅次于太平之治，可以当选为"小康"的大时代了。但他们能够达到"小康"之治的盛世，都是由于善用礼治文化的成果而来。至于礼治的基础，在于"养生送死"。养生的重点，在于政治体制的倡导，宗法和农业经济两相结合的社会秩序，给予人民生活的安定和康乐。可是人的生命，不只是由生到死就算完结。生和死，只是生命过程的两头现象，能生能死"天命之谓性"的性灵，并不因生死存亡的现象而消失。因此，自中古以来重视祭祀，这便是东西方人类文化的共通特征。有如宗教的存在，用祭拜、皈（归）依、祈祷等仪轨，来沟通形而上道和形而下人类情志的作用，此其二。

在本世纪的六十年代，有一位从罗马教廷来的博士神甫，经过一位教授的介绍，向我访问关于当时越南的宗教和政治的问题。最后又问我两个问题：第一个问题，是问佛教是否是无神论？我答复他：有些人说佛教是无神论的观点，是误解的论断。第二个问题，是问从西方文化的观点来说，文化的根源，最初都由宗教传播出来。但中国上古的文化，根本就不像西方，并没有一个原始宗教的雏形，觉得很奇怪。我当时就对他说：这恐怕是一般西方的学者，并未深入中国上古以来文化的内涵，所以便有疑问。中国上古，同其他民族一样，本来就自有宗教的，而且它的起源，也有信仰多神、一神，乃至无神论等的种种内涵。但唯一的不同，是中国上古对于天神和人神之间的沟通，是从人的本位开始，建立一个父子、祖先之间孝道的通道，作为天神和人之间的桥梁，这就是中国上古文化重视祭祀的由来，也就是中国上古文化相同宗教作用的特征。所谓郊、社之际的禘礼，包括对山岳河川土地的尊崇，从表面来看，像是杂乱无章的多神教。但并不认为那许多鬼神，便是唯一的天地万物之主。他听了以后，很谦虚地说：我应该好好多研究"汉学"（中国文化的代名词）这方面的智识了。我说：你能这样做，对沟通中西文化，一定会有很好的成就，我当为你祝贺。

三、由周公制礼以后，再经秦、汉以前先儒们的提倡，对于葬礼所用的衣衾棺椁，以及葬后坟墓的修建，完全近于奢侈的繁琐作风。乃至因先人死后，依礼守制三年，上至帝王，下及百姓，谁也不敢违反，不然，就犹如后世犯了国家宪法一样的严重。可是早在春秋、战国阶段，如墨子等人，便大加反对，极力提倡薄葬。另如代表道家的庄子，对于重视丧祭礼仪，也加以讥讽，并不完全赞成。

但中国文化，养成重视葬礼积习，已经有两三千年之久。甚之，有些地方，重视祖先坟墓的建筑，几乎可与豪宅媲美。尤其在秦、汉以后，帝王的陵寝，俨然有如生人的宫殿，简直不可理喻。直到二十世纪的中叶，经政党（共产党）当局的一度倡导，暂时废除过于奢侈的坟墓，认为那是死人与活人争地的举动，不能说是没有道理的理念。但由于这种民情风俗的习惯实在太深，而且也没有可以使人们觉得死也安心的更好办法，所以也不能完全改变了历史的习惯。

综合世界人类东西方文化的习俗，对于死者的葬礼，便有土葬、水葬、天葬、火葬四大类。其中用土葬的民族，最为普遍。水葬的民族比较少数。西藏高原和蒙古草原部分民族用天葬，其实，是以死者的尸身，还报给自然界肉食众生的一种风俗。采用火葬的仪式，以印度和中国的佛教徒为最多数，尤其是佛教徒，有"一火能烧三世业"的信念。所谓三世，就是过去、现在和未来三世的痛苦和烦恼，都可一火了事。但不管人们是采用哪一种葬礼，至于纪念缅怀先人的祭祀，几乎都是具有同一的心情。《中庸》在这里所引用孔子的观念，也是特别重视传统祭祀的精神，并非是指葬礼为其重点。

四、在我们的历史文化上，自夏、商、周三代以来，有关天地鬼神的信念，始终若存若亡、隐隐约约、连绵不断地存在。但从东汉以后，因为佛教三界天人之说的传入中国，复有道家转化为道教的兴起，构成三十三天之说的盛行。到了唐、宋以后，便把佛、道、儒三家天地鬼神的信念，配合帝王政体的制度，有意无意地组织成为一个天上地下的体制，在民俗的信仰上，这个天人合一的迷糊影像，却一直沿用了一两千年。

首先，它把人间世界，分为阴阳两界，也有叫作阴阳两间的。活着的人类叫阳间，死去了的灵魂叫阴间。阳间人类社会的政体，最基层是乡里。阴间最基层的便是土地公。阳间乡里上级的官府，就是县令（长）或州府的督抚。阴间土地公上级的官府，便是城隍（爷），一县有一县的城隍，一省有一省的城隍（爷）。全权主管阴间的领导叫阎罗王（这是汉、魏以后，从印度佛教文化传入后的称呼。宋、明以后，阎王也变成了联席制度，又分为十殿阎王，把民间所崇拜的宋臣"包公（拯）"也由民意自选为初殿阎王了）。由土地公开始，上级到达阎王，所有鬼神，唯一的掌管职权，就是掌管人世间所有老百姓每一个人心理及外表的善恶行为。所以人死了变鬼，一进入阴间以后，随便你有多么的狡猾，始终难逃阴间的审判，那是毫厘不爽，一点也逃不过阎王旁边那些判官的稽核。但阎王主管阴间，不能主管阳间的人事社会，所以人间的帝王是与阎王各分阴阳而治。不过，人间帝王有罪过，仍然逃不过阎王的监视。到了最后，阎王也有权拘捕人间的帝王到案，然后由阎王引渡到最上级的玉皇大帝那里去受审定罪。那个玉皇大帝，是主管阴阳两界的天主，他全权上管三十三天，中管人间帝王，并及阴阳两界之间的五岳名山的神祇、江河流域的水族龙王，下管阎罗地府。至于佛、道两教的教主，如释迦牟尼和太上老君，只是处于师位，作为玉皇大帝的顾问而已。也许现在又增聘两位顾问，耶稣和穆罕默德吧！这样一个天上人间和地狱体制的管理网，便是中国民俗信仰牢不可拔的信念。尤其在明朝以后，因《西游记》和《封神榜》两部小说的流传，更为老百姓们所信奉，比我们相信任何朝代的政权体制还要坚定。不过，玉皇大帝虽然伟大，但他须听他的母亲瑶池圣母（俗称西池王母娘娘）的教导。由此可知，所有宗教，固然都有重男轻女的观念，但所有宗教，背后最有权威、最伟大的还是母教。中国的民俗宗教，玉皇大帝最高最后的便是瑶池圣母。基督教最后的也是圣母。佛教最慈悲的便是女身母爱的观音菩萨。不过，这些汉、唐以后所形成天上人间的组织，都和周公的制礼，孔子的教化，并无任何关联。但你不能不承认那也是一种人类社会文化的一部分啊！当人们在道德、法律、教育都无法起作用的时候，只有它还可以镇服了人心，发挥效果呢！所以《易经》观卦《象辞》说"圣人以神道设教"，以补救道德、法治、教育的不足，是另有其深意的。

　　至于三十三天和玉皇大帝的由来，在汉、魏以前，本来并无这个观念。这是魏、晋时期，佛教三界天人之说的传入，被北魏崇信道教者所袭用，因此，便在三十三天形成一位玉皇大帝来掌管阴阳两界了。如依佛教三界天人的观点来讲，三十三天（忉利天），是指太阳和月亮以上六欲天中的一重天，并未超出欲界。这个天界犹如联邦的组织，是由三十三个部分所形成的总体。此天天主，从梵文的翻译名叫"憍尸迦"，中文意译为帝释天子。超于此天以外，还有夜摩天、兜率天、化乐天、他化自在天四个天。欲界天的天主又总名为大梵天。从此范围以外，才到达色界天。但色界天又有十八天的层次差别，到了色界最高处的天主名摩醯首罗天，也有翻译说色界的最高天叫有顶天，天主名大自在天。但包括欲界和色界的各天，还都解脱不了物理世界的范畴。超过色界，才到了精神世界的无色界天。欲界、色界、无色界的天界和人道世间，以及下三道的畜生、饿鬼、地狱等，才算是一个世界。佛学认为像这样的一个世界，在这个宇宙中，有不可知、不可量、不可数之多。

　　以一个太阳为中心的世界做基准，累积一千个这样的世界，叫一个小千世界。再累进一千个小千世界，叫一个中千世界。复加累进，合一千个中千世界，叫作一个大千世界。我们不厌其烦顺便介绍了与佛、道两教学说的天人之说，它和传统文化儒家天人之际的观念，并不相干，但也是"道并行而不悖"，不相冲突，只是介绍中国文化在佛、道两家，早已存有类似现代太空科学观点的说法，可供后来研究者的参考和注意。

我们为了孔子所说"受命于天，自天佑之"的观念，与"天命之谓性"的关系，以及周制祭祀和丧葬之礼，便拉杂牵扯了以上许多闲话。其实，总结《中庸》引用孔子这些话的意思，它的主要意义，也就是《论语》上记载孔子所说君子有三畏的道理。"孔子曰：君子有三畏：畏天命，畏大人，畏圣人之言。小人不知天命而不畏也，狎大人，侮圣人之言。"孔子所说三畏的道理，是为了我们一般普通人的心理行为，如果没有一个可以敬畏的心情，就会容易自我狂放，肆无忌惮。这样一来，从表面看，可以说合于自由解放的原则，但如经过时间的累积，一算结果的总账，就会自食恶果，后悔莫及了。例如一个正常的小孩或成人，心中随时思念着自己有可爱可敬父母的存在；或如下级对上级，随时怕出差错，会受责备；或如有宗教信仰的人，随时怕犯了错告诫；那么，他的所作所为，自然就会规矩得多，少犯错误。所谓"明乎郊社之礼，禘尝之义，治国其如示诸掌乎"的道理，也就是告诫一般负治国经邦之责的君主领导们，既要上畏天命，又要下畏民志，那就随时不敢自专自大，才可自能寡过，就不会成为孤家寡人了。这也是自求多福，自助而后天助的真实意义。至于提到"无忧者其惟文王乎"一句，也是由于这个理念而来。如果我们注意历史，对于周文王当时所处的时代环境，以及他本身所受殷纣王迫害的情况，可以说极文王的一生，都在忧患中度过，哪里可说他有无忧的一生呢！尤其当他被纣王幽囚在羑里的时期，既不可有丝毫怨恨的表示，更不能不作甘愿受罚而悔过的态度。因此只好以畏天命的心情，在幽囚中澄心静虑，精思入神来研究八卦易学，终于完成了千古不朽的大作《周易》一书。所以孔子在《周易·系辞下传》说："易之兴也，其于中古乎！作易者，其有忧患乎！"便是说明周文王被囚于羑里，在忧患中完成《周易》的演作。但在这里，又说"无忧者其惟文王乎"一句，那是赞扬他本身的学养和家世三代的德性。由于他的上代，都是有很好的理性和德行，恰好他又生有两个出类拔萃的儿子，武王（姬发）和周公（姬旦），都能继承他的遗志，完成文治武功的大业。所以孔子在本文里，便说他有"父作之，子述之"的大福报，都是由于周文王得"率性之谓道"的好德行，才能做到"修道之谓教"的大功德。

讲到这里，我们觉得研究《中庸》，真有一种特别严肃的压力之感。现在且让我们自己轻松一下，姑且对不起圣人，说一个轻松的笑话。据说，世间有一个大善人，死了见阎王。阎王一看他，就对他很礼遇，而且说，据你一生的作为，应该再去投生做人，但很难找出最好的人样给你。你自己想想看，应该使你做个什么样的人才好呢？这个人听了，想了一下便说：那我就要

　　　千亩良田丘丘水　　十房妻子个个美
　　　父为宰相子封侯　　我在堂前跷起腿

阎王一听，便很恭敬地站了起来，离开座位，向他拱手说："世间若有这种事，你做阎王我做你。"老兄，换个位子吧！

其实，世间也真有这样一辈子享父母儿女之福，无忧地度过一生的人。在抗日战争的中期，我在四川，有一个自流井、富顺之间

的朋友。他有祖传天然的十几口盐井，财富自有账房为他经管，太太和姨太太共有四五个，也有两三个好儿子，真是一辈子在堂前跷起腿过一生。我们常常对他说，大家都要去抗日，你倒幸福，天天在日抗。他便说，我也出了很多抗日的钱啊！我们听了，只有啼笑皆非的感受，你能说他不对吗？因为他夫妻两人都是双人抬不动的大胖子。

"修道之谓教"的治国之道

　　哀公问政。子曰："文武之政，布在方策。其人存则其政举，其人亡则其政息。人道敏政，地道敏树。夫政也者，蒲卢也。故为政在人；取人以身，修身以道，修道以仁。仁者，人也，亲亲为大。义者，宜也，尊贤为大。亲亲之杀，尊贤之等，礼所生也。在下位不获乎上，民不可得而治矣。故君子不可以不修身；思修身不可以不事亲；思事亲不可以不知人；思知人不可以不知天。"

　　好了，我们总算把上面几段交代完了。从现在开始，便转入"修道之谓教"的外用，有关安邦治国的为政之道了。"哀公问政。子曰：文武之政，布在方策。其人存则其政举，其人亡则其政息。"鲁哀公有一天向孔子请教为政的道理。孔子说：有关周朝文王和武王创业时期的政治经验，都记录存在于方策上面，不需要我再讲了（孔子时代所谓的方策，等于我们现在说都在历史上有了记载。因为那个时期，文字的记录，是用刀笔来刻在竹简上面，每一片或每一方块串叠起来，所以叫作方策）。"其人存则其政举，其人亡则其政息。"但无论是有怎样好的政策，或怎样好的立法，能够实行执法的，都在人为。无论哪个时代，遇到有贤德的人来执政，就实现了所有的善政。如果没有贤德的人来执政，即使有很好的政策和很良善的立法，也等于没有用了。"人道敏政，地道敏树。夫政也者，蒲卢也。"人道中的人性，对于政治，是很敏感的。等于植物和树木，对于水土地质是很敏感的。所以领导政治的作为，需要知道，所有的老百姓们，都如生长在水土中的那些蒲草和芦苇一样，只要有一点点的水，和少量养分的泥土，它都会很快地茂盛起来。换言之，人民犹如水草一样，都很敏感的，只要有一点有利于人群社会的好办法出来，社会人民就会很高兴愿意来接受，很快就会有良好的反应和成果。"故为政在人"，所以说为政的中心重点，始终是重在人为，即使是好的法治体制，也是人所创立的啊！"取人以身，修身以道，修道以仁。"但为政固然在人，究竟哪一种人，才能真正做好为政之道呢？那便需要看这个领导为政的人，他个人本身的道德学养，是否确得修身之道，达到仁义的境界了。

"仁者，人也，亲亲为大；义者，宜也，尊贤为大。亲亲之杀，尊贤之等，礼所生也。在下位不获乎上，民不可得而治矣。"怎样叫作仁呢？人与人之间相处，都能做到互相尊重，互相爱护，多一点舍己为人，和原谅别人的心，少一点自我的私心。如俗话所说：损人利己的不可以做。损己利人的很难做到，最好能多做到人己两利的事，这便近于仁了。人，哪个没有私心啊！只要先把本身相关的私心放大，由我本身和至亲的利益出发，渐渐扩充放大心量，我要好、要利益，别人也要好、也要利益。做到这样，便是合于"忠恕"之道，"推己及人"，"亲我亲而及人之亲"，固然要亲爱我的亲人，同时也要亲爱他的亲人，这就是"亲亲为大"的道理。

怎样叫作义呢？义字的内涵，便有适宜和相宜及合宜等意思，也就是如现代人所说自由、民主的意义相同。凡是合于大家所同意，大家都满意的就近于义。可是人的禀性有智慧、愚笨、贤德、顽劣的不同，谁能真正做到完全合于所有不同要求的民意呢？例如现在任何人只要有一点不满意的事，便利用民权、人权、人道等等的口号提出要求，但恐都是对某一事的私心，或少数人的利益出发，那就不合公义的原则，不足论也。总之，天下事岂能尽遂人意？所以必须要了解义的重点，是要以"亲亲之杀，尊贤之等，礼所生也"作为准则。这是说虽然先从亲我之亲，而扩充推广到亲人之亲，但也要有一定限度的煞（杀）住，这正如《大学》所说"知止而后有定"的止境。不然，谁也不能真正做到把亲爱之举普及于全人类啊！如《论语》上记载子贡问"博施济众"的事，孔子便说那是"尧舜其犹病诸"的难事。这是说普及恩惠给全体人类大众，即使是圣如尧、舜的善政，也有不能尽善尽美的弊病，哪有可能做到完全满足天下人各个不同的私心啊！例如周公制礼，首重孝敬，但敬祖尊宗之礼，以五服为限，所谓"亲亲之杀"，也有包括"君子之泽，五世而斩"的意义。注意！在这里所用这个"杀"字，并非是杀人的杀，它同现在所说的煞住，或刹车的刹一样意思。"尊贤之等"的"等"字，也包含有等级差别的意义。如果说其中是绝对没有差别的才合于自由、民主的平等，那恐怕只有如宗教家所说上了天堂，或到西方极乐世界去等吧！其实，宗教家所说的天堂与极乐世界，也是因其善行功德的大小而有差别的。所以必须要了解在这里所用"尊贤之等"的"等"字，是有等差平等的意义，并非是一概盲目平等的意思。因此，孔子便说有关为政的仁和义，必须要有礼仪制度和法规来制限它的范围，这便是"礼所生也"一句的内涵。最后又说，但在下级基层的民意，如果得不到上层领导所接纳，上下各怀二心，那就不会获得民心，不可能治理好国家天下了。原文便是"在下位不获乎上，民不可得而治矣"。但这两句话，在《中庸》本文重复出现两次，下文也有讲到，朱熹认为是古人传抄复出之误，便把这里的两句删去，只是保留下文所用这两句原文。朱晦翁这个观点，不能说没有理由。但我们对"好古敏而求之"的治学功夫，远不及朱晦翁，只好照孔子所说"多闻阙疑，慎言其余"的态度，保留原文原貌，看来并无梗隔之处，所以便在这一节结尾做此理解。

接着，便是反复论说上文有关由个人的修身开始，乃至事亲、知人、知天的学养，发挥为政在人及人存政举、人亡政息的道理。所以说："故君子不可以不修身，思修身不可以不事亲；思事亲不可以不知人；思知人不可以不知天。"这样简单明白的四句话，在我们童年的时候，只当耳边风一样，朗朗上口背诵过去，在先生面前有个交代，表示已经背熟了就拉倒，实在不觉得有什么了不起。可是以我个人来说，到了长大成人以后，步入社会，又适逢参加抗日圣战救亡图存等工作，经过人事上的历练，生命过程，也就渐已步入中年。如牛吃草，又从潜意识反刍出来，默然背诵这些读过书本上的话，觉得先圣之言，的确有令人反思敬畏之感。首先反思人要修身真不容易，其次是父母亲人都在沦陷区里，生死难卜，"故园书动经年绝，华发春催两鬓生"。乃至如清人黄仲则的诗所说："今日方知慈母忧，天涯涕泪自交流。"感觉到事亲行孝与报国尽忠，两者不可兼得的悲哀。同时，看到流离失所人群中的种种悲苦，以及大后方社会有些人们，还过着醉生梦死、纸醉金迷的生活，甚之，又亲眼目睹许多家族中的纠纷，方知天下固然有不孝之子，但天下也有极不是的父母。所以对于"思事亲不可以不知人"的道理，便有恍然而悟的领会了。因此，对于《周易》蛊卦《爻辞》所谓"干父之蛊"、"干母之蛊"的意义，有所了解。天下确有不是之父母，修身先要行孝，但孝道不可以只是盲从。怎样又能尽孝，又能巧妙地感化了父母的大过错，才是真正"思事亲不可以不知人"的意义。所谓知人，就是要彻底了解人性和人事千差万别的情形，那就要学问和经验的结合，须从好学深思中得来。然后再进到知天，需要明白这些后天的人性，所有善恶种性的差别，和智贤愚不肖的不同，虽然是从先天的"天命之谓性"而来，而在后天性相（现象）的差别，确实各自有异，但都不是先天之性的本来面目。所以《中庸》一开始，便提出"天命之谓性，率性之谓道，修道之谓教"的宗旨，是要人们首先需要学养到达返还天然自性，然后扩而充之，知道"天命无常，唯德是辅"，怎样知时知量来配合修身和为政的作为，便是圣智的境界，可以与天地参矣。

由以上修身、事亲、知人、知天的层次，再回转到个人修身学养和为政之道的结合，便有五达道和三达德的指标。所谓：

> 天下之达道五，所以行之者三。曰君臣也，父子也，夫妇也，昆弟也，朋友之交也。五者，天下之达道也。知、仁、勇三者，天下之达德也；所以行之者一也。或生而知之，或学而知之，或困而知之，及其知之一也。或安而行之，或利而行之，或勉强而行之，及其成功一也。

在这里所说五达道，大家都知道那是人伦社会人道中的自然顺序。古代所谓的君臣，从基本学理来讲，君是主导者的代名词，臣是依辅者的代名词。古人对一家之长的父亲，就称为家君，过世了的父亲，便称为先君。对一个国家来讲，主体领导全国的便称国君。在五伦的顺序中，首先提出君臣的关系，就同现在民主时代的观念，首先重视自己的国家与个人的关系，也可以说首先尊重社会和国家政府的尊严。其次，便是个人和家庭的父子、夫妇、兄弟的关系。至于朋友，既等同于兄弟，又等于人与人之间的社会关系。如《论语》所记载子夏的话"四海之内皆兄弟也"，便是说明朋友之道，在人伦关系中，有时比以上四伦，更为重要，他是通用于全人类社会的人道之爱，和人道之情。总之，无论是过去、现在、未来的各个时代，无论任何地区，以及各色种族和各个不同文化的社会，每一个人生存在这个世界上，始终都离不开这五种人伦的重点关系，因此叫它是"天下之达道"。至于个人在人伦社会中，无论是自己做一个人，或者为人群服务，做一个领导国家，或为政而从政的人，必须要具备有"知、仁、勇"的三种德性。"知"字，古代与"智"字通用，是包括知识学问和天才，无智便是愚痴。"仁"字，就是现代人所常讲的爱心、慈悲心，人如无爱心，无同情心，那就叫作麻木不仁。"勇"字，就是毅力和决心，还包括任劳任怨、吃苦耐劳和敢于决断等精神，过分缺乏勇气就叫懦夫。一个人生来就具备有这三种同等高明的德性，实在是难能可贵的非常人。其次，是三者都有，但成分不高，或者是有一无二，或是有二缺一，几乎是不可兼得的比较多。但不能说有一个人三者都没有，那是不可能的事，除非是完全白痴或植物人。因此，特称知（智）、仁、勇三者为天下的三达德。但孔子又特别加以解释，说明这三者的作用，虽然有三个不同的名词和界别，但发为实用的行为上，只是一个重点，那就是天性中生有自来禀赋中的智德，因此便说"所以行之者一也"。但是这个生知的智德，对后天来讲，在禀赋的功能上，却有利根和钝根的不同。"或生而知之"，是为利根，"或学而知之""或困而知之"，是为钝根。这是说不论生而知之，或学而知之，乃至困而知之，但必须经过学问的教养，才能启发知（智）、仁、勇的功用。甚之，须受到困苦颠沛的刺激，才可以勉强学习做到。不过，无论是生而知之，或学而知之，或困而知之，都是凭借天性中的智德而起用，这是一致的。然而，在行为上，却各有差别的不同。"或安而行之，或利而行之，或勉强而行之，及其成功一也。"这是说，如果是上根利器，生而知之而具备知（智）、仁、勇德性的人，他在行为作用的发挥上，就会自然而然地做得很安稳。其次，是钝根的禀赋，必须等到有利于事功的时候，才决定用智、或用仁、或用勇。可是，在心理和行为上，还是做得非常勉强。但是，不论是安而行之，或利而行之，或勉强而行之，只要他能具备知（智）、仁、勇三德的行为标准，他必然是会成功事业的。接着，孔子又说：

　　　子曰："好学近乎知，力行近乎仁，知耻近乎勇。知斯三者，则知所以修身；知所以修身，则知所以治人；知所以治人，则知所以治天下国家矣。"

　　凡是一个人，他平常能够勤力好学，这就是接近智德了。同时能够做到学以致用，力行善道，这就是接近仁德了。而且能够反省自己，知非即改，勇于认错改过，不然，就会觉得自己非常可耻，非常惭愧，这就接近有勇的德行了。总归来说，一个人平常如能做到具有"好学""力行""知耻"（惭愧）三种美德，那当然会知道怎样是修身自立之道。一个人能够随时检点自己，知道怎样修身，当然就会推而广之，明白怎样才是正己正人治人之道了。如果真能明白了修己治人之学，那才能知道所以为政而治天下国家的大经大法了。

智、仁、勇的比类发明

讲到这里，我们必须要回头反复慎思，明辨从上以来《中庸》的原文，由它开始提出"天命之谓性，率性之谓道，修道之谓教"的三句纲要，表示子思所得于父师之教的内明（圣）之学的精粹，然后说到个人学养的日用，是止于至善的中和常住的境界，这才是传统儒学孔门学问的精华。由此一贯的发挥，说明人性和人伦的大机大用，便是智、仁、勇的三德。换言之，"天命之谓性"是智德的根源；"率性之谓道"的善行，是仁德的行持；"修道之谓教"，是有勇的功用。由于智德而能证得天人合一的天命之性，由于仁德而能完成人伦大道的功勋，由于勇德而能决断一切行为，归于止于至善的果位。但从天性所发起作用智、仁、勇的三德，它在功用和行为的现象上，虽分为三个不同的名词和作用，事实上，最初的也便是最高最后的根本，统归于天性之知的智德。而这个天性之知的智德，它又不同于世俗所说的聪明，古人所谓的聪明，是指一般人的耳聪目明而说，天性之知的智德，它并非完全凭借后天生理机能的耳目感官而来，所以在上古的文字中，便有用神灵等字义来形容它的作用。有关于这个天性之知的智，后世的人便又加以区分，如类别为上智、中智、下智，甚之，或分列为明智、察智、胆智、工（巧）智、术（数）智、商智、兵智、捷智、语智、艺智、闺智、杂智、贼智、浊智，等等，细说难详。总之，上至圣贤仙佛，下至蠢动含灵，凡有生命的存在，也都有它的生知之智，只是成分有多少高低明暗的程度不同而已。所以孔子便说"行之者一也"，就是这个意思。例如道、佛两家所谓的成仙成佛之道，也都是智慧的成就，并非另有一个什么样的功夫。所谓功夫（或工夫），它便是学而知之、困而知之、利而行之、勉强而行之的代名词而已。因此，佛学称成佛之道，便是大智度的成就。但为了辨别这种超越性的大智，并不属于世俗的聪明智慧，所以便区别世俗的聪明，叫作"世智辩聪"。把超越性的大智，沿用原始梵文发音，叫作"般若"，这也就同《中庸》开头所说"天命之谓性"的自性本自具有的知智之性，是一样的道理。但唯一不同的区别，佛学把明心见性而证自证到"天命之谓性"的"道智"，特别命名叫"实相般若"。至于具有相同于一般的知识渊博，学问通达，思想高明等等的一切智，就都归到"境界般若"，和"文字般若"两个名词的内涵范围。至于因得证自证的道心性德所发生的慈悲、布施等等三千威仪，八万细行的菩萨道功德行为，就特别命名它是"眷属般若"。所谓"眷属"的意义，是指慈悲、布施等一切上善的行为，都是由于从根本道智连带而发的作用，等于父子、夫妻、朋友一样，统是属于这个人亲属的关系。例如以智、仁、勇三德来讲，仁和勇，都是根本智德的眷属。其他如上文所讲世俗所说的各种智知或知智，那都归于另一名词，叫它是"方便般若"。"方便"这个名词，有时是代表了一切方法的名称。例如孔子所说"及其知之一也""及其成功一也"，都是方便的说法。至于真正至高无上的道智，也是证自证"天命之谓性"的明心见性的根本智，是知无知，智无智，无知之智是为道智。所以在东晋的时期，印度东来从事翻译佛经的高僧鸠摩罗什法师的弟子僧肇法师，便著有一篇《般若无知论》的名文，震撼千古。其实，如道家的老子和庄子，也有这种同样的论点，尤其庄子在他所著的《逍遥游》与《养生主》两篇名文中，充分表达如老子所说"绝圣弃智"的理念。孔子所谓的"唯上知（智）与下愚不移"，他的内涵密意，与初唐禅宗六祖慧能大师所说"下下人有上上智"可说是同一意义。尤其在《周易·系传》上说得更加明白，如"易，无（无）思也，无（无）为也，寂然不动，感而遂通天下之故。非天下之至神，其孰能与于此？"因此，我们可以做一结语说：性德之智，智而无智，无智之智，是为大智，用智不如人智两忘，这便是无上道谛，是大圣人的境界。（一笑）

治国平天下的九经

凡为天下国家有九经：曰修身也，尊贤也，亲亲也，敬大臣也，体群臣也，子庶民也，来百工也，柔远人也，怀诸侯也。修身则道立，尊贤则不惑，亲亲则诸父昆弟不怨，敬大臣则不眩，体群臣则士之报礼重，子庶民则百姓劝，来百工则财用足，柔远人则四方归之，怀诸侯则天下畏之。齐明盛服，非礼不动，所以修身也。去谗远色，贱货而贵德，所以劝贤也。尊其位，重其禄，同其好恶，所以劝亲亲也。官盛任使，所以劝大臣也。忠信重禄，所以劝士也。时使薄敛，所以劝百姓也。日省月试，既廪称事，所以劝百工也。送往迎来，嘉善而矜不能，所以柔远人也。继绝世，举废国，治乱持危，朝聘以时，厚往而薄来，所以怀诸侯也。凡为天下国家有九经，所以行之者一也。

接着阐述必以智、仁、勇的功德，由个人的修身开始，发展到可以知人而治人，然后扩充到治国平天下之道，特别提出有九项大经大法的大原则。如说："凡为天下国家有九经：曰修身也，尊贤也，亲亲也，敬大臣也，体群臣也，子庶民也，来百工也，柔远人也，怀诸侯也。"这便是九经的总称。但下文又有原则性地自注自释说：

第一"修身则道立"。这是指必须先由个人修身学养的完成，明白率性而行道的正确目标和作为，才可以出处为政而担任治国平天下之功。

第二"尊贤则不惑"。这是指身任治国平天下之责的任务，日久月深，最容易被权位所迷惑，不知不觉而陷溺堕落于"师心自用"，或"刚愎自用"的自大狂弊病之中。所以必须要做到真能尊贤以自辅。例如曾子总结上古历史上的经验，所谓："用师者王，用友者霸，用徒者亡。"如商太甲师事伊尹，殷高宗师事傅说，周文王师事吕望（姜太公），便是用师者王尊贤的榜样。齐桓公用管仲，秦缪公用百里奚，晋文公用舅犯等，越王勾践用范蠡，汉高祖刘邦用张良、陈平，刘备用诸葛亮，唐太宗用魏徵、房玄龄、杜如晦等诤臣，便是用友者霸的前例。至于一般后世的人主（老板们），都是喜欢用乖乖型服从听话的党徒们，那都是自取毁灭之道了。有关尊贤的主张，在周、秦之际，各家学说，大致相同。例如墨子（翟）便很强调"尚贤"的重要，儒家在子思以后的孟子，又更加明白提出需要尊德尊士，做到"贤者在位，能者在职"，才是政治修明的前导。

第三"亲亲则诸父昆弟不怨"。这是从古代宗法社会以大家族为主的齐家之道的基础来说。如果从中国过去历代帝王政权的家族恩怨，自取败亡的事例来讲解，几乎是历代皆有，只要仔细多读历史，就会明白，不必细说端详了。但用之于现代和将来所谓自由民主的政体来讲，它的原则原理，还是相同，只不过把所谓的诸父昆弟的内涵，换作社会各阶层的民意社团，或者如政党政治所谓的本党、友党、反对党等等名目而已。明白了这个意义，那么，所谓亲我之所亲而推广及亲他的所亲，正如《论语》上记载孔子的话"泛爱众而亲仁"的博爱修养一样，才能尽量减少社会各阶层的民怨。

第四"敬大臣则不眩"。这是指身任最高领导者的大原则，重点在于一个"敬"字，敬重上层领导的大臣干部，犹如敬重自己一样的谦和而小心，那是非常不容易做到的修养。例如现在许多大公司的老板，对于高级干部，内心上始终有我用他，我给他最高的权位，或我付他最高待遇报酬的自负心态，根本就没有尊敬或敬重大臣的存心了。所以往往弄得主从之间、老板和同事之间，"凶终隙末"，两败俱伤为止。在中国的历史上，真能做到"敬大臣则不眩"的朝代，比较起来，只有北宋赵家天下的王朝最为像样，但很可惜赵家皇帝的老板们都太文弱，不然，北宋王朝应当另有一番面目，并不亚于汉唐。最糟糕的便是明朝朱家的三百年政权，对大臣还不如对家奴的太监，实在卑不足道了。接着是有关"敬大臣"相同的问题，便是下句。

第五"体群臣则士之报礼重"一则，它和上则"敬大臣"有相同的意义，只是在上古时代，有大臣和士的阶级差别而已。换言之，等于现在的中央上层干部和省市以下中、下级干部的情形一样。差别不同的要点，不是个人的人品和学养，只是所担任事务上职级的不同。所谓多方体谅中、下层士级干部的艰苦和辛劳，那么担任中下层的士级干部，乃至一般知识分子，自然就会尽心尽力还报以忠义的诚意，这样上下之情一贯，就不会发生上有政策，下有对策，阳奉阴违的矛盾了。

第六"子庶民则百姓劝"。这是说治国平天下的一个基本目标，都是为了人民百姓而服务，也就是孟子所说"民为贵，社稷次之，君为轻"的道理。所谓国家政权的基本成因，便是人民和土地。因此，领导治国者的存心，必须爱一切人民老百姓，如爱自己亲生的子女一样，要有"如保赤子"的仁爱至情，才能使老百姓甘愿接受教化而互相规劝，养成良善的民风。

第七"来百工则财用足"。这就是如近代和现代所特别注重发展工商业经济思想的先声。同时，也是说明传统的儒家和孔门之教，并非是轻视工商业，更不是轻商主义。在中国的历史文化上，形成轻商观念，是由汉儒开始误导，致使魏、晋以后，在文化思想和政治措施上，只重农耕而薄视工商，这种观念，深植人心，始终以耕读传家，作为美谈。因此，当十五世纪以后，西方文化转型，由重视工商业的发展，促进实用科学的发达，致使物质文明的建设，成为西方文化的特色。而我们的一般教育，自宋元以后直到清末，依然停留在"万般皆下品，唯有读书高"的偏差思想，因此把儒家学说也变成读死书，死读书的呆板形态，认为那些西人的洋玩意，不过是"奇技淫巧"，"劳民伤财"的作用，不值重视。却忘了孔子这个"来百工则财用足"的重点教诲，后来反把家国民族所受外侮奇耻大辱的账，一概归到孔家学店的身上去，岂不冤哉枉也。

第八"柔远人则四方归之"。我们初读这一句，也许很容易理解它犹如现代国际间，注重侨民或侨务的作用。事实上，读经必须读史，正如古人所谓"六经皆史也"的观念一样。我们需要了解在东周末期，所谓春秋的时代，以周朝天子为中心的中央政府所领导诸侯联邦的封建体制之下，整个中国，还真正处在地大物博，人口还不到几千万人的阶段。所有各国诸侯邦国之间，要开发扩建土地资源，以及政治势力的动力，最重要的便是人力和人才。因此，春秋战国时期，各国诸侯之间，都是以招徕人才和人力为政策上的首务。例如《大学》所说："有德此有人，有人此有土，有土此有财，有财此有用"，"财聚则民散，财散则民聚"。都是说明土地、人民、财富三者的结合，便是一个邦国政权稳固的基础。所以领导国家者，必须有如慈母一样怀柔四方来归的远人，才能建国富国而治国。

同时，更要了解春秋战国时代，所谓智识分子的士大夫们，怀才抱负，各自谋求出路，彼此往来于各国诸侯邦国之间，出谋划策，推销自己，是很普遍的现象。从春秋时期开始，留传一句"楚材晋用"的千古名言，便是由于有这种历史事实所得的结论。例如西秦的崛起，所用的名相，如百里奚、蹇叔、范雎、商鞅、张仪乃至秦始皇时代的李斯，都不是秦国本土出生的人才。但秦国的诸王，都能做到了"柔远人则四方归之"的政策，因此而能崛起边陲，终于统一了中国。其次，如战国末期的齐国，因为工商业的发达，在诸侯国际间，国富民强，号令东方，所以在齐宣王的时代，各国智识分子的人才，各家各派的学者专家，都纷纷奔走集中在齐国的首都临淄。大儒如孟子、荀子；阴阳家如邹衍；乃至道家的方士们，统统都在齐国的临淄求出路，谋发展。这便是"柔远人则四方归之"的作用。例如二十世纪现代的美国，因为他的移民政策，不期而遇地适合了"柔远人"的原则，所以他能吸取了各国所培养的第一流优秀留学的科技人才，归于己用，因此节省了本国教育培养人才的大量经费，并促使其在科技文明上的发展，傲视全球。这便是"柔远人则四方归之"的成果。实在值得我们深思反省，对于未来，将何以自处，怎样才能不使人才外流，或进一步而怀柔宽容远方来归的人才。至于保护本国侨民以及关怀外侨的政策，当然也是这一句的内涵，自然不必细说。

第九"怀诸侯则天下畏之"。这是上古王道政治和后世霸道政治共通的大道理。它的重心，是在一个"怀"字的作用上，并非是以"畏之"为重点。"怀"字有怀服、怀思、怀念，胸怀博大，足以包容各国诸侯的内涵，它是统领天下的形容词，当然不是向别人投怀送抱的意义。有关这一句"怀诸侯则天下畏之"，在历史经验的反思，唯一值得研究的，的确便是周朝建国初期一两百年间的事实，值得参考。但旧史所称周初封建诸侯而建国的，竟有一千八百之多，但事实资料，已经很难稽考。可是经过西周到东周的几百年来，周室王权衰落，诸侯互相吞并，到春秋初期，仍然还存在有大小几十个诸侯邦国，而且有些国家，根本不是姬周宗室的血缘关系。虽然周朝并未能完全做到天下为公的大同之治，但他至少并不是如秦汉以后异姓不封王的封建统治。这种周朝王道政治的精神，本节在后文自有注释，我们不能把它作为专题来发挥，那便变成是讲一部中国上古的王道政治思想史的专论了，所以只能以点到为止了事。至于从春秋时代开始的霸道政治的研究来讲，所谓春秋五霸之中，唯一值得研究参考的，便是以齐桓公做代表的最为像样。其次晋文公也有一点依样画葫芦的味道。其余，如宋襄公，以及后起的吴、越霸业就不足论了。总之，真能做到"怀诸侯则天下畏之"，从中国周秦以后的历史来讲，除了汉唐两代开国初期的气象以外，实在很少有合格的榜样。或者，往者已矣，来者可追，只有寄望于后之来者的作为乎！

治国九经的补充

接着治国九经的法则以后，又进一步申述细则。第一首先补充讲说领导治国者本身修身的内养和外用。

"齐明盛服，非礼不动，所以修身也。"解题读来非常简洁，统归起来，只有两句话八个字，"齐明盛服，非礼不动"而已。事实上，这两句话的内涵，并不简单，却有三个最重要的基本学养，怎样才叫"齐明"？那是同于《大学》所说"自天子以至于庶人，壹是皆以修身为本"的重点。也便是《中庸》开始所谓"喜怒哀乐之未发谓之中，发而皆中节谓之和"的中和学养境界的缩写。所以首先需要了解这个"齐"字，在古文的读法，就是"斋"字，也就是后世所谓"斋戒沐浴"，以及如世俗所谓"持斋"、"吃斋"的"斋"字。在这里所谓的"斋"，就是澄心静虑，自净其意，斋心自律的代号。如果再进一步严格地说，便是《周易·系辞》所说"洗心退藏于密"的圣境工夫。由于斋心自净其意，才使心境清明，达到明智照耀的功用。换言之，这便等于唐代禅宗神秀禅师所说的渐修要旨，"身是菩提树，心如明镜台，时时勤拂拭，勿使惹尘埃"的作用。如果再进一步，如禅宗六祖慧能大师所说"菩提本无树，明镜亦非台。本来无一物，何处惹尘埃"的境界，那就可超凡入圣了。这也就是《大学》所谓修身，先由格物、致知、诚意、正心而到达的内明之学的标的。如果由这样去了解，可算是真正读懂了"齐明盛服"一句的"齐明"两个字的内涵了。

二是"盛服"，便是儒家一贯注重礼仪外相之学的要求，所谓人之所以为人，必须要有严谨的衣冠来庄严他的外相，这样才能表示人之所以不同于其他动物的模样。所以必须要"正其衣冠，肃其瞻视"。在我们上古以来，儒道本未分家的文化中，对于人与其他的动物，本来也是一视同仁，并不自大而自尊自傲，故称人类叫作"裸虫"。换言之，人是裸体无毛的大动物，与其他的毛虫之类，只有形相的不同而已。但因为人类有了思想文化，因此就大不同于其他一切的生物了。所以人文文化的开始，首先便形成了人的衣冠，不但可以御寒避热，并且可以装饰自己而建立起人类的尊严。因此，从上古时代有了文化文明的开始，便以轩辕黄帝时代制作衣裳，作为划时代的代表，从此以后，经历四五千年之间，每一个历史朝代，都自有他的"衣冠文物"表示本朝本代的象征。并不像现代人的大方，反而以同于印度上古时期的裸形外道为美观。所以孔子在对答鲁哀公问政的头条答案，便反复重申内养的"齐明"，外形的"盛服"，便是领导国家者自我修身的要务。

　　三是"非礼不动"的重要了。我们需要知道，在这里所讲"礼"字，并非是单指礼貌、礼节的仪礼。"礼"字，是整体人文文化，全部内涵的一个代名词。例如我们平常所谓的四书、五经中《礼记》这一部书名，事实上，它所包含的分别内容，便有三部要典，统称"三礼"。大体来说，《周礼》是搜罗周朝文化和政治体制的内容，也可以说是周朝的政治哲学或宪政哲学思想的资料。《仪礼》，包括周朝继承传统文化的社会哲学，和人类社会生活次序的规范等等。《礼记》，那是汇集中国传统文化整体的大丛典，内容非常广泛，例如我们现在所讲的《中庸》和《大学》，以及《礼运篇》中的大同思想，只不过是其中的几篇论文而已。其余就可想而知，不是那样的简单了。因此，在这里所讲的"非礼不动"一句话，内涵非常广泛。但也可把它浓缩来讲，礼者理也。那么，所谓的"非礼不动"，就是指对一切政务、对一切事物等等的措施和举动，凡是不合理的，在"逻辑"论理上，没有经过如下文所讲的博学、审问、慎思、明辨的作为，绝对不可轻举妄动。这便是秉国之钧者，以及担任各阶层的主管老板们，需要知道内明外用修身之学的重点了。

第二补充领导治国者怎样小心做到"选贤与能""重德尊贤"等行为上的风采。如说："去谗远色，贱货而贵德，所以劝贤也。"这也只有两句话，去掉一个中介的"而"字，便也只有八个字，"去谗、远色、贱货、贵德"四个要点。一是不要轻易听信左右前后内外重重包围者的谗言。二是不要贪图男女之间的美色，乱搞性的关系，致使自己落于"玩人丧德"的陷阱之中。三是不要因为私欲爱好而贪图财货，落于"玩物丧志"的深坑之中。四是需要尊重有高尚人品的道德之士。但要真正了解这四个要点，对于齐家治国之道的重大关系，那就需要引用三千年来的许多历史故事来印证，恐怕又要变成专题论著的一本大书，我现在实在没有时间和精力来多作说明。

其实，在本文两句话中，把男女关系的色欲、谗言、好货三个问题连在一起，等于就是一个中心有三角交叉的关系，那是很有道理的。但我只想对这三个要点，扼要地说明几句。第一，什么叫正言和谗言，实在很难下一个正确的定义。有时正言若反，有时反言若正，除非是听话的人，自己具有高度明辨的慧力，心如明镜，着手心头便判别得很清楚。无论圣人与小人，要对某一对象和某一件事来讲，有时候，或多或少，难免总有一点吹牛拍马的语气。只要本人身居高位要津，或当上老板的时候，自己要头脑清醒就好了。所以我常常提醒大家，清朝乾隆时代孙嘉淦《三习一弊疏》的奏折，最为重要，需要认真一读。那是一篇很有实质性的名文，无论是上至帝王，下及政府官员或工商业社会的任何一个小主管、小老板，都应该引为警惕的教诫。除此以外，以我个人几十年的阅历来讲，从读历史，和亲眼看到二十世纪以来，现代史上几番风雨的经验来讲，最可怕的谗言，就是高呼万岁和高喊伟大，以及群众爆发鼓掌欢呼的声音。我曾经每对这种情景，便心有戚戚焉地冒出一句诗说："误尽苍生是此声。"这也是非谗言的最大谗言，应当明白。再说有关谗言的问题，只要明白古人几句名言，可以举一而反三，自当少犯错误了。如说"来说是非者，便是是非人""是非终日有，不听自然无"，配合阅历与经验，就可了然于胸，运用之妙，自在一心了。

其次，是"色"字，不应该只把它从男性的本位上出发，好像是专对女色来讲。例如清代名儒史学家赵瓯北，他题梓泽园（石崇的金谷园）的诗说："美人绝色原妖物，乱世多财是祸根。"的确是两句名言的诗。如果把它拿来解释好色和好货两个方面，只要有这两句诗就可说完了。但也未必尽然，男人好女色，女人亦好男色，色字它所代表的祸害是欲爱过分所发生的毛病，问题并不出在漂亮美丽的色相上面。我们缩小范围，只拿唐代两三个历史故事来说，唐太宗并非不好女色，但没有出大问题。武则天也好男色，但她和唐太宗一样处理得当，并没有因男色而妨碍政治，也没有因好男色在政治上出大问题。唐明皇容易听谗言，又好玩，又好色。但他在开元政治时期，并没有因这些毛病出大问题。唐明皇的问题，是出在晚年，正当男人的更年期以后，精力衰退，头脑不清，智慧、勇气，都落在昏沉的阶段，因此由明君而变成昏君，所以便出了大问题，从此而使唐朝的气数，也便一落千丈。

至于说男女之间，长得漂亮的便叫色，那也不尽然。古人把女人所爱好的漂亮男性叫作"面首"，这个用词很有道理。漂亮，只是头面的好看而已。无论男女，真正的好色，不只是爱好"面首"的漂亮，而是爱上对象的某一特点或特性，这正如一般俗话所说："牌打一张，色中一点。"你只要仔细观察社会上所发生的事实，有时候，一个对象是比较丑陋的人，反被漂亮的所喜爱，并不是漂亮的人便会专爱漂亮的对象。"色"字，可说是男女之间，专对某一点爱好的代名称而已。例如唐明皇先后最爱的两个人，一个是梅妃，一个是杨玉环，如果根据历史资料来说，梅妃比杨贵妃清丽漂亮得多了。可是梅妃清丽而有文才，性情比较严谨，比不上杨贵妃的浪漫，来得适合于唐明皇的性格。但不管如何，都不能把一个人的成功和失败，专门推过到女人的身上去。更不能照骆宾王讨武曌（武则天）的檄文所说："掩袖工谗，狐媚偏能惑主。"这就是武则天或某一女人的大罪过。用手遮住嘴巴一笑，是女性偶尔为之的天然动作，说的不一定专是谗言啊！

我讲了这许多闲话，是看大家听讲《中庸》太过严肃了，也太累了，所以故意扯出这些笑话使大家开心。话说回来，爱听讲小话，爱听别人打小报告，以及好色，都是做领导者最容易犯错的大毛病，你看当代美国总统的问题，也不是出在这种事上吗？如果依据学术问题来讲，爱好偏听小话和好色的习气，都是精神不正常，是心理行为医学上的大问题，细说难尽。只是提起大家要做研究的注意而已。

至于有关好货这个问题，需要明白，古人所谓的好货，不但只对爱好财富而言，同时包括爱好玩弄任何物质的东西，都叫作好货。例如古人常说"女人好货"这样的话，那是说女性们比较偏向爱好漂亮名贵的装饰品，如衣物、钻石、珠宝，等等，便叫好货。有关男性好货，在我们的历史上，便有好几个皇帝非常爱好聚敛财富的事例。其他如宋徽宗的爱好玩弄奇石和字画，也都属于好货之例。

在抗日战争的后期，当时国民政府的主席是林森先生，也许现代的中年以下的人，根本就不知道现代史上有这样一号人物，但我们当时都习惯尊称他的表字叫林子超先生。他是一个品德清高，淡泊寡欲的人。我在峨眉山大坪寺闭关的时期，他也正在大坪寺下面的洪椿坪寺院中避暑，他虽身居一国之尊，带来的随从，只有几个人而已。也许负责保护他的任务，便是山下有一连看守故宫博物院的宪兵吧！有一天，当家师父特别来对我说：林主席在洪椿坪，听说这里有你这样一个人在闭关，他很想上山找你谈禅。我听了便说：这一定是傅常（真吾）先生漏了嘴，他上山来看我以后，下山便经过洪椿坪，可能因此被林主席知道了。大坪寺的山路太险，绝对不可以要主席上山找我这个闲人。当家师父说：洪椿坪的当家师父说，主席喜欢吃素、写字、静坐，公事很少。有时候有空，还帮忙小和尚擦香炉。小和尚说主席擦的香炉都发亮，比谁都擦得好。我便对当家师说：你们不知道，林主席多年来只是单身一人，并无家眷，而且他还是修白骨禅观的行者呢！当家师听了大为诧异。

　　过了几天，我便接到傅真吾先生的信，说是由参军长吕超先生的转告，他想上山和我谈禅。傅真吾认为不如我破例去一次洪椿坪看他，免得山上路险，怕发生意外。因此，托当家师与洪椿坪方面连络，特别约定时间去看他。其实，早在六年前，我在杭州读书的时候，因为一件事，曾经写过信给他，当然他不会记得。潇洒清秀的子超先生，经常爱穿一件长衫，戴一副金边眼镜，留着胡须，慈容可掬。我们一见面，他便注目微笑看着我说：你知道袁子才归隐小仓山房时，有人送他一首咏吕岩的诗么？我说：主席是说"十年橐笔走神京，一遇锺离盖便倾。未必无心唐社稷，金丹一粒误先生"这一首诗么？他听了以后，便自拈须微笑说：你好记性。我说：这是主席责我逃禅入山吧！他就端起茶杯说：请喝茶。我也不再说什么。喝过茶后，谈了一些山上景物和其他的事，我顺便看到他桌上有几张字画，还有一堆别人求他书法的宣纸，就不知不觉多看了几眼。他便说：你也欣赏字画？我说：对书法，有兴趣，没有下过工夫。画嘛？更不会，只是爱好而已。他说：玩物丧志，不会更好。我接着说：家父曾经对我说过，根本不懂字画古董的是俗人；拼命收藏字画古董的是痴人。他听了回头看我一笑说：令尊讲得好。你看壁上这几张宋人的字画，能分别出真假吗？我说：外行，不敢妄语。主席说：这所有的字画，大半以上，都是赝品（假货）。我只爱好欣赏，并不收藏。凡是字画，能够做到以假乱真，便是高手，而且需要比真的还要高明才行。况且，挂在我们这里，大概别人也不好明说是赝品，彼此心照不宣，会心一笑，岂不妙哉！我听了便说：这是狮子一滴乳，迸散十斛驴乳的话，非你老不足以语此。他听了，掀髯一笑。再谈了一阵，我就以日已迟暮，山上不好走为由，立即告辞。他送到三门说：山中半日，大非易事啊！他在抗日战争胜利以前逝世，但我始终还记得他清华绝俗的风姿，和蔼慈祥的笑容，淡泊如头陀的生活和作风。这是我亲自见过一位国家最高领导人"远色"和"不好货"的风格。

至于怎样是贵德而劝贤，这在"四书""五经"上，已经说得太多，而且也流传了两三千年，只要大家能细心去研读，自然就可融会贯通，不必再加细讲，不然，就说来话长，反为累赘了。

第三"尊其位，重其禄，同其好恶，所以劝亲亲也。"这已在前面说过，是对古代宗法社会大家族血缘关系的亲亲之义，也便是上文"亲亲则诸父昆弟不怨"的发挥。但很遗憾，在秦汉以后，被所有家天下的封建帝制，私心自用，作为非同姓不封王的借口，完全失去"亲我亲而及人之亲"，和"民胞物与"的博爱平等的真义。如果撇开帝王专制政体的善恶是非不讲，只取对亲族之间兄弟的友爱来说，比较起来，东汉光武帝刘秀，和他的儿子汉明帝刘庄，都是善于处理父子兄弟之间的事例。其次，便是唐明皇在开元时期，还能做到与兄弟等大被同床的一幕，也可算是千古以来的美谈了。

第四"官盛任使，所以劝大臣也。"这是指领导者在选任贤能的大臣和干部以后，需要做到"用人不疑，疑人不用"的原则。所谓"官盛任使"的意义，是说选拔大臣，事先需要慎重遴选他的才德学养。既然认为此人必定可以担任某一职责，委之以重任，那就要使他在担负责任的时候，不要加以干预，不要使他不能发挥才能，不得施展抱负。不然，就可能使他功败垂成，或变成劳而无功的结果。有关对大臣或重臣任使不专，最后铸成大错，造成严重的后果，在历史上事故不少。最明显的事例，便是明朝末期，对于经略辽东的熊廷弼，以及督师蓟辽的袁崇焕，不但是任使不专，反因听信小人的陷害而妄加杀害。大家只要多读历史就知道，在这里，便不多说了。

第五"忠信重禄，所以劝士也。"这是指对任用一般公务员干部的原则。所谓"忠信"，可以说有上对下和下对上的两重内涵。凡是一般任职公务人员的干部，对恪守职务和上级的正确指令，必须要有责任感而做到尽忠尽信。但在上级，也必须对下级干部要有忠诚的信任感才行。除此以外，更要紧是"重禄"。这是指对任用一般公务人员的干部，必须要有足以养家活口而有余的待遇和补给，才能造成"养廉"，使人能够做到廉洁自律的功效。如果是要求人人节操如圣贤，用之如牛马，防之如盗贼，那便如俗话所说：又要马儿会跑，又要马儿不吃草，行吗？！

第六"时使薄敛，所以劝百姓也。"这是从古到今，诸子百家学说，大都是主张怎样在财政税收上，需要做到轻税、薄税的要求。如果强调一点来说，几乎一部二十六史，便是一部财经税收兴衰恩怨的旧账簿。它和人类战争史一样，几乎很少看到在百年之内，绝对不会发生民怨的情形。希望专门研究财政、经济、税务的专家学者，能够提出一个百年大计的长治久安的财税之道，然后再来讲民主、自由和大同之治，那便可说是虽不中，不远矣。

第七"日省月试，既廪称事，所以劝百工也。"这是古代对于百工技艺工业管理的原则。但在讲解这句话之先，必须知道古人对"既"字，是读作厩，便包括有如现代的厂房或工作坊，甚之，可以说如工厂的意思。"廪"也包含有食禄和工资的意义。所以他说到奖励百工技术发展的管理方法，必须要做到管理周密，每天每月，必要测试他的进步和业绩，并且给予服务和权利之间公平对等的待遇，才能劝使工业上的发展。如照现在看来，早在两千多年前，孔子已经首先提出工商业管理学上的大原则和大道理。只可惜从秦、汉以后，一般冒称尊儒尊孔的帝王，和自认从儒学出身的大臣们，一直没有真正实行他的思想学说而已，那是多么的冤枉，多么的遗憾啊！

第八"送往迎来，嘉善而矜不能，所以柔远人也。"这一项柔远人的理念，我们在前面已经扼要地讲过。它的重点作用，是因春秋、战国的时期，各国诸侯之间，如要图强称霸，必须要争取引进外来的奇才异能之士，成为己用。但对于引进外来的人才，也必须要有测试和甄别，如果真是高明之士，无论是外来或本有的，就必要嘉善（奖励），加以任用。倘使是徒有虚名，不符实际的，也便要以尊重自己本有的人才为主，应当自矜自尊，不必太过自卑。否则，便如俗话所说认为"外来的和尚会念经"，那也未必尽然，外来的和尚，有时念的经，并不见得比自己的好过多少啊！

第九"继绝世，举废国，治乱持危，朝聘以时，厚往而薄来，所以怀诸侯也。""怀诸侯则天下畏之"一节的补充，所谓"继绝世，举废国"，以及"治乱持危"的理念，这是中国文化，对于国际世界和平共存的传统信念。从西（公）元前二三五七年唐尧以前开始，已达四五千年而相仍不变。如果要正确研究，必须从《尚书·尧典》，和《春秋·公羊传》《论语·尧曰篇》等资料来作说明，才较明白。但在上古史上，真能实施这个政治理念的，唯有周朝建国之初，实行分封诸侯，"兴灭继绝"的作为，最为明显。

　　例如《尚书》首篇所列的《虞书·尧典》记载唐尧的王道政治，便说"克明俊德，以亲九族。九族既睦，平章百姓。百姓昭明，协和万邦。黎民于变时雍"。《论语·尧曰篇》则说周初"谨权量，审法度，修废官，四方之政行焉。兴灭国，继绝世，举逸民，天下之民归心焉"。《春秋·公羊传》僖公十七年，记载齐桓公的霸业，也说"桓公尝有继绝存亡之功"云云，这都是说明兴灭继绝，治乱持危，是中国传统文化王道或霸道治国平天下的目标。并非如秦汉以后假借仁义，实行家天下帝王体制的霸业，以诛灭九族，赶尽杀绝为能事。

　　在东西方人类历史上，最明显的史实，便是周朝建国的初期，他领导了固有的八百诸侯，革了殷纣危乱政权的使命，重新分配诸侯的治地，组成一千多国的联邦政体，由诸侯各自为政，分治其国，只是拱奉周朝，作为中央政府的共主。但中央共主的周朝治地，也不过是"邦畿千里"而已。至于各国诸侯的治地，大的不过百里，小的不过数十里。这就是周制"治乱持危"以后的约略情况。至于历史记载周初"大封建诸侯于天下"的事，便说："封神农之后于焦，黄帝之后于祝，帝尧之后于蓟，帝舜之后于陈，大禹之后于杞。""封纣（王）子武庚为殷侯，使管叔、蔡叔、霍叔监殷。"

　　其中所谓神农、黄帝、尧、舜、禹的后代，在周朝以前的历史上，都是早已灭亡了的先朝，但他却秉着"兴灭继绝"的政治伦理道德，重新找出这些先朝的后代，加以封建为诸侯，有的一直随周朝七百余年而并存，最后灭亡，统一于秦政。因此在《中庸》下篇，便特别提出孔子的政治哲学理念，是"祖述尧舜，宪章文武"，就是这个意思。

从人类历史的观点来讲，这种"兴灭继绝，治乱持危"的政治理念和事实，你仔细去检读埃及、希腊、印度的上古历史文化，早在西（公）元前一一二二年以前，绝对没有出现过这种高尚的人文思想理念，只有以强权征服邻邦，便是公理的史实。至于后世国际的帝国主义思想，以强占邻国主权，奴役落后地区人民，为理所当然的事。到了现代国际，自夸以自由、民主、人权的先进文明国家，强迫瓜分其他国家为东西划界，或南北划线，予智自雄，藉此攫取别人的资源财货为己用，却以国际霸主自居，不明真正的王霸之道，甚为可叹。

如果从中国秦汉以后的历史来讲，那些历代家天下的帝王制度，如唐、宋、元、明、清，朝代政体变革各有异同，但都遵守传统儒家之教，历来对待周边藩属的国土，如朝鲜、琉球、越南、缅甸、泰国，甚之日本等等，仍然还是秉承"朝聘以时，厚往而薄来"的精神传统。每逢这些藩属国家中有内乱，也只是因应他的恳求，不得已而派兵弭乱，等到平定以后，便班师回朝，从来不想留驻重兵，占据邻邦的土地或资源财富。只要他们过一个时期，来朝进贡而已。但对来朝进贡的藩属和邻邦的其他国家，仍然是依照"厚往而薄来"的古训，做的是赔本生意，并没有占到便宜。因为传统文化的教育，认为这样才是处理国际而怀诸侯的美德，这也是过去历史上无可否认的事实。希望后之来者，必须要有鉴古知今的学识，才能对待将来啊!

接着下一句,便是"凡为天下国家有九经,所以行之者一也"。这便是孔子答哀公问政全篇的总结语。但这里所谓"所以行之者一也"的"一"字原则,照宋儒朱子的注解,认为便是一于"诚意"。可能他是从下文接着专讲诚意的诚字所启发。因此,便连带上文"知、仁、勇三者""所以行之者一也"也统统都归到一个"诚意"的中心,便把《中庸》全文的主旨,就一概圈定在诚学之中而已,这就未免失于以偏概全之嫌了。后世的儒家学者们,并不完全同意,早有异议。其实,在这里所讲为天下国家的九经,连接他上下贯通的文字体例,从孔子答哀公问政开始,便说明"为政在人"是其重点。所谓"人存政举,人亡政息",这是确定的要点所在。因为"为政在人",所以提出为天下国家有九经的第一重心,就是为政的领导者,先能修身正己,然后才可正人。人能弘道,非道弘人。"所以行之者一也"一句的内涵,岂不是指反身而诚,事在人为,如此而已吗?这样理解,便与《大学》的"物格而后知至,知至而后意诚,意诚而后心正,心正而后身修,身修而后家齐,家齐而后国治,国治而后天下平"的主旨一贯,完全吻合了。接着这一段以后,再加说明上至帝王将相,下及任何一个人,要想立身处世,成功立业,必须先要知道有一共通的法则,那就是有关言语、行为,和对事对人的大原则之道了。

　　凡事豫则立,不豫则废。言前定则不跆,事前定则不困,行前定则不疚,道前定则不穷。

讲到这里,我们首先需要了解"豫""跆"两个字的含义。"豫"字,包含有从容优裕，和事先要有备无患的意义。"跲"字，有并足难行的意义。至于"困"字和"疚"字的意义，大家都知道，不必另作解释。"凡事豫则立，不豫则废"，这是说凡是做人处世，事先必须要有周详的准备，所以到了行事的时候，便可优游自在，顺理成章，虽然遭遇到纷扰变动，也不惊不乱，因此可以建功立业。如果事先没有豫备周详，冒昧从事，就会得到劳而无功，或功败垂成而作废了。这不但是处世的首先原则，就以做人来讲，一个人从幼小接受教育开始，直到后来一生，也必须随时随地要学而时习之，才能有成。因此，可知一切教育学问，也都是为了"豫则立，不豫则废"的作用。其次"言前定则不跲"，便是教诫我们开口讲话的修养，尤其是对在位从政当权的人来讲，不可信口开河，随便乱说。必须要事先谨慎思考，做到言而有信，能说必能行，说到必定做到。如果是说了不算数，或者随便应付，或是自己说过的也就忘了，那就等于自己把右脚踩着左足，结果是寸步难行，走不通的。"事前定则不困"，这是说凡做任何一件事，事先必须知道有成功和失败，优点和缺点，有正面必有反面等作用，然后确定计划，防患未然。这样才能在做事的时候，不会遭遇太多太大的困难。"行前定则不疚"，凡是一个人，有任何一种举动，或是要做任何一件事，都叫作行为，尤其是对从政的或其他建功立业的，甚之，一个普通的人，对于生活衣食等平常行事，都需要事先有豫定的抉择，尽量减少后悔，不要事后自有内疚。"道前定则不穷"，这里所说的"道"字，是指做人处世的法则、准则的"道"，也可以譬喻如开一条人行道路的道。那在事先必须要有久远的准备和计划，才不会使自己的前途，走到穷途末路，或水尽山穷而无法回头的困境。总之，这里所说有关做人处世的言语、行为的道理，统统都是从"凡事豫则立，不豫则废"这个原则所出发。"豫"字的意义，也就是《中庸》的"从容中道"，"君子而时中"的大机大用。先要能把握到"豫"字的学养，就可真能切入"知至而后意诚"修身的要妙了。因此，接着便有下文对诚意和修身的关键，提出反复辨正的理念。

> 在下位不获乎上，民不可得而治矣。获乎上有道，不信乎朋友，不获乎上矣。信乎朋友有道，不顺乎亲，不信乎朋友矣。顺乎亲有道，反诸身不诚，不顺乎亲矣。诚身有道，不明乎善，不诚乎身矣。

本节原文的开始，又出现"在下位不获乎上，民不可得而治矣"两句，似乎是前文的重复，所以朱注便把上文两句删去，只取用在这一节里。但我们却认为上文用这两句的重点，是指由上对下尊贤之礼的说明。在本节里的次序，却是由个人修养的本位说起，做到下学而上达，恰与上文有上下正反照应的作用。即使是千古以来的衍文，也并没有差错，不妨"多闻阙疑"，照旧可以理解得通。换言之，这是说普通一个人，不能做到下学而上达，不能得到在位者的知遇，就做不到施展平生学养与抱负，当然更无法由从政而治国利民了。但这也不能说完全是在上位者使野有遗贤的过错，也应当自我反省，平常自己就没有被朋友之间所信任揄扬。（上古所谓五伦之道的朋友，就是现在所说人际社会的意义相同。）为什么自己没有被朋友（社会）所信任揄扬，那是自己平常对家庭父母亲属之间，并没有做到合于人伦之道的孝顺品行，所以便没有得到朋友（社会）之间的赞许和称誉。（须知在周秦之先，选择士类，首重孝行。即如首先实行选举取士的西汉武帝时期，也是秉承孔孟之教，以孝和廉，作

为基本选拔贤才的标准。所以到了明清时代，把考取的举人，称作
"孝廉"，便是这个意思。）那么一个人为什么做不到孝于父母，以及
和顺于家人的德行呢？这都由于不能反省观察自己的本身行为，并
没有做到真正的至诚。为什么不能自身做到至诚，那是因为不明白
怎样才是"止于至善"的学养，所以就达不到"诚乎身"的境界了。

　　讲到这里，我们已可明白了解《中庸》由"天命之谓性，率性
之谓道，修道之谓教"，是直指天人之际性命互通的基本原理，是从
天道固然的天性，互通于人道的人性说起。然后表明学养到达"致中
和，天地位焉，万物育焉"的中和境界，便是"内明"性天风月的第
一义谛。然后依性起修，"穷则独善其身，达则兼善天下"，可以从
事"外用"于治国平天下的功勋事业，这是《中庸》全文直指见性的
前提，是从人道修心养性，返合于天性自然之道的德行。应该到此
为止，是为《中庸》的"上论"。接着下文，是说明如何才能下学而
上达，实证天人之际的大机大用，那就需要从反身而诚做起，才能
达到复性境界的真正造诣，由这里开始，可说是《中庸》的"下论"。
那么，所谓的诚至和至诚，它究竟是怎样一回事呢？这便是《中庸》
阐说"至诚无息"，内明外用兼得的妙用。

下　论

反身而诚的真识

　　诚者，天之道也。诚之者，人之道也。诚者，不勉而中，不思而得，从容中道，圣人也。诚之者，择善而固执之者也。博学之，审问之，慎思之，明辨之，笃行之。有弗学，学之弗能弗措也。有弗问，问之弗知弗措也。有弗思，思之弗得弗措也。有弗辨，辨之弗明弗措也。有弗行，行之弗笃弗措也。人一能之，己百之；人十能之，己千之。果能此道矣，虽愚必明，虽柔必强。

　　我们必须了解，研读《中庸》到此，才是《中庸》学问修养最中心的关键所在。同时，更需要记住《中庸》开宗明义就说"天命之谓性，率性之谓道，修道之谓教"的三纲领。那么，我们如何才能达到率性之道而证天命的本有之性呢？他在本节的开始，就提出一个"诚"字作为方便法门。"诚者，天之道也。诚之者，人之道也。"这是说，诚，是形而上自然本自具足先天自性的一个功用，也可以说它是一个表诠的名相。因为天命之性，本自具足一切功能。所以说："诚者，天之道也。"诚，就是天性本具率真的直道，但它赋予在每一个人生身之后的后天人性之中，人们却需要借重学养的修行，才能重新返还而合于原先本有具足的自性，因此便说："诚之者，人之道也。"人能自诚其心，达到至诚的境界，才是人道学养最重要的造诣。那么，《中庸》所谓的"诚"，乃至如《大学》所说的诚意，是不是同一意义呢？可以说是同一内涵，但有不同的功用。《大学》所谓的诚意，是从人能诚之的作用，需要先从意念做起。《中庸》在这里不加一个意的作用，只是直接说明诚心的本地风光。所以他接着便直指诚心的功用境界说:"诚者,不勉而中,不思而得,从容中道,圣人也。"这是直指人心从诚的因地起修,达到至诚境界的描述。但所谓"不勉而中"的"中"字,切莫当作中央的"中"字来读,必须用中州音来读,如山东、河南等处方言的语音,读作"仲",也就像说打靶打中了的中(音仲)一样才对。"不勉",就是不需要用心用力,不需要一点勉强就中入无功用道的境界。"不思而得",这是说不是用思想意识去求得的,它是不可思议的境界,需要放下一切思维意识,绝对没有一点想象、妄念的作用,才能达到的境界。如果你学养到达"不勉而中,不思而得"的无功用道,那么,照旧行住坐卧,仍在言谈行动的种种作为中,都是从从容容,无往而不合于中道的妙用了。但这是圣人的境界,不是一般人用尽心思方法,或者另外别求一个秘密法门,甚之,采用一种什么功夫所能做到的。其实,只要你放下一切思维、寻思、把捉、揣摩等的杂乱妄心,坦然而住在不思、不想、不寻究,对于一切心思杂念,放任自然,由它自来自去,不随它转。只是不迎不拒,不随不去,坦荡胸怀,了然不着。由此渐进,涵养功深,就可接近"不勉而中,不思而得",自能启发圣智的功用了。如果不能一举而超然直达圣境,那就必须要反身而诚,下学而上达,所谓"择善而固执之者也"。那么,择善是择个什么善?固执是固个什么执呢?

关于什么是"择善而固执"的问题,我们首先必须姑且搁置什么是至真、至善、至美的形而上学而不谈,只说后天人性所认为的善和固执的道理。其实从人类整体文化来讲,无论是西方和东方的文化,一切教育、宗教、政治意识,哲学和科学的思想,它的终极目的,都是教导人们要"择善而固执"。什么宇宙观、人生观、价值观念等等,始终没有离开教人怎样去"择善而固执"它的理论和目标。最明显的实例，便是宗教的"择善而固执"的方法。如教人向最信仰的主宰或主旨祈求和祷告、礼拜，甚之，心心念念，念诵一句总体的特称和名号，如主啊！神啊！佛啊！菩萨啊！天啊！父啊！母（妈）啊！乃至无义理可解释的真言咒语等等，都由任何一个宗教，根据他的教义理念而特定一个名句，作为信仰和修行的轨则，这就是"择善而固执"的作用。至于从周、秦以后的儒家学者，并没有如各宗教一样的特定一个作为总体专一的名言。但到了宋朝，自有宋儒理学门派的兴起，便根据《大学》《中庸》的理念，认定以"主敬"或"存诚"作为"择善而固执"的学养标准。把传统儒家博大精深的学说，也变成类似宗教式的学问方法了。那么，宋儒理学家们，是怎样变出了这种花样呢？事实上，就是由于从《中庸》这一段话而建立了一个有分别影像，有义理可循的模式。

但《中庸》的原旨，并没有叫你去"主敬"或"存诚"。他是说，万一你不能直接到达"不勉而中，不思而得，从容中道"的圣智境界，那就要"择善而固执之"，才能达到"诚"的中道。怎样去择善？怎样去固执？他就提出下学而上达的五个学养方法，所谓"博学之、审问之、慎思之、明辨之、笃行之"。"博学"，当以孔子作榜样，不能固守一门学识，而困于主观成见的藩篱之中。"审问"，是要对任何一种学问，都要穷源考究清楚，不可落于盲从或迷信之中。"慎思"，是要将所学所闻加以理性的思考。"明辨"，等于后世所说要加以科学的、逻辑的分析和归纳。经由以上的四种治学过程以后，确定了理之所在，便要实践见证于做人做事的行事之间，所以叫作"笃行"。换言之，博学、审问、慎思、明辨四种是择善；笃行，便需要固执。因此下文便有对这五个学养方法的申述说明："有弗学，学之弗能弗措也。"这是说如果没有去学习，或者学习得不好，学习不到家，你就不要冒昧去做实验吧！"有弗问，问之弗知弗措也。"这是说，你不懂，就要去求学，请教知道的人教你。如不肯去求学求教，而且去求学求教了，仍然还没有彻底明白，那你就不要随便去实施吧！"有弗思，思之弗得弗措也。"如果你也学习了，再经过自己的思考，还是没有想通，没有彻底明白，那也不可以将就去做。"有弗辨，辨之弗明弗措也。"假使你把所学的经过思考和辨证，仍然还是弄不清楚，于心不安，你就不可以随便去做。这都是说明择善须精细，然后才可去实践。"有弗行，行之弗笃弗措也。"最后，是重在知道学理以后的实践。但在实践的过程中，必须要秉"择善而固执"的精神去"笃行"，不可半途而废，或是功败垂成。必须要坚持精进，实行彻底，才能有成。（"措"字，有做到终点，做到最后的含义。）因此，便说，你如果能照这五个求学的方法去做，不急于求成功，只重视彻底去实践。"人一能之，己百之。人十能之，己千之。果能此道，虽愚必明，虽柔必强。"别人一下就会，不必羡慕，不要气馁，你就准备用百倍的努力去完成。别人因十分的努力才能成功，你就准备千倍的努力去完成。总之，只要以"不问收获，只问耕耘"的精神去"笃行"，虽然是最愚笨的，最后必然会明白。虽然是最优柔寡断的，最后必然会坚强刚毅起来。

由于《中庸》在这里所说的"博学""审问""慎思""明辨""笃行"五种做学问的方法和程序，我们用比较哲学，比较宗教的教学方法来对照一下，唯一和这一理念相似的，大概就只有中国佛学，根据大小乘所说的"闻、思、修慧"的修行理念，提出"信、解、行、证"的修行次第，建立"教、理、行、果"四个综合的教法。例如佛经，首重"多闻"，就同"博学"是同义语。佛经的问答，先说"谛听"，就与"审问"是同一作用。佛学的修行，注重正思维去修"禅观"

及"观想"，它就和"慎思"意义相同。所有的经论著述，必须注重"因明"（逻辑），就是要以"明辨"为主旨。凡此等等，最后总归要求需达真修实证的"行证"和"行果"，它和"笃行"的理念就完全一致。因此，在魏、晋、南北朝时期，大量翻译的佛经，多有采用《大学》《中庸》的名词文身作基础，故使佛学在中国文化中，很快就融会为一体。再加上平民宗教的外观，终于普及民间，就流行不衰了。到了隋唐以后，以平易语体说教的禅宗三祖僧璨大师作《信心铭》，也同样地提出"至道无难，唯嫌拣择。但莫憎爱，洞然明白。毫厘有差，天地悬隔"等开示，也是说明择善固执的重要，并非是绝对不用文字语言，就可悟道。他也等于是掺合"博学""审问""慎思""明辨"的理念，"即此用，离此用"而已。总之，由"博学""审问""慎思""明辨""择善而固执"的理念，也就是阐明"大学之道"笃行"止于至善"的普及法门。

《中庸》的顿悟与渐修

　　自诚明谓之性，自明诚谓之教。诚则明矣，明则诚矣。唯天下至诚，为能尽其性。能尽其性，则能尽人之性。能尽人之性，则能尽物之性。能尽物之性，则可以赞天地之化育。可以赞天地之化育，则可以与天地参矣。

　　大家需要注意，我们在讲《中庸》开宗明义首段就说过，什么是天性之道和修道之教。你只要熟读原文，用"以经注经"的办法，就会自然通达。现在从本节开始，你可见他自作明白地注释说："自诚明谓之性，自明诚谓之教。诚则明矣，明则诚矣。"这四句话，只有两个反复正对的要点，那便是由诚到明，由明到诚而已。这里所用的"明"，就是明明白白悟道的明，与"大学之道，在明明德"的明，同一内涵，是天命本有之性的性德。"诚"，就是"不勉而中，不思而得，从容中道"，天性自然的直道境界。总之，天人之际的自性，它本来就是上下古今，亘古不变，圆明寂照的直道。你能生而自知，本自处在无思、无虑、无为的直道诚性的境界中，那就可自己明悟自性的妙用，所以叫作"自诚明谓之性"了。如果你迷失了本自诚明的作用，能够从生有自来的后天人性开始修习，先能明见自性的本来，也就自然而然地达到本有明悟至诚的境界，这样，便叫作"自明诚谓之教"了。你如了解了这个反复正对的说法以后，就可知道佛家传入中国的禅宗心法，有"顿悟"与"渐修"的两重方便法门。其实，它和《中庸》的"诚则明""明则诚"之教，完全相似。由"诚"而自"明"，便是"顿悟"。从"明"后而自"诚"，便是"渐修"。但无论由"顿悟"见性，或是由"渐修"见性，对于天命自性的本来，都是一样平等的，并无什么先后高低的差别。正如《中庸》所说"诚则明矣，明则诚矣"，只是文字言语在论说次序上有先后的异同而已。最重要的，是在于本身的真知灼见，和真修实证见性以后，它必然会由性德的诚性自起至诚作用。因此，便说："唯天下至诚，为能尽其性。能尽其性，则能尽人之性。能尽人之性，则能尽物之性。能尽物之性，则可以赞天地之化育。可以赞天地之化育，则可以与天地参矣。"我们读了这一节文字优美的论文，虽然明白了自性本自"诚明"的妙用，但却在"诚明"之外，似乎又多出一个名词叫作"至诚"的作用，是不是另有道理呢？答案是有道理的，但很难解释得清楚。如果我们借用佛家的学理做类比，那就比较容易了。例如佛学，把悟道成圣的本有自性，命名叫作"本觉"。从众生后天的生命，重新修行而悟道见性的作用，叫作"始觉"。"本觉"起"始觉"，"始觉"觉"本觉"，本来是一而二，二而一，并无差别。但一般人们喜欢从学问论辩的习惯来讲，他便又用智觉的理念去命名，把悟到本觉自性的明智叫"根本智"。再把悟后起修，洞明世间和出世间的种种个别智慧，叫"差别智"。我们知道了佛学的这种"明辨"论理以后，再回转来了解《中庸》由"诚"而到"至诚"，的确就有它的界说了。其初所谓的"诚"，是"天命之性"性德本有的妙用，等于是"本觉"灵明的"根本智"。后来所说的"至诚"，等于是"始觉"自性以后，依性起修，明悟所有人性、物性种种差别的作用，这是"始觉"以后的"差别智"。你若藉此理解，便可知道本节所说："唯天下至诚，为能尽其性。"然后，能尽知一切人的本性，原来本自平等，本自具足。但只尽人之性还不彻底，必然再进而尽知万物的自性，与人性亦同为一体而无差别，然后才可明白心物一元，人性物性息息相关的妙用，才能达到"可以赞天地之化育，可以与天地参矣"。这样才能完成人的生命功能的价值，是与天地并存并立，可以参与和赞助天地化生万物，养育万物的功德，所以传统文化，叫"天、地、人"同为宇宙之间的三才。"参"字，同时包含有数学"三"字的意义。

> 其次致曲。曲能有诚，诚则形，形则著，著则明，明则动，动则变，变则化。唯天下至诚为能化。

其次，说明天性的"诚"和人性"至诚"的效应，因此便提出先修后悟，或悟后起修"致曲"的重要。其实，"致曲"这个名词，在《周易·系传上》早已提出，说："范围天地之化而不过，曲成万物而不遗。"这就是"致曲"理念的根源。老子也有"曲则全"的说法。"致曲",是宇宙万物自然的法则,也是人性和物理变化的规律,因为形而上天性本自的功能,是〇的,在《易经·系传上》的解说,叫它是专一的,也可以叫它是空的。它是无形相可见,无大小内外可分别,是无边际的广大,人们姑且定名它这种功能叫作静态,但它并不是真实固定的恒静。其实,静态,只是无边际,无方位,运行不息,极广大的恒动。因此,人们把这种运行不息的本有功能,姑且定名它叫作直道,也可以说它是本有的空性。空,是指本有的功能而言。直,是指本有功能的作用而言。但在它形成空间和时间的宇宙物理中,根本是在曲线旋转,形成圆周的现象,并非真实有一个直线的作用。人们所谓的直线,只是把短暂的曲线分段,便叫作直线,其实,在本源上,并无曲直内外之分。宇宙万物,都在这种曲直交互的作用中,形成生命和物理的现象。同样的类比,我们的精神意识,思维、情绪等等的作用,也跳不出这个曲成范围的规律。譬如人的意念和思维,根本就不是单一直线的作用,它是由生理和心理的交曲而形成来来往往,反复回旋,一点一滴,断断续续,连接构成了方圆曲直的心态表象而已。好了,我只能讲到这里为止,如果循这个思路去发挥,又要说成另一题目,离开本题就太远了。

现在我们只能照《中庸》本节的思路,收紧范围,限于人性心意识的作用来说由"致曲"到"至诚"的变化。因此,我们必须要了解"天命之性"的性德,它本来便是"寂然不动",圆明清静,"感而遂通",自能照临一切的事物。但人们由"天命之性"所赋予的功能,生身为后天的人性以后,就不能做到"不勉而中,不思而得,从容中道"原本性德的圣境,始终只落在后天人性心意识所起回旋曲折的作用之中,不能自主。如果要想学养达到返本还原,重新返还"从容中道"的性德，那便可以从性德功能的诚意上起修，这便是"其次致曲，曲能有诚"的奥秘。同时也是说明"大学之道"，"知至而后意诚，意诚而后心正，心正而后身修"的内涵。因此，连续申述由"致曲"到"诚""形""著""明""动""变"六个程度，完成"至诚能化"的大机大用。这才是子思启先圣之绝学，发祖德之幽光，阐师道之庄严的千古伟论，也是孔门儒学心法的真传，可以与佛、道两家修证奥秘方法的明显注解，希望你们大家"不可等闲视之"。这有八个原则的次序，包含六步修养的功夫，等于《易经》的原理，先天的基本现象唯八卦，后天的动用只六爻，是同一意义。它与心理精神，医学等科学息息相关，内涵真修实证的许多境象和理则。真不明白宋儒理学家们，为什么只注重"博学""审问""慎思""明辨"，作为"集义之所生"的"道问学"为主旨，乃至与"尊德性"的主张互相争辩，不切实从心理精神的实验科学上着手，实在是传统学术上一大憾事。

　　　　至诚之道，可以前知。国家将兴，必有祯祥；国家将亡，必有妖孽。见乎蓍龟，动乎四体。祸福将至，善必先知之，不善必先知之，故至诚如神。诚者自成也，而道自道也。诚者物之终始，不诚无物，是故君子诚之为贵。诚者非自成己而已也，所以成物也。成己，仁也；成物，知也。性之德也，合外内之道也，故时措之宜也。

接着是说"曲能有诚"的学养，自修到"至诚"的最高境界，自性自然便起前知的功能。这也就是一般人盲目追求，盲从迷信神通妙用的切实说明。前知和神而通之的神通，在天人之际本有性命功能上，它是本自具足，不要藉用什么修证的方法而存在的。他先举出大的方面来说，便有"国家将兴，必有祯祥；国家将亡，必有妖孽"。只要你明白了《易经》"象""数"的法则，或者曲致转藉蓍草或龟甲等卜筮的作用，也可知道。如果你本身学养有素，就在你生命本身的身体上，也便自有触受反射的感应。所谓诚于中者，必形于外，祸啊！福啊！善的、恶的，自然会在你心性寂静的境界上，能够产生预感和先知。问题只是在你本身是否真能做到"至诚"的境地。所以说"故至诚如神"，并不需要外求什么先知和神通了。

说到这里，又进一步说明，"诚者自成也，而道自道也"。所谓达到"至诚"境界的"诚"之作用，不是从痴心妄想，或是用各种等于虚幻的神秘方法可以做到的。"诚"是由你本心一念不生，"不勉而中，不思而得"本自圆成的。所谓"率性之道"，也不是假借妄想或外物而修成的。"道"是由"率性"的自道，它不是你有为有修而增加得起来，它是不增不减，本自现前的。总之，"诚"，是心物同源，生生不已的功能。万物由生到灭，由无到有的生命，便是天命自性所生诚性直道的作用。所以说"诚者物之终始"。万物没有自性功能"诚"的能力，那就根本没有物象的呈现存在了。所以说君子人们的学养，必须要了解"诚之为贵"。"诚"，不是专为你自己本身求得修学成功便了事，同时也需为完成一切他人，乃至一切众生与万物，而达到有福同享的境地才对。因此，更要明白，成己与成人，还只是"仁"的向上半提而已。如果在成己以后，更要成就人人，而且能成就众生与万物，同登圣境，那才是大智大慧"心能转物"的向上全提。大仁慈的"仁德"，和大成就的"智德"，它都是天人之际本有自性的德用。无论是自修"内明"之学，或是用于外在的治国平天下之道，它都是由于"天命之性"的性德功用而成就。因为性德本自具有"智德"和"仁德"的内涵，只是运用之妙，存乎一心的"至诚"，便可随时随处无往而不宜了。

天地万物存在的元始功能

《中庸》讲到这里，便转进一层，说明"至诚无息"，也就是天地万物形成和存在的元始功能。但诚德的本身，它既不是物理的，也不是心理的。它是形而上"天命之性"性德本具的功能。它是心物一元生生不已的原动力。人类的一切宗教与哲学科学等，都把它冠上一个特别的名称，有的是神格化，有的是唯物化。只有佛学，比较用理性化的名称，叫它是"业力"，"业"字包括一切善业恶业和无记业三种行为动力的总汇。唯一不同的，便是传统文化儒家的孔门教义，尤其是子思在《中庸》上，把这种心物一元，天地万物与人性同体的原动功能，用人道的人格化来命名，叫它是"诚"和"至诚"。这就充分表达孔门之教，是从人道的人伦道德作基本，终于修德进业而达天德，完成天人之际性命根源之道。大家明白了这个理路，再来读《中庸》的下文，便可迎刃而解，知道他说"至诚无息"之道，便是天地人三才生生不已的根源。

故至诚无息，不息则久，久则征，征则悠远，悠远则博厚，博厚则高明。博厚所以载物也，高明所以覆物也，悠久所以成物也。博厚配地，高明配天，悠久无疆。如此者不见而章，不动而变，无为而成，天地之道可一言而尽也，其为物不贰，则其生物不测。天地之道，博也，厚也，高也，明也，悠也，久也。

　　我们明白了上文"诚者物之终始，不诚无物，是故君子诚之为贵。诚者非自成己而已也。所以成物也。成己仁也，成物知也。性之德也，合外内之道也，故时措之宜也"。便知"至诚无息"的作用，就是天地万物与众生性命相通、生生不息的诚道之妙用。同时，你也可了解《周易·乾卦象辞》所说"天行健，君子以自强不息"的意义了。天地之道，何以能够在永远强健而运行不息呢？因为天地宇宙万物，始终有一个无形无相而生生不已的中心动力的存在，它在人道生命的精神心意识上，就是诚之至诚的作用。所以他说，因为有"至诚无息"的性德，才顺序产生天地宇宙时空长存的永久性。"不息则久，久则征，征则悠远，悠远则博厚，博厚则高明。"然后再来自行解释形成天地的现象，便有"博厚所以载物也，高明所以覆物也，悠久所以成物也。博厚配地，高明配天，悠久无疆。如此者不见而章"，那个能造成万物而使它彰明显著的功能是无形相，看不见的。"不动而变"，那个能使万物有生命原动力的功用，从表面看来，好像没有动作，根本没有动过一样。"无为而成"，因此，人们只是觉得它是什么都没有做过，一点都无所为似的。事实上，万物都是由这种似乎是不明显、不变动、无所为的功能中而形成的。"天地之道可一言而尽也。其为物不贰"，宇宙万物的形成和存在，只是一个功能，所谓不二就是一。"则其生物不测。"那个唯一不二的总体功能，它能生万物，但你是无法猜测称量它的。总之，天地之道，只有六个明显的现象和作用，那就是"天地之道，博也，厚也，高也，明也，悠也，久也"，如此而已。

　　接着，下文便是说明天地生物载物的"博厚""高明""悠久"的德性，提示人应当效法天地的盛德。最后举例，用周文王的学养和德业做表率，说明由人道而达天德的作为。

> 今夫天，斯昭昭之多，及其无穷也，日月星辰系焉，万物覆焉。今夫地，一撮土之多，及其广厚，载华（山）岳而不重，振河海而不泄，万物载焉。今夫山，一卷石之多，及其广大，草木生之，禽兽居之，宝藏兴焉。今夫水，一勺之多，及其不测，鼋鼍蛟龙鱼鳖生焉，货财殖焉。《诗》曰："维天之命，于穆不已"，盖曰天之所以为天也。"于乎不显，文王之德之纯"，盖曰文王之所以为文也，纯亦不已。

现在我们仰头看天，能够用肉眼明明白白看到的天空，只有那么多。事实上，天体是无穷大的，甚之，在太阳和月亮以外，还有许许多多的星球和银河系统，这些无量无数的星辰，都是和我们眼前所看到的天空联系在一起，构成人类肉眼所看见的一幅天体图案。所有万物，也都在它的盖覆之下。

至于我们所立足的大地，它原来的泥土，只有一小撮那么多。但由无穷数的小撮泥土，凝积成为极其广厚的地球，它就能运载那么多的山岳而不加重，振动江河海洋的奔流而不外泄，同时又负载万物在它的地面上成长。

我们再看看那些地球上的高山吧！它原来也只是一些小石子所卷成的大石块，但由无数的大小岩山堆积成了广大的高山，"草木生之，禽兽居之"，而且还贮蓄了许多宝物的矿藏。

至于地球上水啊！它的来源，本来只有一小勺之多，但它积聚成江河海洋以后，那些水族的生物，如鼋、鼍、蛟、龙、鱼、鳖，就都在它的领域中生存，而且繁殖了许多人类财货的资源。

所以《诗经》所载《周颂·维天之命》上说:"维天之命,于穆不已。"这是说上天对所有生命的功能,那真是太奥妙而高深莫测了。这就是"天之所以为天也"的崇高伟大,实在没有什么可以用来形容它了。同时,《维天之命》诗章上又说:"于乎不显,文王之德之纯。"这是说文王的德行和对文化的贡献,犹如天一样的博厚和高明。这也就是对"文王之所以为文也,纯亦不已"的最好赞颂。

然后总结以上的理念,文章语气一转,便提出"尊德性""道问学""致广大""尽精微""极高明""道中庸"六大道行,乃至"温故""知新""敦厚""崇礼"四重品德的重要。

> 大哉圣人之道,洋洋乎发育万物,峻极于天,优优大哉!礼仪三百,威仪三千,待其人而后行,故曰:"苟不至德,至道不凝焉。"故君子尊德性而道问学,致广大而尽精微,极高明而道中庸,温故而知新,敦厚以崇礼。是故居上不骄,为下不倍,国有道其言足以兴,国无道其默足以容。《诗》曰:"既明且哲,以保其身",其此之谓与?

这是用来说明由人道学养到圣人之道的境界,那是极其伟大的德业,犹如天地一样的崇高,能够洋洋洒洒而发育万物,真是优优大哉的事功啊!所谓"礼仪三百,威仪三千"的精神和作用,必须"待其人而后行"。礼的精神是通于性灵自然的规律,不像后世注重法治的作用,只要使其达到合于法治的固定要求就可以了。所以说"苟不至德,至道不凝焉"。如果没有真正修养到明心见性的至德境界,那就达不到凝然静定在率性之道的功用。因此需知君子之学,需要先"尊德性"(明心见性),同时而"道问学"(学问修养)。由于"道问学"（有学问），才能达到"致广大"（明白形而上的哲学领域）。由于"尊德性"，而明见心性的体用，才能启发道智极尽精微的学识（自然科学和人文社会科学等领域），然后才能做到"从容中道"的"中和"境界，这样才是极其高明而道行中庸的修养。至于学问之道，需要先能温习历史文化的典故，然后才可以推知时代的未来导向。但做人要敦厚平易，处世要崇敬礼义。能够做到这样，虽然位居众人之上，也不自骄；位居人下，也不自卑。生在国家有道的时代，一切言行，也足以有兴邦的贡献；生当国家无道的时代，就默默无闻，自求容身而已。所以在《诗经·大雅·烝民》第四章中就说"既明且哲，以保其身"，就是这个意思。所谓"明哲保身"这一名言的由来，是出在《诗经》。大家所熟知三国时期的诸葛亮，在他的名文《前出师表》中，说到自己隐居南阳的时期，"臣本布衣，躬耕于南阳，苟全性命于乱世，不求闻达于诸侯"。他当时的这种心境，就是这两句诗的境界。

　　讲到学养的四重品德以后，又引用孔子所告诫的几句话，再加注释，说明"时"和"位"的重要。这也等于是告诫学者"识时务者为俊杰"的名言。

　　　子曰："愚而好自用，贱而好自专，生乎今之世，反古之
　　道，如此者，栽（灾）及其身者也。"非天子不议礼，不制度，
　　不考文。今天下车同轨，书同文，行同伦。虽有其位，苟无其
　　德，不敢作礼乐焉。虽有其德，苟无其位，亦不敢作礼乐焉。
　　子曰："吾说夏礼，杞不足征也。吾学殷礼，有宋存焉。吾学周
　　礼，今用之，吾从周。"

这是引用孔子的名言说：有的人不明白自己真的是愚笨，但心有我慢的癖好，认为自己对世间是最有用、最有贡献的大才，好像是当今世界，舍我其谁的气概。虽然自己还处在贫贱的地位，因为心有狂妄自尊的癖好，抓到一点，就要煞有介事，擅自专权做主。甚之，明明是生存在现代的世界上，却偏要做复古反古的事。从大的历史事例来说，西汉末年的王莽，硬想恢复周制和井田制度。北宋时期的王安石，也同样有这种心态，要想实行古制而改变当时财经和税收，希望做到富国强兵。甚之，如日本在明治维新的先期，也有人大唱"王政复古"以抗拒西洋文化。最后都是合了孔子这句话："如此者，栽（灾）及其身者也。"我们须知孔子的思想，是保持延续传统文化的精神，但不赞成复古，他是主张要适应时代的潮流，把握时势的变化，参酌古今之变，而建立人道文化的社会。但孔子也不同意完全否定传统的反古做法。所以他又说了"非天子，不议礼，不制度，不考文"三个原则。因为要改变社会，形成一个新的时代模式，非要有天然的时势给予机会，人心归向拥戴，做到在位当权的真正圣明天子，如周文王或周公一样，才能来"议礼"（议论古今文化的得失，然后创建一套承先启后礼的文化规模）。同时参酌古今，创制一个简明而缜密的制度，建立新社会文化的精神和次序（仪礼）。并且要考据精详，建立对人文社会有利的文艺和法治等风俗。

因此，子思又加解释说"今天下车同轨，书同文，行同伦"了，但"虽有其位，苟无其德，不敢作礼乐焉。虽有其德，苟无其位，亦不敢作礼乐焉"。这是说明春秋战国末期各国诸侯君相的情形。有的虽然在位当权，但自忖学养和功德还不够格，因此不敢创作承先启后、继往开来的礼乐文化。有的虽然在学养上有道有德，但并没有当权在位，同样也不敢随便制作继往开来、承先启后的礼乐文化。

这也是同时说明孔子在当时，虽有其德，但无其位的心境。

讲到这里，让我们来讨论有关《中庸》所说"今天下车同轨，书同文，行同伦"三句话，后世便有人据此而认为《中庸》并非子思所作，乃是西汉学者的伪造之书。因为子思生在春秋末期，而"车同轨，书同文"是秦始皇统一六国以后的事，在子思的时代，怎么有这种现象呢？这种论断，属于纯粹考证问题，似乎很有道理，但也未必尽然。当在战国七雄争霸的时期，庞大战争的重要工具和交通，都是车辆。如果秦、齐、楚和韩、赵、魏、燕等国，行车的轨道各自不同，试想，诸侯各国之间，用武力互相兼并土地，掠夺财货的战争，怎么能打呢？诸侯各国之间的文书，如果不是同文，那些外交文书，以及如《左传》《战国策》等历史记载的文字，岂不是都要有翻译馆和翻译人员吗？事实上，东周到了春秋、战国时期，有关"车同轨，书同文"等事，因为时代趋使，社会形态，从军事、经济、财政、商业上的需要，社会结构，早已开始自动变化，渐已形成"车同轨、书同文、行同伦"的局面了，并非从秦始皇开始，才来开通修建全国的统一车道，和统一文书。只是因秦始皇统一六国以后，在历史上的记述，才算是全面的"车同轨，书同文"而已。例如西方文化在十七世纪以后，到现代二十世纪末期，以欧洲各国来讲，三四百年之间，早已随时随地，趋向于"车同轨""行同伦"的方面发展了。你不能说，西方欧洲的文明，都在第二次世界大战结束，由美国自认为可以称霸全球，那才真正形成西方的文化吧？子思生卒年代，距离秦始皇的登位，只有百余年之久，而且秦始皇在位，先后只有三十七年，除了修长城，造阿房宫等工程以外，并没有任何记载说他命令全国要统一修筑道路啊！所以这样有关考据上的学识，当然很重要，但有时候也不能作为绝对性的定论，需要"慎思""明辨"才对。

现在闲话讲过了，再来述说子思记载他祖父孔子有关考据学上"考文"的态度和感言说：我也曾经访问过夏朝后裔的杞国，但无法由杞国而清楚地说明夏朝礼乐文化的确实资料。我又为了学殷朝的礼乐文化，访问过殷人之后的宋国。（宋是孔子的宗主国，所以他不加定论。）至于我学周代的礼乐文化，现在还是一脉相承在用，所以我宁可从周代礼乐文化的精神中上溯传统。这是说明孔子对"考文"治学态度的认真和慎重，作为后文再三申述孔子学问宗旨的前提。

总结圣道内明外用之学——礼赞孔子

王天下有三重焉，其寡过矣乎！上焉者虽善无征，无征不信，不信民弗从；下焉者虽善不尊，不尊不信，不信民弗从。故君子之道，本诸身，征诸庶民，考诸三王而不缪，建诸天地而不悖，质诸鬼神而无疑，百世以俟圣人而不惑。质诸鬼神而无疑，知天也。百世以俟圣人而不惑，知人也。是故君子动而世为天下道，行而世为天下法，言而世为天下则，远之则有望，近之则不厌。《诗》曰："在彼无恶，在此无射。庶几夙夜，以永终誉。"君子未有不如此而蚤有誉于天下者也。

现在我们开始讨论《中庸》这一段文章，好像是引用孔子说夏、商、周三代文化以后，就顺便带出一篇议论。但仔细看来，似乎又不是这样。根据上文说出"大哉圣人之道"，与"愚而好自用"的凡人态度完全不同。因此圣如周文王和孔子，对于文化传统的"议礼""制度""考文"，绝对不敢随便。因为文化思想和政治是不可或分的连体，稍有偏差的领导，就会引来灾祸，殃及当时和后代。故而说明孔子的"考文"治学态度，是何等的慎重，所以他删《尚书》，只起自唐、虞。订《礼》《乐》，只从周文以后。宁可"多闻阙疑，慎言其余"。因此，从第一句"王天下有三重焉，其寡过矣乎"，直到这一段总结，应该都是子思礼赞祖父孔子，和其师承之教，内明外用学养心得的发挥。

但从"王天下有三重焉，其寡过矣乎"开始，不另作"三重"内涵的解释，因此而使后世学者，猜疑莫定。例如宋儒朱熹章注《大学》、《中庸》，自成一家之言，但对于"王天下有三重焉"，也只好采用吕氏的注解，认为这三重，便是上文"议礼""制度""考文"三事，应该只有圣人的天子，或天子的圣人，才能做主。这把"三重"的重任，完全安置在历来儒生所认为的真命天子身上，读书人只要得天子的任用，永远犹如依草附木而求生存而已，其然乎？其不然乎？他们却忘了孔子不是一代的天子，他虽然自谦不敢"议礼"、"制度"、"考文"，但他却"删《诗》、《书》，订《礼》、《乐》，著《春秋》，述《易传》"。事实上，他是完全在做"议礼""制度""考文"的事。子思著《中庸》，说到这里为止，也都在发扬他祖父孔子这方面的精神，好像这些历代的大人先生们，却被子思的谦让所瞒，岂不怪哉！

至于"王天下有三重"的"王"字，古文"王"与"用"字通用。如果认定在这里的"王"字，便是称帝称王的王，那么"王天下有三重"，应该是《尚书·大禹谟》上"正德、利用、厚生"的三重，才是"王天下"的大经大法。但与"其寡过矣乎"，又似乎拼不到一处。因此，我认为《中庸》在这里所谓"王天下有三重焉，其寡过矣乎"这个"三重"，就是《中庸》中心学说的"知、仁、勇"三达德，才是用天下的三重点。有人虽然能具备智德、仁德、勇德三者，可是在应用于对人对事，尤其是在对天下大事上，也不一定能够做到纯善而无瑕，所以说，无论是"智、仁、勇"三者具备，或只有其二，或只有其一，姑不具论，最要紧的是在外用作为上，能做到少犯过错，便算是功德无量了。因此而说"王天下有三重焉，其寡过矣乎"，那就非常明白了。换言之，做人处世的学养，也是一样，一个人不能说是绝对做到没有过错，只求少犯错误，那就是不幸中的大幸了。其实，从"子曰：吾说夏礼，杞不足征也。吾学殷礼，有宋存焉。吾学周礼，今用之，吾从周"说起，直到本节"王天下有三重焉，其寡过矣乎"为止，你只要仔细一读《礼记·礼运篇》，有关孔子说到夏、商、周三代文化的演变，以及其中说到上古"大同"之治的理念，就可明白"王天下有三重焉"和"知、仁、勇"的寡过意义了。

因此便说："上焉者虽善无征，无征不信，不信民弗从；下焉者虽善不尊，不尊不信，不信民弗从。"这是说上古所传上乘道的善世和善行，虽然有此传闻，但实在没有征信可以稽考。既然无法征信，人们当然不会相信，当然也不会从学的。譬如自古以来，传说那些修行上乘善道的神人，但到底是可望而不可及，在世俗上，极难有确实的征信，因此，人们只把他当作精神上的信仰，毕竟不愿从学。至于在下位和下层社会中，虽然有善德善行的人，但始终得不到在上位者和大众所尊重，因为不得人们的尊重，当然也不会被人所信，也就无人从学。如照人类社会文化演变史来讲，例如司马迁作《史记》便说过："太史公曰：夫神农以前，吾不知已。""老子曰：'至治之极，邻国相望，鸡狗之声相闻，民各甘其食，美其服，安其俗，乐其业，至老死不相往来。'必用此为务，挽近世，涂民耳目，则几无行矣。"这也等于说"上焉者虽善无征，无征不信，不信民弗从"。

至于"下焉者，虽善不尊，不尊不信，不信民弗从"的情况，我们不妨也引用老子的一段话作为说明："上士闻道，勤而行之。中士闻道，若存若亡。下士闻道，大笑之，不笑不足以为道。"因此，子思在这里，便提出立志发愿作一个继往开来的真儒原则。"故君子之道，本诸身，征诸庶民。考诸三王而不缪，建诸天地而不悖，质诸鬼神而无疑，百世以俟圣人而不惑。"这是说君子之道的学行，必须先从自己诚其身做起，再来征信一般的人情世故。然后向上推，考证夏、商、周三代的传统文化。明白古人何以必须要了解天地运行的法则，建立岁月时辰运行的历法，配合宇宙自然的规律，完全合于自然物理的科学原理，因此，才能知道所谓鬼神的内涵本质是什么意义，然后才能明白"其为物不贰，则其生物不测"的真义。这样的述作，才可以流传百世，等待后代的圣哲来承先启后。所谓："质诸鬼神而无疑，知天也（知道形而上的天道和天文的物理作用。关于天地鬼神之说，可以详见《周易·系传》所谓：'仰以观于天文，俯以察于地理，是故知幽明之故。原始反终，故知死生之说。精气为物，游魂为变，是故知鬼神之情状'）。百世以俟圣人而不惑，知人也（通达历史文化和历代社会人文的衍变）。是故君子动而世为天下道（因此，君子的举动，都是合于天下世道人心的正道），行而世为天下法（君子的行为，都可为天下世道人心所效法），言而世为天下则（君子的言语，都可以为天下世道人心的规则），远之则有望（无论时代或地区相隔多远，都成为人望所归），近之则不厌（当时亲近过他的人，也终久不会生厌烦之感）。""《诗》曰：在彼无恶，在此无射，庶几夙夜，以永终誉。"这是引用《诗经·周颂·振鹭》章上的话说：因为他本身，并无任何可恶的过错，所以也没有人对他有指责。大家都愿意朝朝暮暮，永远保持他这种荣誉！"君子未有不如此而蚤（同早）有誉于天下者也。"所以说，学养修行君子之道的人，如果不是这样，他不会很早就受到天下人的推崇和赞美。其实，以上全段，是以赞颂真正儒学儒行的内涵，作为下文直接赞述孔子的先声。

> 仲尼祖述尧舜，宪章文武，上律天时，下袭水土。辟如天地之无不持载，无不覆帱。辟如四时之错行，如日月之代明。万物并育而不相害，道并行而不相悖。小德川流，大德敦化，此天地之所以为大也。唯天下至圣，为能聪明睿知，足以有临也；宽裕温柔，足以有容也；发强刚毅，足以有执也；齐庄中正，足以有敬也；文理密察，足以有别也。溥博渊泉，而时出之。溥博如天，渊泉如渊。见而民莫不敬，言而民莫不信，行而民莫不说。是以声名洋溢乎中国，施及蛮貊，舟车所至，人力所通，天之所覆，地之所载，日月所照，霜露所队，凡有血气者莫不尊亲，故曰配天。唯天下至诚，为能经纶天下之大经，立天下之大本，知天地之化育。夫焉有所倚，肫肫其仁，渊渊其渊，浩浩其天，苟不固聪明圣知达天德者，其孰能知之。

《中庸》讲到这里，由赞颂传述孔子"仲尼祖述尧舜，宪章文武"开始，大约可分三节，如下文的排列。仲尼是孔子的字，孔丘是孔子的姓名，古人因对父母长上和君主的尊敬，都避免直接叫他们的名，所以把名也叫作"讳"，就是"避讳"的意思。但古人可以称呼父母长上的表字或别号，到了魏、晋、隋、唐阶段，却变本加厉，因噎废食，凡有关长上名字的同音字，都要避讳，致使大家动辄得咎，因此，唐代的名儒韩愈，便作一篇《讳辩》的名文，加以明辨。如果将时光倒流，把古人活在现代，听到西方文化的习俗，儿女子孙可直接叫父母祖宗的名字，他们就会魂飞魄散，连鬼也不愿做了（一笑）。

现在我们回转《中庸》原文，正式介绍孔子儒家学说的传统根源，他是从夏、商、周三代以上，祖述尧、舜"公天下"的文化精神开始。然后承接周初以家天下为中心，封建诸侯，实行联邦自治体制，由周文王、武王时代的"宪章"《周礼》《仪礼》《礼记》等三礼的精粹。同时考证从自然物理的天文和天象，因此而建立的历法和律吕之学，用于对地球物理和人事的征验，以及对证地球物理和水土动植物等的变化法则（这是有关自然物理科学方面的学识，须研究《易经》内涵的理、象、数等学问，方知大概）。因此，"删《诗》、《书》，订《礼》、《乐》，著《春秋》，作《易传》"。所以说："仲尼祖述尧舜，宪章文武，上律天时，下袭水土。"接着，便又赞颂孔子的内明外用之学，和他道成德就的伟大，犹如天地一样的崇高广博。故说："辟（同譬）如天地之无不持载，无不覆帱。"比方他像天地一样，没有哪些事物，不包含在它的范围之中。"辟（同譬）如四时之错行，如日月之代明。万物并育而不相害，道并行而不相悖。小德川流，大德敦化，此天地之所以为大也。"又譬如他像一年春、夏、秋、冬的四季，气象分明。又像白天和夜里的太阳与月亮一样，都能照亮人世间的一切事物；同时使各种好坏、善恶对等差别的万物，都能平等地受到养育之恩而互不相妨碍。因为天地既能包容生育万物而互不相害，所以人能效法天地，无论是哪种正和反的学问之道，都可以并行互存而不相违背。好像如大地上的流水一样，微小的道德理念，犹如小溪小流，小川小河；伟大的道德理念，犹如天地自然物理的功能，它是无形无相，自然能够化生万物。这便是天地之所以有它自然伟大的功德。

原文讲到这里，便又峰回路转，只从人道的学养上来说："唯天下至圣，为能聪明叡知，足以有临也；宽裕温柔，足以有容也；发强刚毅，足以有执也；齐庄中正，足以有敬也；文理密察，足以有别也。"在这一节里，我们必须要把其中内涵的五个理念先搞清楚，再来缝缀全文，才可明白。

一、"聪明叡知"，"聪明"是人身生理耳目感官上的特性，所谓耳聪目明。"叡知"，却不同于"聪明"，那是超过耳聪目明以外的智慧作用，在古代叫作"叡"，或和"睿"字通用，就是后世所常用智慧的简缩代号。"临"字，包括有到达的意思。

二、"宽裕温柔"，是形容一个人的禀赋，天生具备有丰富温良柔和的情操。"容"字，是有包容和容纳的意义。

三、"发强"和"刚毅"，是描写一个人的个性，具有发奋图强和刚果决断的毅力。"执"字，是表示"择善固执"的精神。

四、"齐庄中正"，包括内在的修养，和外用的行为两方面。"齐"字同"斋"字通用，"斋"就是内心素养的净洁无邪，所以随时随地都自然有庄严肃穆的美感。"中正"，是对外用的行为来讲，无论对人处事，都是中规中矩，正正当当的。因此，无论是自处或对人，内外都在肃然起敬的情景之中。

五、"文理密察"，"文"字，包括了文章和文学乃至文化总和的内涵。"理"字，就包括有论理逻辑的作用。把这种观念浓缩，就简称叫"文理"。"密察"，是说精密考察明辨的治学方法。再把文和理浓缩拼成一个名言，简称"密察"。因为精密思辨地观察一切学识，当然就具有充分辨别是非的能力。

一个人能够同时具备了上述的几种条件，那他的成就，当然就不同于一般的常人了。所以接着下文，便说他"溥博渊泉，而时出之"。随即自注说："溥博如天"，他犹如天一样的广大宽博。"渊泉如渊"，他犹如泉源一样的渊深莫测。因此，他的自心随时涌生智慧，可以明见一切事物的原理。所以"见而民莫不敬（谁看见了他都会生起敬仰之心），言而民莫不信（谁都会自然相信他所讲的道理），行而民莫不说（谁都会很高兴地学习他的善行）"。

"是以声名洋溢乎中国，施及蛮貊。"所以他声名普及中国，同时传播到边远地区的蛮夷之中。"舟车所至，人力所通，天之所覆，地之所载，日月所照，霜露所队（同坠），凡有血气者莫不尊亲，故曰配天。"这几句文字内容等于语体，大家一气呵成来读，自己便都清楚，不必多加解说了。总之，最后两句的"莫不尊亲"，是说谁都会尊敬他，亲近他。"故曰配天"，是说他的学养道德，是可以与天地并重，受人尊敬。

但一个人怎样能够做到这样的高明呢？"唯天下至诚，为能经纶天下之大经，立天下之大本，知天地之化育。"天下的人，唯有能修养心意"至诚"清静专一的功夫，犹如纺织丝绸和棉布一样，才能渐渐整理一条条的经纬，纶编成为一匹完整的锦缎。"至诚"的学养功夫，也如织锦一样，是由日常的逐渐用功而成就的。所以说，"唯天下至诚，为能经纶天下之大经，立天下之大本"。只有修学"至诚"之道，才能够罗织天下的正理而成为大经大法，作为天下人文文化最伟大的基本。然后才能智慧明悟，知道天地化生养育万物的功能是怎样的一桩事了。其实"至诚"之道，"夫焉有所倚"！是由每一个人自我的内心所发，它哪里需要倚靠什么方法呢！但只"肫肫其仁"，先要发起诚诚恳恳仁慈厚德的存心。"渊渊其渊"，犹如探寻泉源一样，深深地沉潜静定去参究。"浩浩其天"，同时放开胸怀，使自己的心境犹如浩然无际太虚的天空一样，日久工深，必然就会有成就的。可是"苟不固聪明圣知达天德者，其孰能知之！"如果没有天性固然禀赋聪明圣智的大功德，谁又能够信知"至诚"之道的可贵呢！

我们读了这一全段以后，真有一点像读庄子的文章一样，汪洋悱恍，浩瀚无边，换言之，它是在赞颂孔子的学问道德呢？或在描画一个圣人的学养境界呢？或是极力指点心意识的"至诚"专一静定工夫最为主要呢？实在很难做一定论。似乎是三者都有，也似乎是唯道是指，并不完全只是独赞个人的道德而称颂孔子。这真是《中庸》之所以为"中"的妙论，也可以说这是儒家"孔门"学问中的走盘珠，无方可拘的绝妙好辞吧！

但我们读了这一段赞美辞的文章，也可以由此想到《中庸》确是子思受到乐朔的非礼压迫，甚之，连带毁谤孔子。因此，子思不得不作《中庸》以阐明孔子之所以称为圣人的学养和造诣，既为传统的儒学辩护，又表达自己自少亲受孔子的教诲，而别传圣学心印的精义。如果只把它当作赞美诗一样来看，他却真是发挥圣学的宏文，比起《论语》（第十九篇《子张》）所载子贡所说的"仲尼不可毁也。他人之贤者，丘陵也，犹可踰也。仲尼，日月也，无得而踰焉。人虽欲自绝，其何伤于日月乎？多见其不知量也"等语，更加"充实而有光辉之谓大，大而化之之谓圣"矣。

但《中庸》到此，便不另作结语，他只是采用《诗经》相关的名句，作为结语如下。

结语

《诗》曰："衣锦尚絅"，恶其文之著也。故君子之道，闇然而日章；小人之道，的然而日亡。君子之道，淡而不厌，简而文，温而理，知远之近，知风之自，知微之显，可与入德矣。

《诗》云："潜虽伏矣，亦孔之昭。"故君子内省不疚，无恶于志。君子所不可及者，其唯人之所不见乎！

《诗》云："相在尔室，尚不愧于屋漏。"故君子不动而敬，不言而信。

《诗》曰："奏假无言，时靡有争。"是故君子不赏而民劝，不怒而民威于鈇钺。

《诗》曰："不显惟德，百辟其刑之。"是故君子笃恭而天下平。

《诗》云："予怀明德，不大声以色。"子曰："声色之于以化民末也。"

《诗》曰："德輶如毛"，毛犹有伦。"上天之载，无声无臭。"至矣。

在《诗经·国风·硕人》章里说到"衣锦尚絅"，这句诗是说明有教养的人们，虽然内里穿着最华丽的织锦衣服，但仍然要罩着一件粗布的外衣，那是为了什么呢？"恶其文之著也"，因为古代传统社会的风气，最讨厌人们自我炫耀，自夸才华，所以在外形上，仍然要平淡无奇才好。"故君子之道，闇然而日章（所以君子之道，虽然隐暗不显，但始终掩不住他的真正光芒，自然会日益彰明显著起来），小人之道，的然而日亡（如果是小人的作风，只图一时的快意，那就的确会在很快的日子里消失了一切）。君子之道，淡而不厌，简而文，温而理，知远之近，知风之自，知微之显，可与入德矣（所以君子之道，是平淡无奇，使人始终不会厌烦。虽然很简单，但有文化的深度。极其温和，但很有条理。虽然能够智知幽深久远的事，但仍然自处于最浅近，最平常的日用之中。知道一切风险都由于自心一念所自起。知道凡是微末细小的动作，决不可以大意，因为微末细小的，也就是最大最显著的根源，所以不可随便忽略过去。如果学养知见能够明白这些重点，就可说是入德之门矣）。"

《诗经·小雅·正月》章里说到"潜虽伏矣，亦孔之昭"，这是说你有过错，但故意把它盖覆埋藏起来，好像把丑陋的罪恶潜伏在地底或深水里。但始终没有用的，越是伪装潜伏，越会很明显地暴露出来。"故君子内省不疚，无恶于志。"所以有学养的君子们，始终内在反省自己心里有没有过错，必须做到使自己无愧于心而不内疚，在自心的意志上，并无后悔和自我厌恶，才能心安理得。所以说"君子所不可及者，其唯人之所不见乎！"就是为平常外人所看不见的毛病，他都能自反自修。

《诗经·大雅·抑》章里说到"相在尔室，尚不愧于屋漏"，这是说你不要以为在暗室之中，只有自己，做什么坏事都没有人看见。其实，屋里也会有漏下天上光明的空隙，面对现实的一缕光明，总难免于心有愧啊！"故君子不动而敬，不言而信。"所以君子之学，要做到完全在没有行动的状态中，仍然非常恭敬自持。不需要有别人的告诫和鼓励，就能诚信而无动于衷。

《诗经·商颂·烈祖》章里说到"奏假无言，时靡有争"。这是说在祈求迎请神祇祭天的典礼中，大家都不敢乱说一句话，也都没有人敢在这个时候起争吵。"是故君子不赏而民劝，不怒而民威于鈇钺。"所以君子之道，知道有德便有威，并不需要靠奖赏，才使人们互相劝勉而自重。也不需要靠发威震怒，或用鈇钺等武器来镇压，才使人们畏惧。

　　《诗经·周颂·烈文》章里说到"不显惟德，百辟其刑之"。这是说最不明显的为政效果，便是道德的感化。如果真能做到德足以感人，其他百路的诸侯，都会自然服从尊重崇德的典型。"是故君子笃恭而天下平"，所以说君子之道，只要自己真实地诚笃恭重自己，就能至于天下平了。

　　《诗经·大雅·皇矣》章里说到"予怀明德，不大声以色"。这是说周文王的成就大业，在他的天性怀抱中，只有明德而已，并不需要大声疾呼，或是借重威武的态色。所以孔子也说过，"声色之于以化民末也"。如果只靠口号的声音和威武的态色来表达自己的尊严，那是最末等的办法。可是现代的文明，无论是教育、政治、社会、经济，没有哪一样不是靠声色来化民啊！幸而孔子没有看见，所以夫子也终无烦忧了！

　　《诗经·大雅·烝民》章里说到"德輶如毛"。这是说德行，并非是那么严重、那么困难的事。其实，德行是轻如毫毛，人人轻而易举，随时随地都可做到的事。"毛犹有伦"，毫毛虽然是轻而易举，还是有伦有相的。所以他再进一步引用《诗经·大雅·文王》章里说到"上天之载，无声无臭"，如果明白了天性本自具有的道德，它和形而上的天道相通，它的自性，本来就自无声无臭，无形无相，无所在无所不在，心外无法，道外无心，如此而已。"至矣！"明白了这个"天命之谓性"，你就可以归家稳坐。正如古德所说："勿于中路事空王，策杖还须达本乡。撒手到家人不识，更无一物献尊堂。""至矣！"如此而已。

附 录 一

话 说 中 庸

南怀瑾　原著

刘雨虹　编整

现代的中国人，尤其是年青一代的同学们，大概很少听过《中庸》这本书了，如果是中年以上，五六十岁的人，有些一提到《中庸》，还会拿来当笑料，甚之，还很感慨地说：中国人就是被《中庸》所误，百年来弄得国家民族吃尽了苦头。但你如果向他请教什么是《中庸》，他又说不出具体的道理了，因为他们也没有好好读过《中庸》，更谈不上彻底研究《中庸》了。

一般人们所谓的中庸，大概就是马马虎虎，糊涂敷衍的意思。也正如现代人用湖南话来说，就是和稀泥；用上海话来说，就是捣浆糊，万事得过且过，不必太认真，大概像煞有介事就可以了，那便是中庸之道。比较好一点来说，只要不左不右，应付得过去，自己不做任何确定的主张，但做个随波逐流的滥好人，便是中庸之道了。如果这样地理解《中庸》，这样地用《中庸》，当然就会使人个个成为庸庸碌碌之辈，所谓国将不国，的确是误国之学，实在不值一谈。

其实，《中庸》这本书，只是传统五经《礼记》中的一篇文章，在宋代的时候，被当时的儒家学者们特别抽出来，和《大学》《论语》《孟子》合起来，叫作"四书"，从此影响并左右了中国千年来的民族文化。这个历史的故事，我在讲《大学》的时候，已经有比较简略的交代，不必再说了。

《中庸》一书，是孔子的孙子子思所作。子思名伋，他是曾子的学生；曾子就是承继孔子学问心法的弟子。曾子作了一篇《大学》，子思作了一篇《中庸》，都是传承孔子一系儒家学问心法的大作。

子思生在春秋时代的末期（公元前四八三—前四〇二），他比希腊上古大哲学家苏格拉底，早十几年出世。子思在幼年时期，孔子还在世，所以他曾亲受孔子的教养，后来从曾子那里接受学问教育。所以说，子思是曾子的学生；后来的孟子，便是子思的学生（有说是子思门人的学生）。

　　子思为什么要著《中庸》呢？我们根据孔子后人所著《孔丛子》一书的记载，子思十六岁的时候（后世疑为六十岁之误，考证难详），到了宋国，宋国的大夫乐朔和他谈论学问之道；因话不投机，乐朔对他表示不悦，就叫人去围攻他。事情被宋国的君侯知道了，亲自去救出了子思。因此子思很感慨地说了几句话："宋君闻之，驾而救子思。子思既免，曰：文王困于羑里，作《周易》。祖君（孔子）屈于陈、蔡，作《春秋》。吾困于宋，可无作乎！于是，撰《中庸》之书四十九篇。"

乐朔和子思的对话

　　乐朔与子思讨论学术，他们为什么发生歧见呢？按《孔丛子》的记载："子思年十六，适宋。宋大夫乐朔与之言学焉。朔曰：《尚书·虞》《夏》数四篇善也，下此以迄于《秦》《费》，效尧、舜之言耳，殊不如也。"乐朔说，《尚书》所收集的，只有《尧典》《舜典》等三四篇文章是好的，其他的那些《秦誓》《费誓》啊，都是模仿尧、舜的话，实在不够格。

　　"子思答曰：事变有极，正自当耳，假令周公尧舜，更时异处，其书周矣。"子思说，因为时代社会有所改变，所以有些文章，也是针对当时的习惯而写。假使周公和尧、舜，彼此时代互换，那么尧、舜的文告，也就会和周代的文句一样了。

"乐朔曰：凡书之作，欲以喻民也。简易为上，而乃故作难知之辞，不亦繁乎？"乐朔说，写文告，本来是要一般人都看得懂，能知道事情，所以愈简单明白愈好。但那些古书的文章，有些故意用令人读不懂的字句，这不是有意找麻烦吗？

"子思曰：书之意，兼复深奥；训诂成义，古人所以为典雅也。昔鲁巷亦有似君之言者，伋答之曰：道为知者传，苟非其人，道不贵矣。今君何似之甚也！"子思说：古书上的记载，固然有时觉得很深奥，其实，只要对文字学的训诂下点功夫就懂了。古人把口说的话变成文字，就要求典雅一些，才使文章有艺术感。从前鲁国也有乡下里巷之人，像你一样提出这个问题问我，我（子思）对他说：学问之道，是传给真有慧智的人，如果不是智者，学问之道，对他又有什么可贵呢？现在你为何也和一般不学无术的人一样见解呢？

子思说罢，乐朔当然是"不悦而退"。回去对他自己的党徒们说："孺子辱吾"，孔伋这个小子，当面侮辱我。"其徒曰：此虽以宋为旧，然世有仇焉，请攻之。遂围子思。宋君闻之，驾而救子思。"乐朔的党徒们听了便说：孔家的祖先，虽然也是宋国的人，但已隔了很多世代，而且也和我们有旧仇，我们正要找他出气，修理他。于是就来围攻子思。幸而被宋国的君侯听到了，亲自前来，才解救了子思的危难。

《孔丛子》又记载子思"撰《中庸》之书四十九篇"，这正如子思所说，读古书要知道训诂之学了。古文所说的"篇"字，是从竹从扁。换言之，在子思的时代，作书写文章，是把字刻在竹简上的。所以说《中庸》共有四十九篇。后来宋儒朱熹把它割裂分编成三十三章，这就是《大学》《中庸》朱注章句之学的起源，并非子思的原著。如果要真正对《中庸》原著考证起来，实在也不是容易的事，所以只好各说各话了。

何谓《中庸》

子思著《中庸》的原意，如果根据《孔丛子》等平实的记载，他是为了解释孔子删《诗》《书》，订《礼》《乐》，保持中华民族传统文化学问之道的著作。所谓《中庸》一书，其中言智、仁、勇，言费隐，言诚明、天道、人道，非深入圣人之奥，不能达于心口。子思之学，有渊源于《中庸》乎见之矣。

在初唐时期，孔颖达疏《礼记正义》，引用汉儒郑玄目录云："名曰《中庸》，以其记中和之用也。庸，用也。孔子之孙子思伋作之，以昭明圣祖之德也。"

但到了南宋初期，宋儒朱熹自编《大学》《中庸》的章句，《中庸》被分割编为三十三章，而且加冠圣境。他是根据韩愈一篇《原道》论文，认为《中庸》是传"上古圣神，继天立极"的道统，从尧、舜的传心法要而来。因为尧传位给舜的时候，说了一句"允执厥中"的话；舜再从他一生经验的总结，更深入地悟到人性的精微，就另加了三句而传给禹，所谓："人心惟危，道心惟微。惟精惟一，允执厥中。"韩愈认为，这才是中国传统文化的道统，由尧、舜、禹、汤、文王、武王、周公、孔子、孟子传承相续。但从孟子以后便失传了，这便是韩愈《原道》的意思。

因此朱熹就认为，总算由宋儒程颢、程颐兄弟，重新悟出来了，再传到朱熹等人，又把道统接上去了。但朱熹和宋儒们，却绝口不提这种道统说法，是根据韩愈的《原道》思想而来，未免太过小器了。不过，朱熹又说："其曰：天命率性，则道心之谓也；其曰：择善固执，则精一之谓也；其曰：君子时中，则执中之谓也。"这也是朱熹对《中庸》确有心得的另一见解。至于在朱注《中庸》章句开头，特别标榜程颐（伊川）解说《中庸》的书题，稍后再说。

有趣的是，到了清初乾隆时代，有名的诗人才子袁枚（子才），最讨厌宋儒理学，也最不喜欢佛、道两教。关于《中庸》，他认为是西汉儒家的作品。因为他认为孔子、孟子都是山东人，动不动就提到泰山，而《中庸》唯独称华岳；他断定子思没有到过秦地，哪能见过华山或嵩山。袁子才素来就有文思辩才，但他的这些论点，始终免不了名士气的狂放。因为孔子和子思祖孙二人，都遭逢乱世，周游行踪，所到之处甚广，岂可认为他们绝对不知华岳！所以不能单凭书上一句文字而作定论，认为子思未见过华岳。袁枚善于谈诗选色，精煮随园豆腐，至于义理之学，并未深入，而且也是性所不近，习之所远，所以不足论也。其实后人也有认为《中庸》中"载华岳而不重"的"华"字，本是山岳的"山"字，乃汉代传刻之误。此说似较有理。

宋儒程朱说《中庸》

现在再说南宋理学名儒朱熹，在他的章句《中庸》之首，特别提出程伊川解释《中庸》书题的定义，那就大不同于汉、唐诸儒的解释了。如：子程子曰：不偏之谓中，不易之谓庸。中者，天下之正道。庸者，天下之定理。此篇乃孔门传授心法。子思恐其久而差也，故笔之于书，以授孟子。其书始言一理，中散为万事，末复合为一理。放之则弥于六合，卷之则退藏于密。其味无穷，皆实学也。善读者玩索而有得焉，则终身用之，有不能尽者矣。

关于程伊川对《中庸》书题的解释，颇令人生疑。

第一，所有的内涵，一望而知，用字用句都是采用《易经》中《文言》《系传》的义理。如"放之则弥于六合，卷之则退藏于密"，乃至"玩索而有得焉"等，在此姑且不加讨论。

第二，程子特别提出，子思是把孔门《中庸》的心法，独传给孟子，不知是根据什么而来，如用一句古文来说，就是"殊不知何所见而云然"。

第三，开头解释《中庸》的两句话，"不偏之谓中，不易之谓庸"，这两句话问题着实不少，因为这是中国传统文化上的一个根本问题。程伊川也是研究群经之首《易经》学问的健者，《易经》包含"理、象、数、通、变"五大种类，《易》学的理，是绝对的哲学和科学的总纲，而且更是数理逻辑的总和。但问题一，不偏就是中吗？问题二，天下的人事和物理，真有一个中吗？

其实，只要认为不偏就是中，这个中的本身，已经是一个固定的边了，有了边，早就不是中而是偏了。由此类推，有一个中，便已是偏，怎么能说"不偏之谓中"呢？那不过是人的意识思想所假定的罢了。譬如一个人站在中心，面南背北，左东右西；从北望南，此人已在北面之南；由南望北，此人已在南面之北；左右东西，都是一样道理。所谓中心，只是临时方便所假设的说辞。由此类推，做人做事，哪里真有一个不偏之中呢？所以"不偏之谓中"，等于说"徒有虚言，并无实义"而已。

其次，"不易之谓庸"这句话，也大有问题。不易，就是绝对没有变易的意思。人世间哪有一个绝对不变易的事呢？所以，程子所说"中者，天下之正道；庸者，天下之定理"这些话，实在只是玩弄文字游戏而已，望之成理，探之无物，也是"徒有虚言，并无实义"罢了。其实，对于程伊川的说辞，朱熹也觉得大有不洽之处，因此就在《中庸》书题的下面注说："中者，不偏不倚，无过不及之名。庸，平常也。"这种说法似是而非，岂不是与程子的说法矛盾吗？总之，宋儒理学的本来面目，便是如此，从表面看来，气象非凡，如果一经逻辑推理，往往是自相矛盾。原因就是，他们因袭佛道两家及禅宗的说法，但自己又不深究"因明"逻辑的辨证，于是不知不觉就自相矛盾了。

《中庸》与《中论》

再说，程伊川对《中庸》书题的见解，是从哪里来的呢？因为在佛学的经论中，有一本印度传来的《中论》，是龙树菩萨所造，它和《百论》《十二门论》三本佛学专著，在中国风行一时，流传极广。初唐时代，又自立学派，称为"三论宗"。程伊川的见解，正是来自《中论》。

《中论》的主旨，是批驳后世佛学门徒们的见解，认为他们或偏重于空，或偏重于有；《中论》则以空非真空，有非实有，启迪缘起性空，性空缘起的毕竟空与胜义有。故于即空即有，非空非有的原则上，建立一个"因明"义理的"中观"。所以佛学中便有《中论》八不之说：所谓"不生不灭，不断不常，不一不异，不来不出"的不中而中的理论。当时的程氏兄弟（明道与伊川），自己号称出入佛老多年，当然也知道《中论》这类佛学的名言。但他们为了表示与佛道不同，却推开佛学的《中论》，特别标榜儒家早有中庸之道，并且胜过"中观"，于是就有"不偏之谓中，不易之谓庸"的名句出现了。

但他却不知佛学的《中论》，是从"因明"逻辑的严谨性而立论的。如果随便说一句不偏不易，抬上"因明"逻辑的考台，那是绝对通不过考验的。至于隋唐之际的"文中子王通"，也著有一本《中说》的书，但宋儒们素来薄视王通，绝对不会拿"文中子"来说话的，所以我们也不必牵涉到《中说》上去。

其实，宋儒们如果引用《论语》所载"子曰：吾有知乎哉？无知也。有鄙夫问于我，空空如也，我叩其两端而竭焉"，就与《中庸》末后句"上天之载，无声无臭"相同了，这才是真正的中庸。

《中庸》的中

那么《中庸》一书的定义，究竟是什么呢？简单明白地说，是以孔颖达所引用汉儒郑玄的解释为最恰当，最平实，即"名曰中庸，以其记中和之用也。庸，用也"。《中庸》一书的中心要点，是子思提出来的，认为学问修养的主旨，必须先做到"中和"的境界，才能明白天人之际心性相关的道体和作用。

换言之，子思作《中庸》，是继承祖父孔子的心传，阐述其师曾子在《大学》中所说，"大学之道，在明明德"的"内明"和"外用"之学；而由他提出"中和"才是"明德"和"止于至善"的境界。再由"君子而时中""不可须臾离也"，才能到达"知止而后有定"，乃至"虑而后能得"的七个学养工夫的次第。至于"慎独"与"诚意"，属于"内明"与"外用"之间，兼带了身心修养的妙用。然后用之于入世的行为，必须具备"知、仁、勇"的三达德，才能真正做到齐家、治国、平天下的事业。

明白了这个原则以后，就可知道《中庸》所谓的"中"，必须以中原音和鲁南一带的发音来读，等于打靶打中或射箭射中的中（音仲）发音一样；而"庸"就是"用"。换言之，学问之道，不是知识，更不是空言，是要在个人的心性修养上，"择善固执"，随时随地都处在"中和""知止而后有定"的境界。修养久之，自然而然就会由静虑而阐发"知、仁、勇"的正知正行了。

子思作《中庸》，与曾子的著《大学》，是迥然不同的。子思首先提出"天命之谓性"的"天"和"性"；然后才讲到"道"和"教"，看来很是特别。事实上，我在讲《大学》的时候，已经提出曾子的《大学》，是从《易经·乾卦·文言》而发挥；而子思作《中庸》，是继曾子之后，从《坤卦文言》及《周易·系传》所发挥的继起之作。《中庸》中首先提出的"天命之谓性"而到"中和"，就是从《坤卦文言》而来。

《文言》："至柔而动也刚，至静而德方，后得主而有常，含万物而化光。坤道其顺乎！承天而时行。""君子黄中通理，正位居体，美在其中，而畅于四肢，发于事业，美之至也。"

《系传》："一阴一阳之谓道，继之者善也，成之者性也。仁者见之谓之仁，智者见之谓之智，百姓日用而不知，故君子之道鲜矣。""成性存存，道义之门。"

《说卦》："和顺于道德而理于义，穷理尽性以至于命。"

尤其是"君子黄中通理，正位居体，美在其中，而畅于四肢，发于事业，美之至也"，以及"成性存存，道义之门"和"和顺于道德而理于义，穷理尽性以至于命”等学说，就是《中庸》在开宗明义提出的，意思是，当学养证悟到“中和”的境界，才是根本，才是《中庸》的宗旨所在。

只要明白了《易经·文言》等史料，就可以知道，《中庸》所说的性命和天道之理，都是言有所本，学有渊源的。至于读古书有关“天”和“道”两个字的内涵，我在讲《大学》的开始，已经有了说明，现在不再重复了。

上 论

《中庸》的纲宗

天命之谓性，率性之谓道，修道之谓教。道也者，不可须臾离也；可离非道也。是故，君子戒慎乎其所不睹，恐惧乎其所不闻。莫见乎隐，莫显乎微，故君子慎其独也。喜怒哀乐之未发谓之中；发而皆中节谓之和。中也者，天下之大本也；和也者，天下之达道也。致中和，天地位焉，万物育焉。

这是《中庸》原文第一节，是全部《中庸》的总纲，也就是子思承继传统儒家孔门学养心法的心印。就像曾子所著的古本《大学》那样，从"大学之道，在明明德"开始，到"此谓知本，此谓知之至也"，就是《大学》全文的大纲要。

（一）天与性是什么：《中庸》第一句所说的"天命之谓性"的"天"和"性"两个字，它们的内涵是什么呢？其实，刚才我们在前面已经讲过，《中庸》所根据的，是《周易》坤卦的《文言》，以及《系传》等的内涵，希望大家先注意。现在我们用一个最老实、最笨、也最聪明的"以经注经"的读书方法，乃至"以史证经"的方法，自然就可以融会贯通其意了。

例如有关本文的"天"和"性"二字，你只要看《中庸》一书的结尾，他所引用《诗经·大雅·文王之什》的"上天之载，无声无臭"两句，就会知道，他所提出的"天"，既非物理世界天体的天，也不是宗教性的玄天上帝之天。《中庸》首先所说的天，是代表心物一元形而上的义理之天。至于"性"字，它指的是天性、人性、物性吗？是明心见性的性，以及世俗通用所认为的性欲之性吗？答案也很简单，《中庸》在这里所指的"性"，是天人之际，心物一元，人的生命本有的自性。你只要详读《中庸》原文，有子思自注的"自诚明谓之性，自明诚谓之教"，以及"性之德也，合外内之道也，故时措之宜也"，就可完全明白他在《中庸》首节提出的"天命之谓性"的"性"，是指人道根本的自性，它是人们有生自来与天道相通的本性。所以他用典雅浓缩的言文，简单明了五个字"天命之谓性"，就可直指人心，自悟自性了。

（二）率性是什么：第二句，"率性之谓道"，这一句就比较难办了。我们大家两三千年来，就惯用一个词儿，就是率性这样做，率性那样做，或率性不干了，或率性干到底等。这些都和《中庸》所说的"率性"相关。因为"率性"一词，已经变成两三千年来习惯的口头语。其实"率性"这一个名词，是指从本有的天性、人性，所起作用的初心一念。如果勉强引用二十世纪法国哲学家柏格森的观念来说，就是直觉或直观。但照直觉或直观的实际心理状态来说，那是属于意识的范畴，用它来形容"率性"，还是不太彻底的。

那么我们只好再引用佛家唯识法相的分析，来作说明，可能就比较清楚了。唯识法相学所说，由本自清净的自性起心动念，是心识作用，大约可分析归纳为五种现象：一率尔心、二寻求心、三决定心、四染净心、五等流心，共五种心态。我们先从等流和染净的心态说起。

等流心：我们的心念思想，永远像一股瀑流，像长江和黄河，永远不分清浊，夹带泥沙而奔流不息。所谓清浊不分，就是像我们的心念思想那样，善恶夹杂，圣凡并存，同时平等地在奔流不息，所以称为等流之心。

染净心：善心善念，便叫净心；恶念恶心便叫染心，就是最容易受外境影响的，也就是染污心。至于率尔心、寻求心、决定心，这三种心，一般是用在学佛修道的修止（定）、修观（慧）上来讲，才比较容易明白。

率尔心：就是平常在不思不虑平静的心境中，无缘无故，突然生起一念的那个心，来不知其所从来，去亦不知其所从去。等于我们睡足一觉，刚刚醒来的一刹那，清清明明，并未加上任何分别思念的心境。这种心境如果一直保持下去，就等于佛家说的"直心是道场"了，但并不是说，知道这样就是悟道了。一般没有修持素养的人，是绝对做不到随时保持这种率尔心境界的，因为跟着而来的，就会习惯性地生起寻求之心了。

寻求心：回忆、追思等心态，便是寻；希望、思索事物等心态，便是求。

决定心：大概可分为圣人和俗人两种境界，如果是学养修为有素的圣人，不管是哪种起心动念，甚之是率尔之心，一知便休，随时返还自性的清净本然，这便是趋向圣境的决定心。

至于一般平常的俗人，对思念或事情，能断然下个决定，去或不去，干或不干，立刻决断，便是一般平常人所用的决定心了。

这些种种的心态，如果照唯物哲学和科学的观点来讲，都和脑的作用有关。然而从唯识法相学来讲，脑是五识——眼识、耳识、鼻识、舌识、身识的总和；而心意识（第六意识）的意识并不在脑，何况第六意识的后台还有更深入的两重作用。不过，现在我们不是在讲唯识法相之学，只是稍作说明而已。

了解了这些心理状况以后，便可知道《中庸》所说"率性之谓道"的"率性"，也就等于唯识法相学所谓的率尔心。当我们在天性自然中，突然率性而起的心念，就是性命生起机动作用之道的由来，所以叫它是"率性之谓道"。但是率然而起的性命机动之道，有善恶并具的作用，绝对不可以不辨善恶，任由它率性而妄行，任性而乱动。所以要静思反观，要主动地修正它，使它去恶从善，乃至使它"止于至善"才对。

（三）修道是什么："修道之谓教"的一句，说明学问修养之道，是要使它还归本净，而合于天然本性纯善之道的境界，这便是教化、教育的主旨。也就是我们平常习惯所说的，道是需要修才得的，所以才有"修道"这个名词。

因此，他又特别强调道是要修得的，也就是下文所说，"道也者，不可须臾离也，可离非道也"的告诫。"不可"，并不是不能，就像我平常对一般研究佛学的人说的，佛说"不可思议"，是叫你不可以用平常习惯性的思想议论，妄作注解，并不是说，佛法是"不能思议"啊！如果佛法是"不能思议"，佛为什么还说了三藏十二部经典，还教人去思维修呢？

同样的道理，《中庸》在"天命之谓性"的自性自悟之后，接着便说悟后起修的重要，所以提出了如何修正自己，使能合于天然本净自性的方法。"是故君子戒慎乎其所不睹，恐惧乎其所不闻"，这是说，明白了天然自性的君子们，对于起心动念，随时随地都要戒慎恐惧。即使在没有人看见或听见的地方，也是不敢放任，不敢随便妄作非为的。

其实是"莫见乎隐，莫显乎微"，天然自性具足一切的功能，随时随处都有鉴临自己的作用。表面看来，好像没有人看见你，没有人听见你。事实上，它是"似无所在而无所不在"。即使在最隐秘之处，或最微末渺小之处，一切都会明显地反映在自心自性的影像之中。正如佛说："假使经百劫，所作业不亡。因缘会遇时，果报还自受。"

"故君子慎其独也"，所以有道的君子们，自然会注重起心动念的慎独工夫，注重心境上的率性而起，以及照顾独头意识，使能返还于灵明独耀的本位，而进入"喜怒哀乐之未发谓之中，发而皆中节谓之和"的"中和"境界。

当你在灵明独耀，合于天然自性的清明心境中时，所有生理情绪的喜、怒、哀、乐等妄想之念，都未发动，那就是正确"中"入自性本净的境界了。如果偶因外来境界的引发，动了喜、怒、哀、乐等的情绪妄念，当下就能自动地调整，重新归到本来清净境界之中，那也就是"中和"的妙用了。所以说："中也者，天下之大本也；和也者，天下之达道也。"因此又再进一步阐释，修道的人，能随时随处"中"入灵明独耀的心境中，便是修养自性清净的基本。如果偶有所动，便能当即自我调节，返还于安和境界，这就是人人可以做到的修道工夫。

"致中和，天地位焉，万物育焉"，假使人的修养能随时在"中和"的境界，那么你就会明白，自己本来就与天地并存在同一本位；同时也会明白，自己本来就与万物一样，都在天地生生不已的养育之中。到了这种境界，也与道、佛两家所说的"与天地同根，万物一体"的道理，完全一致了。

讲到这里，为了让我们大家多加体会《中庸》所讲的"中和"境界，顺便引用禅宗张拙秀才有名的悟道偈，作为参考。

> 光明寂照遍河沙　凡圣含灵共我家
> 一念不生全体现　六根才动被云遮
> 破除烦恼重增病　趣向真如亦是邪
> 随顺世缘无罣碍　涅槃生死等空花

　　张拙秀才偈中所用的，都是佛家名词。含灵，是指凡有灵知之性的众生；六根，是指眼、耳、鼻、舌、身、意；涅槃，是梵文所谓清净佛性的代号。至于不断烦恼而证本性，不执着真如为道体这两句，都是称赞天然自性本自清净的第一义谛；而一念不生与六根动处被云遮的道理，是和《中庸》所说道是需要修的"修道之谓教"意义相同。总之《中庸》的全文总纲精髓，就在本段的原文之中，所以先要把握这个纲要，下文便可迎刃而解了。

　　后面大部分都是说明"修道之谓教"，和对做人处世外用之学的发挥。但我们现在只是依文解义，先来消化文句表面的意义，后面再做深入的研究。

　　《中庸》原文首先提出总纲之后，又特别慎重引用孔子有关中庸"率性之谓道"与"修道之谓教"的八节话，用来说明《中庸》的重要性。

自在从容中道难

　　仲尼曰："君子中庸，小人反中庸。君子之中庸也，君子而时中；小人之中庸也，小人而无忌惮也。"子曰："中庸其至矣乎！民鲜能久矣。"子曰："道之不行也，我知之矣：知者过之，愚者不及也。道之不明也，我知之矣：贤者过之，不肖者不及也。人莫不饮食也，鲜能知味也。"子曰："道其不行矣夫！"

子曰："舜其大知也与！舜好问而好察迩言，隐恶而扬善，执其两端，用其中于民，其斯以为舜乎！"

子曰："人皆曰予知，驱而纳诸罟擭陷阱之中，而莫之知辟也。人皆曰予知，择乎中庸而不能期月守也。"

子曰："回之为人也，择乎中庸，得一善则拳拳服膺而弗失之矣。"

子曰："天下国家可均也，爵禄可辞也，白刃可蹈也，中庸不可能也。"

由"天命之谓性"开始到这里，朱注分割为九章。

第一节引用孔子的话，先称孔子的字（仲尼），以示慎重。按照先秦以前的礼仪，对父祖长辈，可以称呼其字，而不可直呼名讳，所以他首先说"仲尼曰"，表示慎重。这些文字都很明白，本来不需要再加解释，只是为了诸位青年同学们都是从白话文的教育起步，因此，再大概作一番说明。

"君子中庸，小人反中庸"两句，是说明"中庸"二字，就是人们从天然本有的自性中，直心而行，坦然合于大道的意思。那些天性纯良的君子之人，随时都是在率性而行，从容中道的境界。如果是天性并不纯良的小人呢？他就任性妄作非为，会向相反的方面去做。因此进一步加以说明，"君子之中庸也，君子而时中"，所谓天性纯良的君子之人，他的身心行止，随时都是率性而行，随时都在"中和"的境界之中。至于禀性并不纯良的小人，他就会毫无忌惮地任性妄为。因为他自己觉得，这就是我率性而行的当然道理；认为人本来就应该任其自然，自由自在，这又有什么不对呢？

这就说明天然本有的自性之中，是具备善恶兼有的种性。同样是一个人，他在生而自来的天然本性中，或纯善，或纯恶，或善恶兼半，或善多恶少，或善少恶多，每个成分都各自有所不同。例如佛说："纯想即飞，纯情即坠"，也是同一道理，很难分析详尽。因此，古今中外，一切圣贤，都注重教化的工作，希望人人都能修到去恶返善，还归天然纯净本有的自性道体，才为究竟。接着他又说：

"子曰：中庸其至矣乎！民鲜能久矣。"这是引用孔子感叹的话，说有关中庸之道的学问修养，恐怕是到谷底了，人们长久以来，很少注意到它的重要了。

但孔子又说："子曰：道之不行也，我知之矣：知者过之，愚者不及也。道之不明也，我知之矣：贤者过之，不肖者不及也。人莫不饮食也，鲜能知味也。"孔子说，这个天然自性本有的纯净大道，人们为什么都不能自"明"，又不能依道而自"行"呢？啊！我知道了，凡是生性比较聪明有慧智的人，聪明反被聪明误，因此妄用聪明，不甘于本分，喜欢做出异乎平常的事来。而那些愚笨的人呢，却偏想修行学道，自己头上安头，把道推崇得太高太远太玄妙了，所以永远摸不着道的边缘。

这个本来便是平平庸庸的大道，人们却始终不会明白，那是什么原故呢？因为那些自认是贤人君子的人们，又太过于重视修道的重要了，平常一副道貌岸然的样子，反而做得太过头了，因此不合于道。可是那些很不肖的人们，又偏要去学习修道，其实他们只是追寻稀奇玄妙，因此也永远够不上道的边缘。

其实，道是很平常的，譬如每个人都知道，口渴了喝水，肚子饿了吃饭，但每个人吃喝了一辈子，有多少人会彻底知道饮食的正味呢？大部分都是吞咽下去，所有的滋味都是含糊不清，浅尝辄止就是了，并没有彻底知道真正的滋味。因此，孔子便深深地感叹说："道其不行矣夫"，这个天然本有的大道啊！恐怕永远也不会行得通了。

讲到这里，忽然想起古人笔记上的两个故事，可以用来说明孔子所说"知者过之，愚者不及也"和"贤者过之，不肖者不及也"的道理。第一个故事，是在南宋的时代，朱熹在福建武夷山讲学，恰好道家南宗神仙丹道的传人白玉蟾，也隐居在武夷山。那个时候，朱熹正在探索汉代丹道鼻祖魏伯阳所著的《参同契》，却始终不能得其要领；而他的弟子们，则常常提到白玉蟾的许多奇事。朱熹素以儒家的理学大师自居，便说，白玉蟾的那些事，都是偶中而已。有一天，他约白玉蟾一起游山，中途忽然碰上一阵大雨，大家都被淋得一身湿了，可是白玉蟾却全身不着雨滴，还很悠游自在。朱熹面对这样的情况，便情不自禁地问白玉蟾，你这是什么道行？白玉蟾便笑笑说，不过偶中而已。朱熹听了哑然失色，当然，更不知其究竟了。

第二个故事是在明朝，理学名儒王阳明，当然也是出入佛老两家多年，对于参禅打坐、修道炼丹，仍然并不忘情。当他在江西的时候，有一次，在一个道观的门口，看到当时著名的道家活神仙蔡蓬头。王阳明认为机不可失，便赶过去，当面叩头。但蔡蓬头回身就走，进入道观里去了，好像根本没有看见王阳明似的。王阳明紧跟不舍，跟着蔡蓬头到了大殿上，又过去跪下一拜，蔡蓬头又转身走了。但王阳明丝毫不敢怠慢，又追随他身后，总算没有白费力气，蔡蓬头被他追到道观后园的亭子站住了。王阳明于是再过去恳切地跪下一拜。这个时候，蔡蓬头发话了，他对王阳明说，你前门后殿三拜，礼虽隆，然始终未脱官气，于仙道无分。说完又飘然而去，王阳明为之黯然失色。

　　透过这两个故事，说明孔子所说"知者过之，愚者不及也"和"贤者过之，不肖者不及也"的道理，很值得作为旁证的参考。

入世修行从容中道更不易

　　前面引用孔子的话，说明学问修养随时从容中道的不易。接着再引用孔子的话，说明入世修行，为人处世而从容中道更难的道理。孔子说："舜其大知也与！舜好问而好察迩言，隐恶而扬善，执其两端，用其中于民，其斯以为舜乎！"这是孔子赞叹虞舜的话，是说像舜那样，真可以说是大智慧的成就者。舜既爱好学问，又随时随地谦虚向人请教，同时又爱好审慎体察通俗浅近的话。所谓"迩言"，便是平常的俗话。例如通常人们所说的小心啊！当心啊！留意啊！其实，这些俗话，都是合于"率性之谓道，修道之谓教"的至高无上的名言。这便是"好察迩言"的道理，并不是说，舜最喜欢听信身边人的话，那就有问题了，千万不可错解。

　　其实，在《周易》乾卦九二爻的《文言》中，孔子就说过，入世为人君的德行，必须要如"龙德而正中者也。庸言之信，庸行之谨，闲邪存其诚，善世而不伐，德博而化"。《文言》这里所说的庸言、庸行，就是指最平常、最平庸通俗的言行。因此，在《中庸》这里，便有"隐恶而扬善"的一句，也是说明自己的内在心理上，必须隐没恶念，发扬善心才行。这就是《文言》中所说"闲邪存其诚，善世而不伐，德博而化"的道理。

所以下文便赞舜有"执其两端，用其中于民，其斯以为舜乎"的盛德了。所谓"执其两端"，是说对善恶两者，都很清楚，"用其中于民"，有时必须面对现实，把握善恶之间的妙用权变，做出适于当时当位的中庸之用。"其斯以为舜乎"，这是说，虞舜有圣人之道，同时也有圣人之才的大智妙用了。

但是人能具备大智、大仁、大勇这三达德，谈何容易！因此，孔子又自谦地说："人皆曰予知，驱而纳诸罟擭陷阱之中，而莫之知辟也。人皆曰予知，择乎中庸而不能期月守也。"孔子在赞叹虞舜的大智之后，又说，别人都说我也很有智慧，事实上，我并没有什么智慧。例如别人故意设个圈套，驱使我走进猎网，落到陷阱里去，我都不知道逃避。这是孔子的自嘲自讽。至于对于心性内明修养的中庸之道，他又更加谦虚地说，我虽然想要保持在中庸的本分上，但不到一个月，就又守不住自己的心戒了。所以说，我哪里是真有智慧的人呢！

我们讲到这里，就不禁要问，孔子为什么会有这样的感慨呢？答案很明白，因为孔子生当乱世，却想要实行传统的人伦大道，结果穷其一生精力，明知其不可为而为之。这正是孔子的伟大之处。他出任鲁司寇以后，明白了绝对救不了鲁国的衰败，于是毅然离开父母之邦的鲁国，先到齐国，然后又周游列国（有说是七十二国）。中途又与弟子们困在陈、蔡之间，七日不得饮食，几至饿死，最后只好长期居留在卫国等。由他的经历就可以明白，他的一生，并非如他自己所说的，是"贤者辟世，其次辟地，其次辟色，其次辟言"的行径。事实上，他是被时势人事所迫，处处遇到世途上的陷阱，使他始终困于尘劳而不能大行其道。但他是明知其不可为而为之的，总希望以自身的教化，能够唤醒人心，返还正道，他这个愿力，始终不变。

与孔子很相似的，就是公元前五六百年时印度的释迦牟尼佛，他不愿称王称帝，而毅然离家出世，最后成佛而教化众生。希腊的苏格拉底，也是为坚持理性的正念，甘愿饮毒而亡。至于迟五百年而生的耶稣，为了显示正义的博爱教化，也宁可舍身被钉上十字架。这都是千古圣贤同一悲天悯人的心情，以身示则，做出不同教化的榜样，永垂万世不易的法则。

《中庸》在本节里所引用孔子的感叹——"驱而纳诸罟擭陷阱之中，而莫之知辟也"，只是反面说明，明知其可避而不逃避而已。大家只要读过《吕氏春秋·孝行览·遇合篇》中所说，就可以完全了解孔子的这种精神了。如《吕览》所云："孔子周流海内，再干世主，如齐至卫，所见八十余君，委质为弟子者三千人，达徒七十人。七十人者，万乘之主，得一人用（而）可为师，不为无人。（而）以此游仅至于鲁司寇。"这就是最好的说明。

至于他自说"择乎中庸而不能期月守也"，也是孔子自谦的反面文章，"择乎中庸"，常在"中和"的境界，那是专为涵养自己，在性天风月，美在其中的定静之中，足以自立自利，但不一定可以立人利他。所以他宁可被隐者们讥为栖栖遑遑如丧家之犬，反而以身作则，传授淑世利人的中庸之道；绝不愿浪费岁月，徒使中庸用世之学湮没于世道人间。

然而入世行道，毕竟不是容易的事，其中的痛苦艰危，实在无法可使一般人了解。但有的时候，虽然悲愿宏深，也难免会发生只求自了的小乘意向。所以对颜回的"择乎中庸"，"拳拳服膺"，死守善道的作风，孔子便有欣羡之叹了。因此，子思也非常巧妙地，在这里引用"子曰：回之为人也，择乎中庸，得一善则拳拳服膺而弗失之矣"的描述。

所谓"拳拳服膺"四个字，是形容两手握住一种至善美好的东西，放在胸口贴身抱着，绝不放开双手。等于那些得了道的出世隐士，或如佛家小乘的罗汉们，以及道家的神仙们，宁可涧饮木食，高超远蹈，避开世网，也不肯入世自找麻烦。所以下文又引用孔子的话说："子曰：天下国家可均也，爵禄可辞也，白刃可蹈也，中庸不可能也。"这是说，要使天下国家达到平等均衡，并非不可能；至于轻于去就，辞去高官勋爵，舍弃富贵功名，也并非不可能；甚之，在战场上舍身忘死，冲出剑树刀山的包围，也都是可以做到的；唯一不可能做到的，就是即身成就，达到中庸内圣外王的学问修养境界。

我们讲到这里，如果从宋儒朱熹的《中庸》章句来算，已经研究讨论了九章。依照我们的理解，由"天命之谓性"开始，到"天地位焉，万物育焉"，正是《中庸》的总纲，也是《中庸》之学的大前提。继由"仲尼曰"开始，到"中庸不可能也"，都是子思引用孔子的话，明辨中庸之道的重要引申。

综合前面九节的全文，才是《中庸》上文的第一段落，但朱熹却把它分割为九章。接着而来的，从朱熹所编的第十章起到第十五章，是说天性和人性之间，乃至与地缘关系的发挥。

天命之性与地缘人性

子路问强。子曰："南方之强与？北方之强与？抑而强与？宽柔以教，不报无道，南方之强也，君子居之。衽金革，死而不厌，北方之强也，而强者居之。故君子和而不流，强哉矫；
中立而不倚，强哉矫；国有道，不变塞焉，强哉矫；国无道，
至死不变，强哉矫。"

我们读《中庸》这一节，子路所提出有关南方和北方，地域对人
性的影响，也许觉得非常诧异，怎么在《中庸》这里，会有这个问题
的出现呢？事实上，这是古今中外人类历史上的重大问题，也可以
说是从唯物史观到唯心史观的哲学性、政治性乃至政治哲学史上的
重大问题。无论是中国或世界各国，这个问题几乎都是同样存在的，
正与《周易·系传》所说"方以类聚，物以群分"的原理相同。目
前我们看到报章上所创的新名词，所谓"地域情缘"，也正与此有关。

"子路问强。子曰：南方之强与？北方之强与？抑而强与？"这
是本节的重点，子路忽然想起一个问题，他问夫子，哪个样子才算
是真正刚强的人？大家都知道，孔门的七十二贤的弟子中，唯有子
路好勇。换言之，子路是天生的英雄人物，而且在孔子的弟子之
中，他是既有文才又有武略的将帅能人。他因有所感而提出这个问
题。孔子听了便说，你想问的是南方人的个性倔强，抑是北方人的
个性倔强？或是只对整个人性来说，什么叫作真的刚强呢？我来告
诉你吧！

"宽柔以教，不报无道，南方之强也，君子居之。"一般来说，
具有温柔宽谅的教养，而且对那些没有道理的行为，并不愿意报复，
便是南方人柔中有刚，好强个性的表现，所以南方是适合一般君子
们居住的环境。

"衽金革，死而不厌，北方之强也，而强者居之。"北方人平常民
风就很强悍，卷起袖子，腰间围着皮带，插上刀剑，宁死不屈的个

性，这是北方人刚强的性格，所以北方是一般有倔强气质的人习惯居住的环境。但过于温柔和过于刚愎的个性，都是偏差的弊病。

"故君子和而不流，强哉矫。中立而不倚，强哉矫。国有道，不变塞焉，强哉矫。国无道，至死不变，强哉矫。"如果是真正有道有学的君子，虽然温柔和顺待人，但不可过于软弱无能，如果随波逐流，则成为无勇又懦弱，那必须要加以矫正，使他能够强毅而独立。总之，为人处世，如果能够中立不倚，当然很好，但不可矫枉过正，变成一味倔强而不通人情世故，那也要加以矫正，使他能够合于和顺的德行才对。尤其生当国家社会有道的时代，不能变成标奇立异的特殊人物，自己有错就要改过自新，那才算是"强哉矫"的完人。如果生当国家社会无道的时代，坚持道义人品的风格，独立而不倚，至死不随流俗所变，也才算是"强哉矫"的精神。

古代文章，用字简练，含义深远。例如本节孔子和子路的对话，讨论地缘区域所产生后天人性强弱的问题，如果详细加以讲解，牵涉的范围，关系天文星象、地理、地质、生物化学环境、区域的人文风俗习惯等因素，一讲又是几十万字的专论，我们不能离题太远。但本节所讲有关地缘区域对后天生命习性的影响，虽有南北东西之分，而在"天命之谓性"的天性而言，原本同体，并无差别。正如禅宗六祖的大弟子石头希迁禅师的《参同契》中所说："竺土大仙心，东西密相付。人根有利钝，道无南北祖。灵源明皎洁，枝派暗流注。"这就是最好的注解和说明。

现在所要了解的，是《中庸》到这里引用了子路和孔子的对话，说明先天的"天命之谓性"与后天人性之异同，要怎样加以学问修养，才能矫正后天人性之偏差，以达到还复于中庸正道的本位。所以下面接着而来的，又引用孔子自己所说的，如何遵守传统圣贤的教导，如何是他自修"率性之谓道"的原本志向。

> 子曰："素隐行怪，后世有述焉，吾弗为之矣。君子遵道而
> 行，半途而废，吾弗能已矣。君子依乎中庸，遯世不见知而不
> 悔，唯圣者能之。"

孔子说，有些修道的人，喜爱清静无为，一生怀素抱朴，高蹈世途，隐迹山林，与世隔绝。另外也有些修道的人，喜爱标奇立异，表现得非常神奇古怪，异乎平常。但无论禀性是素隐或行怪，他们都会影响时代或后世，而且也会被人们崇拜信仰，甚之有著述留传后世。但是，我（孔子）是绝对不愿这样做的。所谓君子之人，只是遵守天然自性的禀赋，尽人事之道，任由天命的安排。如果半途而废，我是绝对不能的。总之，君子之道，是依乎中庸而住于天人之际的"中和"。如果遁世避迹，出离人间，永远不被人所知，唯有出世的圣贤才能如此。

孔子只讲到这里为止，我们不要为他再加一句说"我所不为也"的话啊！那就会违背孔子为人伦大道而苦行的本心，反为罪过！其实，在《周易》乾卦初九爻的《文言》中，孔子已经说过："龙德而隐者也。不易乎世，不成乎名，遯世无闷。不见是无闷，乐则行之，忧则违之，确乎其不可拔，潜龙也。"这是指真正出世的圣贤，才走潜龙勿用的路线，那是另有其道理的。

人性与天性

　　君子之道费而隐。夫妇之愚，可以与知焉；及其至也，虽圣人亦有所不知焉。夫妇之不肖，可以能行焉；及其至也，虽圣人亦有所不能焉。天地之大也，人犹有所憾。故君子语大，天下莫能载焉；语小，天下莫能破焉。《诗》云："鸢飞戾天，鱼跃于渊。"言其上下察也。君子之道，造端乎夫妇。及其至也，察乎天地。

　　本节接着引用孔子的话，讲到人的生命，禀天然自性而起的功能之道，就是形而下的饮食男女的人性；其与形而上先天纯净本性的关键要点，也就是人道与天道相关之处。尤其是第一句的"君子之道费而隐"，最为重要。我们必须先要了解这里所用"费"和"隐"两字内涵的重要性。"费"是什么意思呢？其实，明白了现代人通用的一句话"浪费"，以及"费用"，就知道《中庸》这里所讲的"费"字，就是任何时间、空间都弥漫着它的作用的，便叫"费"。"隐"是与"费"相反的意思，任何时间、空间，随便在哪里，你都摸不着、看不到的，便叫"隐"。这两个字的道理，与本节所说"天命之谓性"，关系非常重大，所以必须再三啰唆，交代清楚，才能讨论下文。如果再如古人惯用的注释手法，"性者，性也；或天性，人性也"，就仍然摸不着边际了。

　　再进一步来讲，孔子所说的"君子之道，费而隐"这一句，就是孔子的直指人心、见性修道的方便法门。道在哪里？道在平常日用之间。道体自性的显现，本来是无所不在而无所不在的一种功能。所谓"费而隐"，便是无所在无所不在的说明。例如佛学所说的证得菩提，这个梵文翻译过来的名词，是指觉悟自性而成道的意思。翻译全文（阿耨多罗三藐三菩提），叫作无上正等正觉。佛也说过："一切处皆成正等正觉。"孔子所说的"费而隐"，与佛说一切处的意思相同。另如道家的庄子，他最喜欢用幽默的言文来表达道的理念，他说"道在屎溺"，等等。当然屎溺也在一切平常日用之中，所以庄子说的一点也不错。可是讲到这里，又使我想起古今两个故事，先插进来讲，作为参考。

　　第一个故事，是五十多年前，我在四川峨眉山静居的时候，有一天，寺里的当家师来说：岂有此理！今天来了一个朝山的香客，他要跳进粪池里洗澡，洗完要再跳到我们的水池中清洗。我不准，他就大吵大闹，说是修一门道功，每天非这样做不可，希望你去阻止他。我说：他是从遂宁来的吧！当家师说：你怎么知道？我说：遂宁有一位得道的高僧，大家叫他疯师父，他还有一个师公，叫癫师爷，平日就住在乡下的茅厕里。他大概是跟疯师父没有学好，弄错了方向。于是当家师叫他来见我，我说：你的师父，我见过，你不要替他出来丢人现眼吧！他说：师父对我说"道在屎溺"嘛！我说：你师父没说错，只是你会错了意，从今天起，赶快停止这样做。回去转告你师父，我叫你去跪在师父前面求忏悔，要他好好教你。这里的水池，是大众吃喝用的蓄水池，如果你不听话，大家起了公愤，马上就要赶你下山去，天快黑了，你就不好受了。这就是"愚者不及也"最可笑的故事。

　　另一个故事，就是宋朝名儒诗人黄山谷，他从学当时著名的大禅师晦堂参禅，非常用心，追问得很紧。有一天，晦堂禅师看他急得那个样子，便说，你读过"二三子，以我为隐乎？吾无隐乎尔"。黄山谷听了，当然很不是味道，因为那是《论语》上记载孔子的话，当时读书考功名，大家都背得很熟，那还要问吗？可是师父问了，他只好很恭敬地说，读过，记得。晦堂便不再说什么了。其实，道在平常日用间，并没有另外一个秘密可以隐瞒的，晦堂禅师只引用了孔子的一句话，就已指示得很清楚了。可是黄山谷却犯了"知者过之"的偏差，过分高推圣境，所以仍很茫然。于是晦堂禅师便站起来，独自优哉游哉走出山门外去散步，黄山谷只好默默地跟在师父后面。那是秋天，恰巧正是木樨桂花盛开的时候，黄山谷静静地跟着师父走了一阵，晦堂禅师忽然回头问他，闻木樨香否？黄山谷立刻就答说闻啊！晦堂禅师便说："吾无隐乎尔。"在这个时候，黄山谷一听，便恍然大悟，当然也彻底知道"君子之道费而隐"，以及佛说"一切处皆成正等正觉"的大义了。这是禅宗公案中有名的黄山谷"闻木樨香否"而悟道的故事。但这还是黄山谷的初悟境界，到了后来，他也像苏东坡一样，被贬官到贵州。有一次，因为疲倦想躺下睡觉，一不小心，把枕头掉地上，砰的一声，他才彻底大悟了。

人欲的问题

现在我们已先解释了"君子之道费而隐"一句的前提，接着，便是孔子说的："夫妇之愚可以与知焉；及其至也，虽圣人亦有所不知焉。夫妇之不肖，可以能行焉；及其至也，虽圣人亦有所不能焉。"如果只从文字来讲，这几句名言，孔子已经说得最明白不过了，但为了现在青年同学们，只好再来解说清楚一点。这几句的要点，只有两个字：一是夫妇之愚，可以与"知"焉，及其至也，虽圣人亦有所不"知"的"知"字。二是夫妇之不肖，可以能"行"焉，及其至也，虽圣人亦有所不能的"行"字。换言之，人们怎样才能认知天然自性的性命之道？怎样修行才能证到天然自性的至道呢？

大家也知道，在《周易》的《序卦下篇》说："有天地，然后有万物。有万物，然后有男女。有男女，然后有夫妇"，有夫妇，然后才有父子、君臣、上下等人文社会的形成。所以人类世界形成了人群，开始都是由夫妇之间性的冲动、做爱，因而产生人类社会千万亿年生命上的许多麻烦。这里所指的人性冲动的爱和欲，是指狭义的微观的性爱和性欲，不是指广义的宏观的爱和欲。因此，孔子在这里所说的"夫妇之愚"，是指人性发起欲爱的时候，是盲动的，是愚痴暗昧的情绪，自然会做出那种不肖的行动了。

可是人性爱欲的行为，是不是从最初、最基本的"天命之谓性"的本性而来的本能冲动呢？性行为的本能，本身有善恶的属性吗？有道的圣人，还会有这种行为吗？如果说圣人没有，或不可能有，那么，圣人都要绝后才对喽！孔子和老子也有子孙后代，释迦牟尼也有儿子呢！所以从这个问题开始，由先天本体自性的功能，而讲到人的心理、生理、物理、生物、化学等道理，天啊！那可牵涉太广了。但世界上所有著名宗教的教义，对性的问题都是否定的、厌恶的、戒除的。所有哲学道德的学问，对于性的问题，都是避免的，消极而隐晦，避重就轻而不谈的。

例如道家的老子之教，是以清心寡欲为重点，并没有必须绝情弃欲方为究竟的告诫。唯独原始佛教的小乘佛学，对于性爱，是绝对肯定的禁欲，认为它是生死罪恶的根本症结，需要彻底的清净，才能超出三界而证得涅槃的道谛。世界上的宗教和哲学，对这个问题的研究，只有道家的南宗丹道学派，以及由印度传入西藏的原始红衣密教的"宁玛"一系，持面对研究态度。可是如不是深通医理、医学和生物化学学理，很容易误入歧途，非常严重。所以我们只是略作提示，不能在这个问题上详做讨论。现在回到孔子所说的本题，从"夫妇之愚"和"夫妇之不肖"来讲。

其实，在《礼记》的《礼运篇》中，孔子已经讲得很明白，如云："饮食男女，人之大欲存焉。死亡贫苦，人之大恶存焉。故欲恶者，心之大端也。人藏其心，不可测度也。美恶皆在其心，不见其色也。欲一以穷之，舍礼何以哉？"这是说人生对于饮食男女的欲望，以及对于死亡贫苦的畏惧，都是从率性生起心念习气的变化作用。厌恶与好美，也都是心的变化。可是心的作用藏在人的生命中，它是无形色可见的，自心不见自心。如果要想追寻根本的来源，除非真能彻底明心见性才行。孔子在《礼运篇》中这一段话，直到八九百年后的公元三八五年之间，由于大乘佛经精义进入中国，鸠摩罗什法师翻译的《维摩诘所说经》的出现，指出淫、怒、痴等烦恼即菩提，生死和涅槃的不二法门之后，对于形而上和形而下的生命心性相关之说，在中国文化中即别开生面。跟着又有禅宗初祖达摩大师的来到，专门阐扬直指人心、见性成佛的教外别传宗旨，与中国固有传统文化一拍即合，于是就大放其异彩了。

我们明白了这个原理以后，再回转来研究《中庸》所引用孔子这一段话，"君子之道费而隐"，夫妇之愚及不肖，可以与知而且能行。但是，如要追究这个最基本的饮食男女的欲望是从哪里来的话，虽圣人也有所不知与不能。这岂不是越弄越糊涂，说了等于白说嘛！那我们又何必学圣人，修成道又有什么用呢？

有关这个问题，在明末万历时代，有一位饱学的儒门居士，便问过当时禅宗临济宗的一位大师——天童密云圆悟禅师。密云圆悟的答复，真可算是千古绝唱，不同凡响。他说："具足凡夫法，凡夫不知，凡夫若知，即是圣人。具足圣人法，圣人不知，圣人若知，即是凡夫。"换言之，一个平凡的普通人，对于男女饮食，在他天生本来自性中，就具备了这个功用，所以当他生起男女饮食的爱欲作用时，就自然知道要有男女饮食的行动了。但因他不能反照自知，不知道这个男女饮食的爱欲，只是天然本净自性阴暗面的动影，所以，始终被这个后天习性的动影所左右，而不能自拔。如果一个平凡的普通人，忽然能够反照，见到了自己原来本净的自性，他就立地成圣，便不再是凡夫了。所以说"凡夫若知，即是圣人"。相反地，一个明心见性的得道圣人，如果仍有自己是得道的圣人之念，那么，他仍是一个地道的凡夫。换言之，得道的圣人，只要还有我智我圣的圣智自雄一念存在，那么，这个圣人，不但是个凡夫，无疑地还是一个狂人。所以说"圣人若知，即是凡夫"。

由此就可以了解，真正得道的圣人，他与一个平凡的普通人相似。同样的道理，在佛学中，观自在菩萨的《般若波罗密多心经》中也说："无智亦无得，以无所得故，菩提（觉悟）萨埵（有情）。"只是孔子所说的，和观自在菩萨所说的，言文名词的表达各有不同，其理并不两样。所以孔子的一生，既不玩弄前知，更是绝口不谈什么神通或奇特的功能；甚之，对于生与死的问题，也拒绝回答。如他与子路的对话，便说："不知生，焉知死。"你连生从哪里来都不知道，还问什么死向哪里去呢。

大小的问题

因此，接着下文便有"天地之大也，人犹有所憾。故君子语大，

天下莫能载焉；语小，天下莫能破焉”的阐说了。孔子在这里所提
的大小问题，与“天命之谓性”的体、相、用最有关系。同时，也是
与哲学、科学有关的大问题。首先我们需要知道，在周秦前后时代，
所用的天地这个名词，与秦汉以后所说的宇宙，是同一理念。但言
语都是随着时代社会的演变，由简单渐渐变为繁复。汉代以后，把
宇宙这个名词扩展了，所谓上下左右谓之宇，用“宇”字代表空间；
往来古今谓之宙，把“宙”字代表时间。换言之，宇宙便成为代表无
限无尽时空的理念，而天地只是在宇宙之中的一个有形象的空间现
象而已。

　　我们首先交代了天地和宇宙两个名词的内涵，再来看孔子在这
里所说的第一句“天地之大也，人犹有所憾”。这是说人们对于自己
所生存的天地，虽然表面看来也很伟大，但是人们并不满意，还会
随时随地怨天怨地。所以说，做天做地还不能使人满意，更何况做
人呢！即使做人做到像天地那么伟大，也还是有人会抱怨的啊！

　　其实，这个宇宙中的天地，究竟有多伟大呢？那就很难说了。
首先要了解大和小的定义，因为大小只是两个符号。真正的大，是
无边无际无限无量的，如果有了边际限量，就不能叫大了。相反地，
怎样才叫作小呢？同样也是无边际无限量的，如果还有一丝毫的形
象可见，有了边际限量，就不能叫作小。这等于庄子说过的话，“大
而无外，小而无内”。如果还有内外之别，就都不能叫它是多大多
小了。

　　所以孔子便说“故君子语大，天下莫能载焉”，你要真正知道怎
么叫作大，那是大到天地都装不下。“语小，天下莫能破焉”，你要
知道怎样叫作小，那是小到没有东西可以再解剖它，分析它了。换
言之，大到无边无量就是小，小到无限无量就是大。这个哲学性的

道理，也就是自然科学的最高原理。一个原子，再分析就到了电子、核子、中子、质子；然后再加分析到最后的最后，便是空的。空就没有什么大小之别了。因为大小不过是人为意识观念上的假定名词而已。所以庄子用寓言来表达这个意思，他说："藏舟于壑，藏山于泽，藏天下于天下。"释迦牟尼佛则说："于一毫端现宝王刹，坐微尘里转大法轮。"这都是说明，心性的体相与物理世界物质的微尘，同样都在无量无边、无大小内外、无中亦无边的空性之中偶然而起的暂时性的一点作用而已。释迦牟尼佛更进一步，说明心物一元的心性之体："虚空生汝心内，犹如片云点太清里，况诸世界，在虚空耶！"

　　大家只要明白这些上古圣人的名言内义，便可了解孔子在这里所说大小的理念，也就是表达天命之性的"费而隐"，是无所不在而无所在的作用。所以他在下文便引用了《诗经·大雅·旱麓》第三章诗句的祈祷词说："鸢飞戾天，鱼跃于渊，言其上下察也。"这是把《诗经》描写天地空间上下宽广的境界，用来申述人们须在自己本性的心境上，随时随地胸襟中别有一番天地，如光风霁月，日丽风和，犹如"海阔从鱼跃，天空任鸟飞"的中和气象。"天地位焉，万物育焉"，然后才能真有清明的智慧，可以观察到与生命俱来本有的性天风光。因此，他的下文，便有"君子之道，造端乎夫妇。及其至也，察乎天地"的结语。这是说明从人性所起的爱欲作用，以"修道之谓教"来反身而诚，反观而知，便可以达到"率性之谓道"的境界，然后才能自知天然本有性命实际的本相。

　　《中庸》到此，再引用孔子八节的名言，阐明"率性之谓道"，禀性起修的原理。接着又引用孔子的遗教，说明由修道而转进到入世行道的行持。这便是"修道之谓教"的指标了。

从人本位的修行说起

子曰："道不远人，人之为道而远人，不可以为道。《诗》云：伐柯，伐柯，其则不远。执柯以伐柯，睨而视之，犹以为远。故君子以人治人，改而止。忠恕违道不远，施诸己而不愿，亦勿施于人。君子之道四，丘未能一焉。所求乎子以事父，未能也；所求乎臣以事君，未能也；所求乎弟以事兄，未能也；所求乎朋友先施之，未能也。庸德之行，庸言之谨；有所不足，不敢不勉；有余，不敢尽。言顾行，行顾言，君子胡不慥慥尔！

君子素其位而行，不愿乎其外。素富贵行乎富贵，素贫贱行乎贫贱，素夷狄行乎夷狄，素患难行乎患难。君子无入而不自得焉！在上位，不陵下；在下位，不援上，正己而不求于人，则无怨。上不怨天，下不尤人，故君子居易以俟命，小人行险以徼幸。"

我们从这里开始，变更研究讨论的方法，碰到可在原文原句下试加语体今译便可明白的话，就不另加发挥了。除非需要特别说明的要点，再用上面的办法，稍加解释。因为这些原文原句，本来就是上古的语文，稍一用心，即可一目了然，不必再来画蛇添足。如能切实背诵纯熟，完全不假思索而记忆不忘，对你一生做人处世，就大有帮助了。

"子曰：道不远人，人之为道而远人，不可以为道。"孔子说：道并没有远离了人，人们如果认为道与现实人生距离太远，那就真的太可惜了，因为人不可为道而修道！"《诗》云：伐柯，伐柯，其则不远。"这是孔子引用《诗经·国风》所录《豳风·伐柯》第二章的词句，意思是说，要斫一枝树干，斫就斫吧！只要你对着树干，瞄准了部位，一下子斫下去就对了。"执柯以伐柯，睨而视之，犹以为远"，如果你用心太过，小心翼翼地，眯起眼睛，看了又看，就会愈看愈难，反而不容易下手了。"故君子以人治人，改而止。忠恕违道不远，施诸己而不愿，亦勿施于人。"所以要学君子之道的人，在世间人群中修行，并没有特别的方法，只要知道自己是一个人，别人也是一个人，如果自己错了，改过就是了。

对人尽心尽力叫作忠，能够原谅包容别人叫作恕，如果能够处处以忠恕待人，那就离道不太远了。换言之，你只要觉得别人对自己这样做、这样说，自己很不愿意接受的话，那你就不要这样对待别人。这句话，在《论语》上也记载过，"己所不欲，勿施于人"，这是同一意义的两种说辞。

"君子之道四，丘未能一焉！"接着，孔子又很谦虚地说：君子之道有四种重要的修为，我孔丘一样都没有做到。一、"所求乎子以事父，未能也"，自己想做一个好儿子来孝养父母，没有真能做到（因为孔子在童年的时候，父母已去世了）。二、"所求乎臣以事君，未能也"，想做一个好臣子，为国君（老板）做点事，也没有真能做到。其实是鲁国的权臣们排挤他，其他各国的君臣们也怕他，但他却始终没有埋怨别人的意思，反而只有自责而已。三、"所求乎弟以事兄，未能也"，想做一个好弟弟，能够好好照顾兄弟姊妹，也没有真能做到。四、"所求乎朋友先施之，未能也"，想事先对朋友们有所帮助，也没有真能做到。

至于"庸德之行，庸言之谨，有所不足，不敢不勉。有余，不敢尽"。在道德行为方面，我只能做到普通人所要求的标准。有关普通所要求的好，我也会小心谨慎地去实践。"有余，不敢尽"，万事留有余地、余力，都不敢做绝了。"言顾行，行顾言，君子胡不慥慥尔"，讲出口的话，一定要在行为上兑现；在行动上的作为，一定是合于自己所说过的道理。因为我要学做君子之人，岂敢不随时随地老老实实去认真实践呢！"君子素其位而行，不愿乎其外"，一个真正要学做君子的人，只是很朴实地在自己本位上做人，绝不因外界影响或诱惑而改变初衷。

　　"素富贵行乎富贵，素贫贱行乎贫贱，素夷狄行乎夷狄，素患难行乎患难。君子无入而不自得焉。"如果出生在富贵的环境中，那就照富贵的条件去做，不必假扮平常；如果本来就是贫贱的，那就老老实实过着贫贱的生活，不必有任何的自卑感，或故意冒充高贵；如果本来就是夷狄中人，文化水平不高，或者是居住在夷狄环境中，那就按照夷狄的习俗去做一个夷狄中的好人；如果正在患难之中，那就只能照患难中的环境自处，以待解脱，不可怨天尤人，以免更增加患难中的痛苦，更难解脱。假使你能彻底明白素位而行的道理，也就是现代人所说的能适应环境，那就可以无往而不自得其乐了。当然，乐在自得，是主观的；如果是别人给你的安乐，那是客观的，并不可靠，因为别人也能够不给你安乐。

　　"在上位不陵下，在下位不援上，正己而不求于人，则无怨。上不怨天，下不尤人，故君子居易以俟命，小人行险以徼幸。"如能明白素位而行的道理，尽管你今天地位权力高高在上，但也绝不会轻视或侮辱在下位的人。因为上台总有下台时，世界上没有千秋万代不倒的高位。如果你是处于下位之人，也不必去攀缘上级，只要尽心尽力去做到你职责分内的事就可以了。"正己而不求于人"，只要自己行得正，就会坦然自得，也没有什么值得怨恨了。一个人能做到上不怨天，下不埋怨别人，那就很自在了。

君子与小人的不同作风

"故君子居易以俟命，小人行险以徼幸。"所以说，要学做君子之人的道理，知道了素位而行的原则，平生只要依照《易经》所说的道理，正心诚意地做人，任随时间空间来变化现实，以待天然机遇来临，即使不得其时，也可自得其乐。但是一般不学君子之道的小人们，则偷巧冒险，希望侥幸求得成功，结果是得不偿失。古人咏阴历七月七日"乞巧节"的诗说："年年乞与人间巧，不道人间巧几多。"所以侥幸取得偷巧的成果，到底并非常规，而且是很不牢靠的。

以上说到孔子提出"君子素其位而行，不愿乎其外"以及"君子居易以俟命，小人行险以徼幸"的话，前一阵就有人问我：这是孔子主张人要守本分，不可冒险做本分以外的事，这是教育的流弊，也正是我们民族致命的缺失。现在一般人做事，只顾本位主义，反而认为"多做多错，少做少错，不做不错"是对的，这岂不是"素位而行"的弊病吗？

我回答说：如果把孔子的"素位而行"，以及不求侥幸成功的道理，解释为只顾本位主义的私心作用，那就是很大的偏差误解，同时忽略了孔子所提示"居易以俟命"的重点。孔子所说"素位而行"的道理，重心是要你注意一个"位"字。大家也都知道，孔子是年过半百以后才专心研究《易经》的。《易经》的大法则是告诉我们，宇宙物理和人事的规律，随时随地都在变化之中，交变、互变、内变、外变，世界上没有一个永恒不变的事物。等于佛说"诸法无常"是同一原理。但在变化中间，存有将变未变和变前变后现象运行的必然数字。例如从一到二、到十、到百，一分一秒，一步一节，各有不同的景象出现。由于这个原则，如果对人事上来说，最重要的，是要知道把握变量中的时间，和你所处的位置。如果是不得其时，不得其位，或不适其时，不适其位，你仍要勉强去做，希望侥幸而得，就会被时间的运转和空间的变化所淹没。假使得时得位，你虽想不做，也是势所不能的。

所以孔子早年去见老子，老子便告诉他："君子得其时则驾，不得其时，则蓬累而行。"他明白告诉孔子，你虽然有大愿力，要想淑世救人，可是这个时势，并不合适于你，不得其时其位，是永远没有办法的。后来的孟子，最后也明白了这个道理，所以便说"虽有智慧，不如乘势。虽有镃基，不如待时"的名言了。

举一个历史上所熟悉的人物来说，汉代的韩信，在少年不得其时、不得其位的倒霉时刻，他头脑清醒，知道忍辱，所以在闹市中，当众甘受胯下之辱。否则，一剑杀人，后果就不堪设想了。后来得其时，得其位，登坛拜将，威震一时，功成名遂。但他到底学养不够，功成以后，被自己的时位冲昏了头，就犯了错误，不知道那时的运数和权位，已经完全属于刘邦了，他还想要做最后的侥幸冒险以自救，结果弄巧成拙，身败名裂。

以汉初三杰来说，只有陈平最能把握时位，自处得比较好，但他也自知后世的结果，真不失其为人杰，所以对照历史故事，不可糊涂。

其实最聪明的，就莫过于汉高祖刘邦了。他在不得其时、不得其位，只做亭长的时候，就沉醉在酒色之间。后来被项羽封为汉王，就故作糊涂安于汉中；一旦做了皇帝，他又很清醒地能采纳建言；乃至在病危的时候，宁可明明白白地死去，也不肯吃药，不把自己的性命交给那些连天命都不懂的医生。可惜的是，他一生没有读书明理，所以不能把大汉的历史朝代，搞得更伟大高明一点。但他一生的作为，除了晚年的白登被围以外，绝不去做侥幸的尝试，这是事实。所以说他是天生得时、得位的帝王之命，只是不学无术，不知传统圣人所说的"君子之道"罢了。下面，《中庸》再引用孔子所说在人道中素位而行的平实原则。

> 子曰："射有似乎君子，失诸正鹄，反求诸其身。"君子之道，辟如行远必自迩，辟如登高必自卑。《诗》曰："妻子好合，如鼓瑟琴；兄弟既翕，和乐且耽；宜尔室家，乐尔妻帑。"子曰："父母其顺矣乎！"

"子曰：射有似乎君子，失诸正鹄，反求诸其身。"这是孔子把学习射击的道理，应用到人的行为哲学上来。譬如射箭或打靶，一箭射出，如果打不中靶的红心，那只有反省自己的功力修养是否太差劲了，绝不能怪目标太远，或是弓箭不好。"君子之道，辟如行远必自迩（同近字），辟如登高必自卑。《诗》曰：'妻子好合，如鼓瑟琴；兄弟既翕，和乐且耽；宜尔室家，乐尔妻帑（孥）。'子曰：'父母其顺矣乎！'"这是孔子所说人生的道理，是要从个人和家庭的基本做起，不要好高骛远。他又引用《诗经·小雅·鹿鸣之什·常棣》第七段的词句，描写一个家庭中，夫妻恩爱和好，犹如和谐的旋律乐章一样地优美。兄弟之间，和气快乐地生活在一起，全家上下大小，都过着平安适宜的日子，那当然就会使父母顺心惬意了。这是一般人所希望的孝顺家庭的景象。正如宋儒程颢的诗所说"富贵不淫贫贱乐，男儿到此是豪雄"了。

《中庸》的文章，讲到以孔子自身的体验，说明人道本位的修行，由个人到齐家的不易，到此告一段落。但在下文，又忽然一转，异峰突起，插进来孔子从来不肯讲的天人之际、鬼神与人道相关的问题，并由此进而到齐家、治国与天命的关系。这实在使人非常诧异。换言之，凡是子思加在《中庸》中所引用孔子的话，除非是子思从小亲受孔子的家教，否则是不可能的，因为其他的弟子们很少记述夫子在这方面的教诲。这个问题，也是研究孔门之学的一个重大题目。如果你读遍"五经"，集中有关这方面的资料，才能弄得清楚，知道孔子之所以不轻易讲鬼神与生死存亡之道，是有他精深道理的。否则，孔子恐怕早在两千年前就变成宗教教主，装神弄鬼，搞些传统的神秘学，令人误入歧途，当然也就不会成为大成至圣先师的万世师表，永为人世间的大圣人了。现在我们且看下文。

天人之际　鬼神之说

子曰："鬼神之为德，其盛矣乎！视之而弗见，听之而弗闻，体物而不可遗。使天下之人，齐明盛服，以承祭祀，洋洋乎如在其上，如在其左右。《诗》曰：神之格思，不可度思，矧可射思。夫微之显，诚之不可揜如此夫！"

子曰："舜其大孝也与！德为圣人，尊为天子，富有四海之内；宗庙飨之，子孙保之。故大德，必得其位，必得其禄，必得其名，必得其寿。故天之生物，必因其材而笃焉，故栽者培之，倾者覆之。《诗》曰：嘉乐君子，宪宪令德，宜民宜人，受禄于天；保佑命之，自天申之。故大德者必受命。"

读了《中庸》这节原文，第一个最明显的问题，就是鬼神是否真有的问题了。因此，我们只好花一点时间，认真简单扼要介绍一下这个问题。但大家不要认为西方文化中只有科学，不承认有鬼神，那我可大胆地说，你真错了。我曾经到欧美造访，居留的时间也不算太短，交往的欧美人士也并不太少。我可以说，西方人士的信鬼、信神，以及活灵活现的鬼话，着实不少。有时候，我还和那些西方好朋友们说笑话，我说洋鬼真多，怪不得东方人开你们的玩笑，称你们是洋鬼子。

人类的文化就是那么有趣，西方的鬼神，也都是蓝眼睛、高鼻子；东方的鬼神，又都是扁面孔的形象。国际上人们都相互交往，难道鬼和神却互不往来吗？再说，西方人算命常说，你前世是埃及人、希腊人、罗马人，却极少说你前世是中国人或缅甸人。难道做鬼投胎，也早就有了种族主义吗？总之，可笑的事多着呢！我一时也说不完，如我有空，要讲这些知道的故事，还真可以写成小说来卖钱。可惜的是我既不愿为，更不屑于为之。我经常告诉同学们，鬼神并不是什么太可怕的东西，魔也不可怕，最可怕的是人。东西方的文化都认为，人可变鬼、变神、变魔，所以最可怕、最厉害的还是人。鬼、神、魔，有时候比起人来，更有人性，反而人变成没有人性的太多了。好了，闲话少说，书归正传。

鬼和神，在中国的原始文化中，并不完全是唯心的东西，而是物理世界的另一种东西。总之，首先要了解我们几千年前的老祖宗们，造出这两个字的来源，那是既用象形，又用会意造成的字。人文的文化是大地的文化，所以"鬼"字和"神"字，都以"田"字为中心，田就代表了土地。鬼是大地上一种沉坠的能量，也可以说像电一样，只要下沉入土就看不见了。所以"鬼"字从"田"，分叉入土了，旁边加一个厶的标记，上面又长了一根草一样的毛毛，就变成我们现在写的鬼字了。它是只能下坠、不能上升的东西。

"神"字呢？它从"示"开始写，示就代表上天挂垂到地面上的现象，再从示旁画一个田地，上通天，下彻地。总之，是四通八达像电能一样的便叫神。换言之，鬼和神，都是像虚空中电的能量作用一样。雨下到田地上，容易打雷，就是"雷"字；雷打过了，电流钻进地下就没有了，这叫电。田地上长出东西便叫由。可以在田地上下相通的便叫申。上下相通，旁边加一个会意的"示"字，告诉你那是上天示意的现象，便叫神了。所以它也是物理能量的一种变化，是物理的，不是什么特别神秘的东西。

不过，由于鬼是从上向下坠的，所以中国文化说鬼属阴，它是以阴性电极为主的作用；神属阳，是以阳性电极为主的作用。但在唯心方面来讲，又说"鬼者归也"，它是归藏到无形一面去的东西。"神者，申也"，它是具有挥发性功能的作用。如果再进一步来讨论神，孔子在《易经》的《系传》上便说过："阴阳不测之谓神"。过去也曾经有同学问我《系传》上这句话的意义。我告诉他，这是说"能阴能阳者，非阴阳之所能"，也就是"形而上者谓之道"的意思，属于形而上学的范围了。讲到这里，我就想笑了，我现在心中有鬼，我引用两句话笑我自己："可怜夜半虚前席，不说苍生说鬼神。"这正是我此时的情景（一笑）。

再说，我们的文化，在春秋战国诸子百家并出的时期，非常注重鬼神的信念，尤其是墨子（翟）。墨子的学说，早在两千多年前，就具有十九世纪以来新兴的社会主义和共产主义等思想的成分。他主张"尚同"，尊重平等；"尚贤"，提倡贤人政治；"尚鬼"，犹如宗教性崇拜鬼神的存在。墨子是宋人，宋国是殷商的后裔。在中国的文化历史中，夏人"尚忠"，也说"尚质"。夏朝的文化，比较重视朴实自然生活和质朴忠诚的人生。可是时代演变到了殷商朝，尤其传到殷朝的末代，便有非常重视鬼神和天命的信仰，宗教性的风气比较浓厚。所以我们的历史上，便说殷人"尚鬼"。

后来再到周朝建国，由文王、武王、周公的领导，才完成了"尚文"的文化基础。从此便形成中国人道、人伦、人文的文化深厚根柢，所以孔子赞叹周朝是"郁郁乎文哉"的颂辞。墨子是宋人，孔子的祖先也是宋人。而且由夏、商、周以来的三代文化，尚忠、尚鬼、尚文，都各有它深厚的内涵和特点。我们了解这个历史渊源之后，便知道在孔子的学说中提出重视鬼神的问题，是很自然的观念，并不是什么奇怪的事了。

况且我们的文化，在三代以前，如尧舜之先，对天地和山川神祇的尊崇，根本上都很重视，所以上古历史上的帝王注重封禅和祭祀，就是中华民族宗教性的传统。因此，直到春秋战国，以及秦汉阶段，那些历史上所记载鬼神的报应，以及崇拜山川岳神、灶神、巫师、方士、神仙等的资料，热闹万分，多得不可胜数。如果要讲文化史，这也是不可不知的重大课题。但到了东汉开始，直到魏、晋、南北朝阶段，因为印度佛教的传入，与中国固有文化中的天人和鬼神之道相契合，于是天人之际和鬼神之说，就转入理论科学的范围，大不同于一般西方宗教文化中的含糊其辞，盲目地说鬼话神了。

（一）佛学中的鬼神：佛学传入中国以后，对于天人之际和鬼神之说，又是怎样的解释呢？我首先告诉你们，佛学是一门切合未来科学的学问，只可惜被一般的胡扯乱说，把它死钉在宗教迷信的范围，实在是很大的损失。有关佛学中天人之际的宇宙观和世界观，我们先搁置不谈，因为这两个题目涉及太广，现在只用浓缩的办法，先讲佛学中的鬼神之说吧！

　　佛学把我们这个宇宙间的天人关系，分类为三界，即欲界、色界、无色界。欲界的一切生命，都从男女两性和饮食的贪欲而来；色界，是超越物质的物理世界；无色界，是指超越物理的精神世界。注意，这里所用的精神这个名词，也只是临时随便借用的，并非定论。至于物质世界，它是以一个太阳作中心，带领有关的星球，叫作一个世界。在这样的世界中，所形成地球物质的国土世界，只是这个太阳系中的一小部分而已。但佛学把这个世界中的生命，分类归纳以后，划分为六类。所谓天道、阿修罗道（非善类）、人道三类生命，叫作上三道；畜生（傍生）、饿鬼、地狱，叫作下三道。综合起来叫六道，但并不是六条路线，只是分类的代号而已。

　　事实上，这六道的生命，彼此互相交流混杂，统统在人间知识未能了解的一种旋转不停的运动之中，犹如一部机器，永远在旋转不停的走势之中，互相牵连和影响，构成所有生命的存在，呈现出新陈代谢的现象。例如人吃了猪牛鸡鸭、青菜萝卜，变成了粪便和泥土；泥土中的养分，又变成植物、矿物和动物的营养。这样的生命互相转化现象，中文佛学用一个很优美的名词，叫它"六道轮回"。轮回便是旋转不休、互相混合的意思。

　　欲界以上的天人，共有二十八个层次，一圈一圈地放大，并不是一层一层地堆叠上升。人道，是六道及欲界的重心，也可说是三界的中心点。从人道以次，是横出傍生的畜生，包括空中飞的、地上地下爬的、水里游的等生物，不胜枚举。比畜生更低一级，在有形象和无形象之间的生命，叫作饿鬼或鬼道。他们和人、畜生一样，也同样有男女饮食的贪欲，可是对于饮食，他们得之不易，大部分时间都在饥饿状态之中。

人死后的灵魂，如果没有变化，或未转化成鬼道中生命之前，都不能叫作鬼，那是另有名词，佛学叫它是"中阴身"或"中有身"，我们通用的代名词，叫它灵魂，严格地说，不能和鬼道的鬼混为一谈。但世界上的人叫惯了，把人死后还未投胎的灵魂，也叫作鬼了。事实上，有一部分的鬼，的确和中阴灵魂景象很相似，就像生物化学和病理上的细菌那样，分类各有不同，所以鬼和灵魂的分辨，当然很难讲得清楚了。至于地狱道，是比鬼道更低级的生命，依据所受身体感觉和知觉上痛苦程度分类，又分成十八层次，所以一般人就叫它是十八层地狱。

佛学又把人和畜生等下三道的生命，分为胎生、卵生、湿生、化生四种。再详细地分析，又加上有色、无色、有想、无想、若非有色、若非无色、若非有想、若非无想，就有十二种。所以天人之际和鬼道，有的是有色（有物质的形象），有的是无色（没有物质的形象），有的有知觉思想，有的没有知觉思想，只有生理物理的反应作用。至于若非有色、若非无色、若非有想、若非无想，这四种是属于色界天、无色界天。拿我们现在的科学知识来说，色界、无色界乃至地狱中的生命，还是很难有恰当的言辞来表示的。

以人道作为中心来说，上至天人，下及地狱，凡是属于贪恋爱欲淫欲的生命，对于男女饮食也大有差别。例如有一部分鬼道，所需要的饮食叫作寻香，等于我们人道所说的吸气或吃气，并不像人和动物那样，是靠吃实质的东西才会饱足的。所以佛学中分类饮食，便有四种。一是抟食（也叫段食），犹如人和动物，是靠分段的时间，用手足和嘴巴来吃的。二是触食，是靠身体的触觉和感受来维持生命。例如人靠吸收日光、空气等作用来维持生命，就是触食。三是思食，是由思想的作用，使生命满足而存在的，这与我们平常所说的知识是精神的食粮类似。四是识食，那是天人境界的一种情况，很难说明。总之，除了抟食以外，其余的三种饮食，都不是人类所易理解的事。可是，人类同时需要这四种食粮，只是人们不能自知而已。所以佛家、道家有些修炼到了特别境界的人，有时也可以辟谷休粮，不食人间烟火了。所以休粮不吃，并非是不可能的事。如想连触食、思食、识食都断了，那就不是那么容易了。

有关爱欲和淫欲的问题，对于生命来说，就不如饮食那样重要了。例如地狱中的生命，纯苦无乐，或苦多乐少，就无暇、无心动爱欲之念了。同样的道理，一个生命，修为到色界以上的天人境界，爱欲的作用也就净化了。所以道家有炼精化气，炼气化神，炼神还虚，最后达到粉碎虚空的修炼程序之说，也确实并非虚言，只是非一般盲修瞎炼的人所可到达而已。欲界中心的人道和比较高级的天神，同样都有爱欲和淫欲这种作用，统名为六欲天的贪欲。所谓六欲，它又包括了色、声、香、味、触、法（意识冲动）六样作用一起发动爱欲的行为，配合笑、视、交、抱、触的动作，都属于生理范围的作用。人道和畜生道两性交媾的行为，简称精交；如果是欲界高层次的神人，比人道较为升华的，只是气交；又有更高层次的神人，就是神交了。现在我们总算花了一点力气，综合佛、道两家，把天人之际和鬼神之间的理论和知识，大概扼要地介绍了一番。

（二）主宰生命的力量：至于六道的生命中，有关天道和地狱，都有很繁杂细密的区分，内容很难详尽，而且也不属于本题的范围，所以不再多说了。那么，在这所有生命中的六道，谁该投生天道？谁该下堕畜生道乃至地狱？谁该生在人类中为人？究竟是谁在做主呢？难道真如民俗所讲，有个阎罗王掌握生死簿，对照善恶报应来裁判转生吗？或是如西方宗教所讲善人上天堂，恶人下地狱，到了世界末日，等上帝的宣判呢？有关这些问题，牵涉到比较宗教学等课题，内容理论繁多。如果只从佛学的基本观念来讲，只能先告诉大家，宇宙间的事物，不论是已知、将知、未知的种种，说有则一切皆有，说空则一切皆空。普通常听一般人说信则有，不信则无，也很有道理。这两句话虽是很浅近的俗语，如果照舜"好察迩言"的精神，就知道它也是"庸言之谨"的好道理。但依照佛学的主要观点，这种分类的六道生命，最基本的根源是"无主宰、非自然"，都是因缘所生的作用，所谓"缘起性空，性空缘起"。

因此，其他的宗教，就认为佛学是属于无神论者。其实不然，佛学承认有天人、神、人、鬼等六道。但一切生命，并非是由某一个或某一种超人权威的主宰所支配，并非是由他力所能摆布，也不是自力可以安排，但也不是自然的物理作用。六道生命真正的主宰，统在于自我的自心。因为自心的行为变化，生起善和恶，以及善恶之间的昏昧作用，这些心理和行为，叫作业力。基于这个业力的运行变化，犹如日月星辰、地球物理等的法则，永远在空中旋转变化不停，互相吸引，互相排挤。物理作用又有同性相斥，异性相吸；也有同类相吸，异类相斥的关系，因而使生命常在轮回不息之中。

所以佛道两家的教理，和中国传统儒家的教理一样，必须先从人道中洗心革面，先做到去恶向善，渐渐修到除恶务尽，达到天理流行"止于至善"的境界；再加进修，才得跳出三界外，不在五行中。但是真正跳出三界，超越五行支配的仙佛或圣人，并不能成为一个可以主宰万物生命的神人，他只是一个不受物理法则所支配，超越鬼神，不被自心意识所蒙蔽的闲人而已。所以无论叫他是佛、是圣，都是人为的代号而已。实际上到了这种程度，叫他是一个不是东西的东西也对。

　　总之，三界六道众生的生命轮转变化，都是以人道为中心，其根本是依物理空间而生生灭灭，犹如能量的互变。佛说，正常的鬼神与人道，本来就并存在这个世界，虽然昼夜互相穿插往来，彼此并无妨碍，犹如虚空或物理的能量，互相交互穿透一样。人多处，鬼神亦多，人们过往来去，透穿鬼神的身体，鬼神过往来去，也透穿人们的身体，只是阴阳气质不同，互不相妨。除非因心念行为有善恶业力特殊情况，才会发生特殊的感应。所以后世的宋儒理学家们也承认这种道理，便说："鬼神者，二气之良能也。"所谓二气，就是阴阳两个符号的代名词。

　　我们因为孔子说了一句"鬼神之为德，其盛矣乎"的话，引起我说了一大堆的鬼话。但孔子所说的鬼神，其目的是教人能自敬其心，自诚其意，做到合于天人之际的圣贤君子之行，并不完全如墨子的"尚鬼"主张。因此，让我再向大家讲一个小故事，作为反面的参考。

　　在东晋时代，有一位佛教的高僧道生法师，因与关中的僧众大德们见解不同，便渡江南来，独自结庵，住在江南的山上。他闲来无事，便对着石头说法，因此有"生公说法，顽石点头"的传说。据说，有一个鬼，也在道生法师处听经听法多时了，法师便叫他快去投胎做人，好好修行，可以生天成佛。这鬼听后，作了一首诗说：

作鬼经今五百秋　　也无烦恼也无愁
生公劝我为人去　　只恐为人不到头

　　生公听了，也就罢了。换言之，这首鬼诗，是说做人难，做个好人更难。鬼做不好，再死便做聻；人如做不好了，也许死后想变鬼还不可能，也许会入地狱，所以他怕做人。

另外在清初顺治时期，江苏常熟有一位得道的潮音尼师，预知死期而坐化，钱谦益（牧斋）为她作塔铭，写了一首诗说：

> 纷纷恒化是何情　习惯迁流每着惊
> 若使生人真畏死　须知死者复愁生

钱牧斋和吴梅村都是明末清初的江南才子，也都对佛法有研究，但并不专精。他这首诗却很有意思，也许别有情怀，认为生逢乱世做人难吧！

虞舜和姬周的受命于天

我们先把鬼神之说略作交代，现在回来再讲《中庸》引用孔子所说鬼神的作用。"子曰：鬼神之为德，其盛矣乎！视之而弗见"，看不见形象，"听之而弗闻"，听不到声音，"体物而不可遗"，如果从物理去体会，也不可因它在物外，就否定其存在。"使天下之人齐（同斋）明盛服以承祭祀"，它能促使天下的人们都斋戒清明，心思不敢乱想，穿了干净的礼服来祭拜。"洋洋乎如在其上，如在其左右"，令人感到它洋洋洒洒的，如在自己的头顶，如在自己的左右。然后孔子又引用《诗经·大雅·荡之什》第七章的诗引证说："神之格思，不可度思，矧可射思"，神明的到来，不可用意识去测度，更不可以胡思乱想去妄猜了。"夫微之显，诚之不可揜如此夫"，这就是说明世间有隐微不可知的一面，但又有不可思议的明显作用，只有心意识至诚，才能得到感应，不可以用不诚之心，来掩盖自己的灵性。

接着，就是孔子再三推崇虞舜和周文王、武王、周公的盛德，以及他们制订尊敬祖先的孝行礼制，笃行仁民爱物大孝于天下的精神，所以才能得到天人交感，完成历史上人道人伦的大业。这才是纯粹禀承天命之性，率性而行修道教化的功用。

"子曰：舜其大孝也与！"孔子这句话的关键，就是说明传统儒家所谓的孝道，并不是专指对父母的孝养而已。所谓孝道的指标，是从天命之性纯粹至善的修行起用，做到大孝于天下的德业，才是孝道的究竟。三代之中，唯有虞舜，是出生在一个大有问题的家庭，所谓父顽、母嚚、弟傲。自己起于田间，不怨天，不尤人，内修德性，笃行孝道，因此被唐尧所选拔，试之为政，即能辅助帝尧，建立完善文化的基础。舜又起用大禹治水，奠定华夏以农立国的万古根基。最后又不违背帝尧公天下的禅让之德，让位给大禹来继承其业绩。所以孔子极力盛赞他为大孝的真人，所谓："德为圣人，尊为天子，富有四海之内。"因为他有大孝于天下的功德，才使父母祖宗的宗庙永远受到后人的敬飨，下及子孙后代，永远得保安宁。所谓"宗庙飨之，子孙保之"，便是这个意思。因此，孔子再加发挥说："故大德，必得其位，必得其禄，必得其名，必得其寿。"这四句话是说明一个必然性的定律，也就等于老子所说"天道好还"的大法则。凡是有真性情的人，能立德、立功于天下，必然会得到禄位、盛名和长寿的果报。

"故天之生物，必因其材而笃焉。故栽者培之，倾者覆之。"所以说，上天生长万物，很自然地，就会因其本身质材的好坏，而笃使其完成大业。靠栽种成长的东西，上天就施以风云雨露来培植它；倾斜的东西，自然会覆倾而倒。所以《诗经·大雅·生民·假乐》第一章说："嘉乐君子，宪宪（显显）令德，宜民宜人，受禄于天；

保佑命之，自天申之。"这六句古诗，文字意思本身就很明白，都是说明凡有盛德功行的人，上天就会顺其天命之性的自然法则，保佑他的成功。所以孔子又说"故大德者必受命"，这又是孔子再三说明的，凡是对人世立有大功德的人，在他天然自性的生命中，必然禀受有至性至情的基因。

但最有趣的是我们的历史，从秦、汉开始，后世的帝王和一般读书知识分子的儒生们，假借孔子这些赞颂虞舜盛德的话，就随便推崇那个有权力的皇帝，称赞他是受命于天的真命天子。这真所谓"自古以来大马屁，高呼万岁几千年"。有时候读历史，看到这些故事，就会使你大为丧气。只有朱元璋不一样，他做了皇帝以后，有一次大发脾气，骂他的一班大臣们说：你们不要老是称赞我是尧舜，我哪里可以和尧舜来比！就算我是尧舜，难道你们都是皋陶、契、稷那样的大贤臣吗？这真是朱元璋痛快坦率的名言，令人拍案叫绝。

> 子曰："无忧者，其惟文王乎！以王季为父，以武王为子，父作之，子述之。武王缵大王、王季、文王之绪，壹戎衣而有天下，身不失天下之显名，尊为天子，富有四海之内，宗庙飨之，子孙保之。武王末受命，周公成文武之德，追王大王、王季，上祀先公以天子之礼。斯礼也，达乎诸侯、大夫，及士、庶人。父为大夫，子为士，葬以大夫，祭以士；父为士，子为大夫，葬以士，祭以大夫。期之丧达乎大夫；三年之丧达乎天子；父母之丧无贵贱，一也。"

孔子赞颂虞舜的盛德以后，接着便说，继夏朝和殷商之后，真正建立了华夏文化，以人伦之道作为政治社会中心的，是周朝。如周文王、武王、周公，这父子三位的功业，也是合于率性修道的盛德。对于孔子的赞颂，他们是当之无愧的。"子曰：无忧者，其惟文王乎！以王季（历）为父，以武王为子，父作之，子述之"，这是赞文王、武王的话。"武王（姬发）缵大王、王季、文王之绪"，这里所用这个"缵"字，含有继承效法的意义。

"壹戎衣而有天下"，只用了一次军事行动就取得天下。"身不失天下之显名，尊为天子，富有四海之内，宗庙飨之，子孙保之。"这是赞武王。

"武王末（没）受命"，当武王姬发还没有受命于天而做周朝的天子时，"周公成文武之德"，周公就预先完成准备文王、武王治国的文化大业。"追王大王、王季，上祀先公以天子之礼"，周公开始制定尊为天下主的天子，必须崇祀高推祖先的神主，也像对天子的礼仪一样。"斯礼也，达乎诸侯、大夫，及士、庶人"，这种礼仪制度的规范，上至天子，下及各国的诸侯、卿大夫，乃至士子和一般的老百姓的庶人们，都有一定的精神，但有不同的规格。例如，"父为大夫，子为士，葬以大夫，祭以士；父为士，子为大夫，葬以士，祭以大夫。期之丧达乎大夫；三年之丧达乎天子；父母之丧无贵贱，一也。"这些文字很明白，都是说明周公所制定各级祭祀的仪礼。

子曰："武王、周公其达孝矣乎！夫孝者，善继人之志，善述人之事者也。春秋修其祖庙，陈其宗器，设其裳衣，荐其时食。宗庙之礼，所以序昭穆也。序爵，所以辨贵贱也。序事，所以辨贤也。旅酬下为上，所以逮贱也。燕毛，所以序齿也。践其位，行其礼，奏其乐；敬其所尊，爱其所亲，事死如事生，事亡如事存，孝之至也。郊社之礼，所以事上帝也。宗庙之礼，所以祀乎其先也。明乎郊社之礼，禘尝之义，治国其如示诸掌乎！"

接着再引用孔子所说周制祭礼的精神要点。"子曰：武王、周公其达孝矣乎！夫孝者，善继人之志，善述人之事者也。"这是孔子称赞由武王时代开始，周公所制定的祭礼，是真正通达人伦孝道的。所谓孝的真正意义，是真能体会先人的意志，继续完成上辈的愿望，并能善于传述先人的事迹给后代。"春秋修其祖庙"，所以每年的春秋两季，在适当的时候，重新修整祖庙，"陈其宗器"，陈列祖宗们所留下有意义的代表性遗物，"设其裳衣"，安置祖宗们穿过的衣裳，"荐其时食"，把自己勤劳耕种所得的当令食物，奉献在祖宗的神主之前，祷告自己在这半年一年中所作所为的业绩。

"宗庙之礼，所以序昭穆也"，但在宗庙中实行祭礼的排列次序，无论是祖宗的神主位置，或是现在参与祭祀的人，都要照左昭（父）右穆（子）来排列位置。"序爵，所以辨贵贱也"，祖宗或子孙后辈中，有功名爵位的，就要照国家所规定职位的高低来安排。古礼有"朝廷序爵"，在政府中任职的人，不论年龄辈分的高低大小，都要照公职爵位的高低来安排位置；"乡党序齿"，至于家庭亲族之中，则要照辈分年龄大小来安排位置。即使在一般社会，乃至朋友之交，也是照此礼仪。"序事，所以辨贤也"，如果本族中有人对国家社会或家族有特别贡献，那就以贤者之礼来安排位置，这是对贤德行为的重视。"旅酬下为上，所以逮贱也"，至于参与祭祀服务工作的人，都要一律平等加以酬劳，尤其是对下面基层最劳苦的人，更要注重。"燕毛，所以序齿也"，对于须发皓白的老年人，必须另加宴请，表示敬老的意思。"践其位"，主祭和陪祭的人，各就其位，"行其礼，奏其乐；敬其所尊，爱其所亲，事死如事生，事亡如事存，孝之至也"，实行祭祀之礼的时候，必须内心肃穆，具足诚意。"郊（祭天）社（祭地）之礼，所以事上帝也"，周制所规定的祭天地之礼，是天子代表国家全民祭祀上帝的大礼。"宗庙之礼，所以祀乎其先也"，所谓天子和诸侯，以及庶民老百姓所举行的宗庙之礼，都是祭祀祖先的仪礼。"明乎郊社之礼"，明白了为什么要祭祀天地鬼神之礼，"禘尝之义"，明白了祭拜天地的禘礼，五年大祭，每年秋祭，在祭祀的时候，需要奉献食物，是敬请尝新之意。"治国其如示诸掌乎"，那么，对于治理国家的为政之道，就像看自己掌心那样清楚了。

祭祀和宗教

　　前面引用孔子所说天人之际，"鬼神之为德，其盛矣乎"开始，到"舜其大孝也与"，以及"无忧者，其惟文王乎"三段文章，贸然一读，好像与"天命之谓性，率性之谓道，修道之谓教"的本旨，以及"致中和，天地位焉，万物育焉"的学养境界接不上关系，不知道是什么意思。这就需要用《中庸》后面所说"博学之，审问之，慎思之，明辨之，笃行之"的治学精神，加以切实注意了，不可掉以轻心。如果想把这三段所引用孔子的话，加以慎思、明辨，就需要先对周礼文化中的祭祀、丧礼，以及天人之际的演变，深入了解，才能衔接《中庸》原文的整体意义。那样一来，就又牵涉到《周礼》和《仪礼》的专门研究了，反而很难达到通俗化的效果。所以只好从略，改用曲径通幽的方便法门来了解，使大家比较容易明白。

　　一、引用孔子学说，推崇我们中华民族远古以来的祖先，初由原始生活时期到达母系社会，再转变为以男性为主的族姓宗法社会。

又经历夏、商两代，到了周朝文、武、周公时期，才正式建立起天人之际、人伦文化的规模。这是有关周公制礼，规定以周天子为中心的中央统治，建立分封诸侯联邦政体的封建制度，以及全民社会的生活规范，资料统在《周礼》《仪礼》两部书中。《中庸》只是引用重视孝道的敬祖和祭祀礼仪的精神，等于在说明《大学》中的"诚意、正心、修身、齐家、治国"之道，必须先从"诚意"做起的重要。例如孔子在《周易·系辞下传》所说："上古穴居而野处"，上古的人类，并未发明房屋，只随便散处在洞穴或旷野里。"古之葬者"，上古人类埋葬死去的人，"厚衣之以薪"，只用树皮茅草等把尸体厚厚地包裹起来，"葬之中野"，埋在野地里。"不封不树"，既没有坟墓的界别，也不树立标记，更没有立碑。"丧期无数"，也没有守丧期限的规定。此其一。

　　二、孔子在《礼运》篇中，感叹上古的太平之治，"天下为公"的大同之世不可再得，三代以下，退而求其次，如"禹、汤、文、武、成王、周公。由此其选也，此六君子者，未有不谨于礼者也。"这是说由三代以下这六个时代，已经可算是仅次于太平之治，可以称之为"小康"的大时代了。但他们能够达到"小康"之治的盛世，也是由于善用礼治文化的原因。至于礼治的基础，在于"养生送死"。养生的重点，在于政治的倡导，有了宗法和农业经济结合的社会秩序，才能给予人民生活的安定和康乐。可是人的生命，不只是由生到死就算完结；生和死，只是生命过程的两头现象；而能生能死的"天命之谓性"的性灵，并不因生死存亡的现象而消失。因此，自中古以来对祭祀的重视，也是东西方人类文化的共通特征。有如宗教的存在，用祭拜、皈（归）依、祈祷等仪轨，有沟通形而上道和形而下人类情志的作用，此其二。

在二十世纪的六十年代，有一位从罗马教廷来的博士神父，经过一位教授的介绍访问我，论及当时越南的宗教和政治的问题。最后又问我两个问题：第一个问题，佛教是否是无神论？我答复他：说佛教是无神论的观点，是误解的论断。第二个问题，从西方文化的观点来说，文化的根源，最初都由宗教传播出来。但中国上古的文化，并没有一个原始宗教的雏形，他觉得很奇怪。我当时就对他说，这恐怕是一般西方的学者并未深入研究中国上古文化的内涵，所以才有疑问。中国上古，同其他民族一样，本来就自有宗教的，而且它的起源，也有信仰多神、一神，乃至无神论等的种种内涵。唯一的不同，是中国上古对于天神和人神之间的沟通，是从人的本位开始的，是建立一个父子、祖先之间孝道的通道，作为天神和人之间的桥梁，这就是中国上古文化重视祭祀的由来，也就是中国上古文化的特征，是与宗教作用相同的。所谓郊、社之际的禘礼，包括对山岳河川土地的尊崇，从表面来看，像是杂乱无章的多神教，但并不认为那许多鬼神便是唯一的天地万物之主。他听了以后，很谦虚地说：我应该好好多研究"汉学"（中国文化的代名词）方面的知识了。我说：你能这样做，对沟通中西文化，一定会有很好的成就，我当为你祝贺。

三、由周公制礼以后，再经秦汉以前先儒们的提倡，对于葬礼所用的衣衾棺椁，以及葬后坟墓的修建，做法已经近于奢侈繁琐了。乃至依礼守制三年，上至帝王，下及百姓，谁也不敢违反，不然，就像后世犯了国法一样的严重。可是早在春秋战国阶段，如墨子等人，都已经大加反对了，极力提倡薄葬。另如代表道家的庄子，对于重视丧祭礼仪，也曾加以讥讽，并不完全赞成。

但中国文化对于葬礼重视的积习，已经有两三千年之久了。甚之，有些地方，对祖先坟墓的建筑，几乎可与豪宅比美。尤其在秦汉以后，帝王的陵寝俨然生人的宫殿，简直不可理喻。直到二十世纪的中叶，经政党（共产党）当局的一度倡导，暂时废除过于奢侈的坟墓建造，认为那是死人与活人争地的举动，这不能说是没有道理的理念。但由于民情风俗积习太深，而且也没有使人觉得另有使死者安心的更好办法，所以也不能完全改变历史的习惯。

综合东西方文化的习俗，对于死者的葬礼，有土葬、水葬、天葬、火葬四大类。其中用土葬的民族，最为普遍。水葬的民族较少，西藏高原和蒙古草原部分民族是用天葬。其实，天葬是以死者的身体，还报给自然界肉食众生的一种风俗。采用火葬的仪式，以印度和中国的佛教徒为最多数，尤其是佛教徒，有"一火能烧三世业"的信念。所谓三世业，就是过去、现在和未来三世的痛苦和烦恼，都可一火了事。但不管人们采用哪一种葬礼，对于缅怀先人的祭祀，几乎都是同一的心情。《中庸》在这里引用孔子的观念，是特别重视传统祭祀的精神，并非是指葬礼而言。

四、在我们的历史文化上，自夏、商、周三代以来，有关天地鬼神的信念，始终若存若亡，隐隐约约连绵不断地存在。但从东汉以后，因为佛教三界天人之说传入中国，复有道家转化为道教的兴起，构成三十三天之说的盛行。到了唐、宋以后，便把佛、道、儒三家天地鬼神的信念，配合帝王政体的制度，有意无意地组成一个天上地下的体制，在民俗的信仰上，这个天人合一的迷糊影像，却一直沿用了一两千年。

首先，它把人间世界分为阴阳两界，也有叫作阴阳两间的。活着的人类叫阳间，死后的灵魂叫阴间。阳间社会的政体，最基层是乡里，乡里上级就是县令或州府的督抚。阴间的基层是土地公，土地公上级是城隍爷，一县有一县的城隍爷，一省有一省的城隍爷。主管阴间的领导叫阎罗王，这是汉、魏以后，从印度佛教文化传入后的称呼。宋、明以后，阎王也变成了联席制度，又分为十殿阎王，把民间所崇拜的宋臣包公（拯），也由民意自选为初殿阎王了。由土地公开始，上级到达阎王，所有鬼神的唯一职权，就是掌管人世间老百姓每人的善恶行为。所以人死后变鬼，一进入阴间以后，随便你有多么地狡猾，始终难逃阴间的审判，那是毫厘不差的，决逃不过阎王旁边判官的稽核。

但阎王主管阴间，不能主管阳间的人事社会，所以人间的帝王是与阎王各分阴阳而治。不过，人间帝王有罪过，仍然逃不过阎王的监视。到了最后，阎王也有权拘捕人间的帝王到案，然后送到最上级的玉皇大帝那里去受审定罪。那个玉皇大帝，是主管阴阳两界的天主，他上管三十三天，中管人间帝王，及阴阳之间的五岳名山的神祇，江河的水族龙王，下管阎罗地府。至于佛、道两教的教主，如释迦牟尼和太上老君，只是处于师位，为玉皇大帝的顾问而已。也许现在又增聘两位顾问，耶稣和穆罕默德吧！

这样一个天上人间和地狱体制的管理网，便是中国民俗信仰牢不可拔的信念。尤其在明朝以后，因《西游记》和《封神榜》两部小说的流传，为老百姓们所信奉，比我们相信任何朝代的政权还要坚定。不过，玉皇大帝虽然伟大，但他须听从母亲瑶池圣母（俗称西池王母娘娘）的教导。

由此可知，所有宗教，固然都有重男轻女的观念；但所有宗教，背后最有权威、最伟大的还是母教。中国的民俗宗教，玉皇大帝最高，但高过他的便是瑶池圣母；基督教最后的也是圣母，佛教最慈悲的便是女身母爱的观音菩萨。不过，这些汉、唐以后所形成天上人间的组织，都和周公的制礼，孔子的教化，并无任何关联。但也不能否认，这是人类社会文化的一部分啊！当人们在道德、法律、教育都无法起作用的时候，只有它还可以镇服人心，发挥效果呢！所以《易经》观卦的象辞说"圣人以神道设教"，用宗教以补救道德、法治、教育的不足，的确是另有其深意的。

至于三十三天和玉皇大帝的由来，在汉、魏以前，本来并无这个观念。这是魏、晋时期，佛教三界天人之说的传入，被北魏崇信道教者所袭用，在三十三天形成一位玉皇大帝，来掌管阴阳两界。如依佛教三界天人的观点来讲，三十三天（忉利天），是指太阳和月亮以上六欲天中的一重天，并未超出欲界。这个天界犹如联邦的组织，是由三十三个部分所形成的。此天天主，梵文名叫"憍尸迦"，中文意译为帝释天子。超于此天以外，还有夜摩天、兜率天、化乐天、他化自在天四个天。欲界天的天主又总名为大梵天。在此范围以外，到达色界天，但色界天又有十八天的层次差别，色界最高处的天主名摩醯首罗天，也有翻译叫有顶天，天主名大自在天。欲界和色界的各天，还都脱离不了物理世界的范畴。超过色界，才到了精神世界的无色界天。

欲界、色界、无色界的天界和人道世间，再加下三道的畜生、饿鬼、地狱等，才算是一个世界。佛学认为像这样的一个世界，在这个宇宙中，有不可知、不可量、不可数之多。以一个太阳为中心的世界作基准，累积一千个这样的世界，叫作一个小千世界。再累进一千个小千世界，叫作一个中千世界。复加累进，合一千个中千世界，叫作一个大千世界。

我们不厌其烦介绍了与佛、道两教学说的天人之说，它和传统文化儒家天人之际的观念，并不相干，但也是并行而不悖，不相冲突，只是介绍中国文化中的佛、道两家，早已存有类似现代太空科学观点的说法，可供后来研究者参考和注意。

我们为了孔子所说"受命于天，自天佑之"的观念，与"天命之谓性"的关系，以及周制祭祀和丧葬之礼，便拉杂牵扯了以上许多闲话。其实，总结《中庸》引用孔子这些话的意思，主要也就是《论语》上记载孔子所说君子有三畏的道理。"孔子曰：君子有三畏：畏天命，畏大人，畏圣人之言。小人不知天命而不畏也，狎大人，侮圣人之言。"孔子所说三畏的道理，是为了教导我们，因为一般普通人的心理行为，如果没有一个可以敬畏的心情，就会容易自我狂放，肆无忌惮。这种行为，从表面看，像是合于自由解放的原则，但经过时间的累积，一算总账，就会自食恶果，后悔莫及了。

例如一个正常的小孩或成人，心中随时思念着自己有可爱可敬的父母；或如下级对上级，随时怕出差错，会受责备；或有宗教信仰的人，随时告诫，那么，他的所作所为，自然就会规矩得多，少犯错误。所谓"明乎郊社之礼，禘尝之义，治国其如示诸掌乎"的道理，也就是告诫治国的君主们，既要上畏天命，又要下畏民志，不可自专自大，才可能寡过，也就不会成为孤家寡人了。这也是自求多福、自助而后天助的真实意义。至于提到"无忧者其惟文王乎"一句，也是由这个理念而来。如果我们注意历史，就会了解，周文王当时所处的时代环境，以及本身所受殷纣王的迫害，可以说文王的一生都是在忧患中度过，哪里能说他一生无忧呢！尤其当他被纣王幽囚在羑里的时期，既不可有丝毫怨恨的表示，更不能不表示甘愿受罚而悔过的态度。因此只好以畏天命的心情，在幽囚中澄心静虑，精思入神来研究八卦易学，终于完成了千古不朽的大作《周易》一书。

所以孔子在《周易·系辞下传》说："易之兴也，其于中古乎！

作易者，其有忧患乎！"便是说明周文王被囚于羑里，在忧患中完成《周易》的著作。但在这里，又说"无忧者其惟文王乎"，那是赞扬他的学养和家世三代的德性。由于他上代的理性和德行，恰好他又有两个出类拔萃的儿子，武王（姬发）和周公（姬旦），都能继承他的遗志，完成文治武功的大业。所以孔子在本文里，便说他有"父作之，子述之"的大福报，这都是由于周文王有"率性之谓道"的好德行，才能做到"修道之谓教"的大功德。

讲到这里，觉得研究《中庸》真有一种特别严肃的压力之感。现在且让我们自己轻松一下，姑且对不起圣人，说一个轻松的笑话。据说，世间有一个大善人，死后见了阎王。阎王一见他，就对他很礼遇，而且说，根据你一生的作为，应该再去投生做人，但很难找出最好的标准人样。你自己想想看，要做个什么样的人才好呢？这个人听了，想了一下便说：那我就要"千亩良田丘丘水，十房妻子个个美。父为宰相子封侯，我在堂前跷起腿"。阎王一听，便很恭敬地站了起来，离开座位，向他拱手说："世间若有这种事，你做阎王我做你。"老兄，我们换个位子坐吧！

其实，世间也真有这样的人，一辈子享父母儿女之福，无忧地度过一生。在抗日战争的中期，我在四川，有一个自流井、富顺之间的朋友。他有祖传天然的十几口盐井，财富自有账房为他经管，太太和姨太太共有四五个，也有两三个好儿子，真是在堂前跷起腿过一生。我们常常对他说，大家都要去抗日，你倒幸福，天天在日抗。他便说，我也出了很多抗日的钱啊！我们听了，只有啼笑皆非。你能说他不对吗？因为他夫妻两人都是双人抬不动的大胖子。

"修道之谓教"与治国之道

　　哀公问政。子曰："文武之政，布在方策。其人存则其政举，其人亡则其政息。人道敏政，地道敏树。夫政也者，蒲卢也。故为政在人；取人以身，修身以道，修道以仁。仁者，人也，亲亲为大。义者，宜也，尊贤为大。亲亲之杀，尊贤之等，礼所生也。在下位不获乎上，民不可得而治矣。故君子不可以不修身；思修身不可以不事亲；思事亲不可以不知人；思知人不可以不知天。"

　　好了，我们总算把上面几段交代完了。从现在开始，便转入"修道之谓教"的外用，也就是有关安邦治国的为政之道。"哀公问政。子曰：文武之政，布在方策。"鲁哀公有一天向孔子请教为政的道理。孔子说：有关周朝文王和武王创业时期的政治经验，都记录在方策上面，不需要我再讲了。孔子时代所谓的方策，等于我们现在历史上的记载。因为那时文字的记录，是用刀笔刻在竹简上面的，每一片或每一方块串叠起来，所以叫作方策。"其人存则其政举，其人亡则其政息"，无论是多么好的政策，或多么好的立法，执法的都是人。无论哪个时代，只要遇到有贤德的人来执政，就会实现善政。如果是没有贤德的人来执政，即使有很好的政策和立法，也等于没有用了。"人道敏政，地道敏树。夫政也者，蒲卢也。"人性对于政治是很敏感的，就像植物对水土敏感一样。所以领导政治的人需要知道，老百姓就像蒲草和芦苇，只要一点有养分的泥土，就会很快地茂盛起来。换言之，人民犹如水草一样，只要政治上有一点利于人群社会的办法出来，社会人民就会很高兴地接受，很快就有好反应和成果。"故为政在人"，所以说为政的中心重点，始终重在人为，即使是好的法治体制，也是人所创立的啊！"取人以身，修身以道，修道以仁"，但为政固然在人，究竟哪一种人才能真正做好为政之道呢？那就要看这个领导人的道德学养，是否达到仁义的境界了。

"仁者，人也，亲亲为大；义者，宜也，尊贤为大。亲亲之杀，尊贤之等，礼所生也。在下位不获乎上，民不可得而治矣。"怎样叫作仁呢？就是人与人之间相处，能互相尊重，互相爱护，多一点舍己为人和原谅别人的心，少一点自我的私心。如俗话所说：损人利己的不可做，损己利人的难做到，最好能多做人己两利的事，也就近于仁了。人，哪个没有私心啊！只要先把自己的私心放大，由本身和至亲的利益出发，渐渐扩充放大心量，自己要好、要利益，但也要别人好，也要别人得利益。能做到这样，便合于"忠恕"之道了。"推己及人""亲我亲而及人之亲"，固然要爱我的亲人，同时也要爱他的亲人，这就是"亲亲为大"的道理。

怎样叫作义呢？义字的内涵，有适宜、相宜、合宜等意思，也就是现代人所说自由、民主的意思。凡是合于大家之意，大家都满意的，就近于义。可是人的禀性有智慧、愚笨、贤德、顽劣的不同，谁能真正完全做到符合不同要求的民意呢？例如现在任何人只要有一点不满意的事，便利用民权、人权、人道等的口号提出要求，但都是私心，或为少数人的利益出发，那就不合公义的原则，不足论也。总之，天下事岂能尽遂人意！所以必须要了解"义"的重点，是要以"亲亲之杀，尊贤之等，礼所生也"作为准则。这也是说，虽然先从亲我之亲，而扩充推广到亲人之亲，但也要有限度地煞（杀）住，正如《大学》所说"知止而后有定"的止境。不然，谁也不能真正做到普及爱于全人类啊！如《论语》上子贡问"博施济众"的事，孔子便说那是"尧舜其犹病诸"的难事。这是说，想普及恩惠给全人类，即使是圣如尧舜的善政，也不能做到尽善尽美，哪有可能做到满足天下每一个人的私心啊！

再如周公制礼，首重孝敬，但敬祖尊宗之礼，是以五服为限，所谓"亲亲之杀"，也包括"君子之泽，五世而斩"的意义。注意！这里所用这个"杀"字，并非是杀人的杀，而是现在所说的煞住，或刹车的刹一样意思。"尊贤之等"的"等"字，也包含等级差别的意思。如果说绝对没有差别才合于自由、民主、平等，那恐怕只有宗教家所说上了天堂，或到西方极乐世界去才有可能吧！其实，宗教家所说的天堂与极乐世界，也是因其善行功德的大小而有差别的。所以必须要了解，这里"尊贤之等"的"等"字，是有等差平等的意思，并不是一概盲目的平等。因此，有关为政的仁和义，孔子说，必须要有礼仪制度和法规来制限其范围，这便是"礼所生也"一句的内涵。最后又说，基层的民意如果得不到上层领导的接纳，形成上下二心，那就是不得民心，也不可能治理好国家天下了。原文是"在下位不获乎上，民不可得而治矣"。这两句话，在《中庸》本文出现两次，下文也有讲到。朱熹认为是古人传抄复出之误，便把这里的两句删去，只保留下文这两句原文。朱晦翁这个观点，不能说没有理由，虽然我们对"好古敏而求之"的治学功夫，远不及朱晦翁，只好照孔子所说"多闻阙疑，慎言其余"的态度，保留原文原貌，看来并无梗隔之处，所以在这一节结尾才这样理解。

接着，便是反复论说上文，由个人的修身开始，乃至事亲、知人、知天的学养，发挥为政在人，人存政举，人亡政息的道理。所以说："故君子不可以不修身，思修身不可以不事亲；思事亲不可以不知人；思知人不可以不知天。"这样简单明白的四句话，在我们童年的时候，只当耳边风一样，朗朗上口背诵，在先生面前有个交代，表示已经背熟了就拉倒，实在不觉得有什么了不起。可是以我个人来说，长大成人以后，步入社会，又适逢参加抗日圣战救亡图存等工作，经过人事上的历练，人生渐步入中年，这几句话如牛吃草，又从潜意识反刍出来，再默然背诵这些读过的话，才发觉先圣之言的确有令人反思敬畏之感。

首先反思人要修身真不容易，其次是父母和亲人，当时都在沦陷区，生死难卜，"故园书动经年绝，华发春催两鬓生"。正如清人黄仲则的诗所说："今日方知慈母忧，天涯涕泪自交流。"深感事亲行孝与报国尽忠，两者不可兼得的悲哀。再看到流离失所人群中的种种悲苦，以及大后方社会还有人过着醉生梦死、纸醉金迷的生活；甚之，又亲眼目睹许多家族中的纠纷，方知天下固然有不孝之子，但天下也有极不是的父母。所以对于"思事亲不可以不知人"的道理，便有恍然而悟的领会了。因此，对于《周易》蛊卦《爻辞》所谓"干父之蛊""干母之蛊"的意义，才有所了解。

天下确有不是之父母，但修身先要行孝，而行孝不可以只是盲从。又能尽孝，又能巧妙地感化父母的过错，才是真正"思事亲不可以不知人"的深意。所谓"知人"，就是要彻底了解人性和人事千差万别的状况，那是要学问和经验的结合，须从好学深思中得来。然后再进到"知天"，明白后天的人性。人性虽然是从先天的"天命之谓性"而来，但有善恶种性的差别和智、贤、愚、不肖的不同。所以在后天性相（现象）的表现上，的确各自有异，而不是先天之性的本来面目。因此《中庸》一开始，便提出"天命之谓性，率性之谓道，修道之谓教"的宗旨，是要人们的学养先到达返还天然自性，然后扩而充之。其次要知道"天命无常，唯德是辅"，就是知时知量，以配合修身和为政的作为，那就是圣智的境界，可以与天地参矣。

由以上修身、事亲、知人、知天的层次，再回转来，与个人修身学养和为政之道结合，共有五达道和三达德的指标。

五达道与三达德

"天下之达道五，所以行之者三。曰君臣也，父子也，夫妇也，昆弟也，朋友之交也。五者，天下之达道也。知、仁、勇三者，天下之达德也；所以行之者一也。或生而知之，或学而知之，或困而知之，及其知之一也。或安而行之，或利而行之，或勉强而行之，及其成功一也。"

这里所说五达道，大家都知道是人伦社会人道中的自然顺序。古代所谓的君臣，从基本学理来讲，君是主导者的代名词，臣是依附者的代名词。古人对一家之长的父亲，称为家君，过世的父亲，称为先君。对一个国家来讲，主体领导全国的便称国君。在五伦的顺序中，首先提出君臣的关系，就像现在民主时代，首先重视国家与个人的关系，也可以说首先尊重社会和国家政府的尊严。其次，便是个人和家庭的父子、夫妇、兄弟的关系。至于朋友，既等同于兄弟，又等于人与人之间的社会关系。如《论语》所记载子夏的话："四海之内皆兄弟也"，便是说明朋友之道，在人伦关系中，有时比以上四伦更为重要，那是通用于全人类社会的人道之爱和人道之情。总之，无论是过去、现在、未来的各个时代，无论任何地区、任何种族以及任何不同文化的社会，人生活在这个世界上，都离不开这五种人伦的关系，因此叫它是"天下之达道"。

至于个人在人伦社会中，无论是自己做人，或者为人群服务，或做一个领导人，或从政的人，都必须要具备知、仁、勇的三种德性。"知"字，古代与智字通用，包括知识学问和天才，无智便是愚痴。"仁"字，就是现代人所常讲的爱心、慈悲心；人如无爱心，无同情心，就叫作麻木不仁。"勇"字，就是毅力和决心，还包括任劳任怨、吃苦耐劳和敢于决断等精神，过分缺乏勇气就叫懦夫。一个人如果生来就具备这三种高明的德性，实在是一个难能可贵的非常人。其次，是三者都有，但成分不高，或是有一无二，或是有二缺一，这一类的比较多。但不能说一个人三者都没有，那是不可能的事，除非是完全白痴或植物人。因此，特别称知（智）、仁、勇三者，为天下的三达德。

但孔子又特别加以解释，说明这三者的作用，虽然名词和含义不同，但人在行为表现上，就有一种与生俱来的智德，因此说"所以行之者一也"。但是这个生来就有的智德，在后天来讲，却有利根和钝根的不同。"或生而知之"是利根；"或学而知之，或困而知之"是钝根。不论生而知之，或学而知之，或困而知之，都必须经过学问的教养，才能启发知（智）、仁、勇的功用。甚之，须受到困苦颠沛的刺激，才可以勉强学习做到。不过，无论是"生而知之，或学而知之，或困而知之"，都是凭借天性中的智德而起的作用，这是一致的。

然而，在各自的行为上，却各有差别，"或安而行之，或利而行之，或勉强而行之，及其成功一也"。这是说，如果是上根利器，"生而知之"具备知（智）、仁、勇德性的人，在他的行为上，就会自然而然地做得很安稳。如果是钝根的禀赋，必须等到有利于事功的时候，才决定用智，或用仁，或用勇。可是，在心理和行为上，还是做得非常勉强。但是，不论是"安而行之，或利而行之，或勉强而行之"，只要他能具备知（智）、仁、勇三德的行为标准，他的事业必然会成功。接着，孔子又说：

> 子曰："好学近乎知，力行近乎仁，知耻近乎勇。知斯三者，则知所以修身；知所以修身，则知所以治人；知所以治人，则知所以治天下国家矣。"

凡是一个人，平常能够勤力好学，就接近智德了；如再能做到学以致用，力行善道，就接近仁德了；如更能反省自己，知非即改，勇于认错，知道惭愧，就接近勇的德行了。总归一句话，一个人如能具有"好学""力行""知耻（惭愧）"三种美德，自然就会知道修身自立之道。一个人能够随时检点自己，知道如何修身，当然就会推而广之，明白怎样才是正己、正人、治人之道了。如果真能明白了修己治人之学，才能知道为政而治国家天下的大经大法了。

关于智、仁、勇

讲到这里，我们对《中庸》开始的原文，必须回头反复慎思、明辨。从开始提出"天命之谓性，率性之谓道，修道之谓教"的三句纲要，就可以看到子思所得父师之教的精粹，也就是内明（圣）之学。然后说到个人学养的日用，是止于至善的中和境界，这才是儒学孔门学问的精华。由此一贯地发挥，说明人性和人伦的大机大用，就是智、仁、勇三德。换言之，"天命之谓性"是智德的根源；"率性之谓道"的善行，是仁德的行持；"修道之谓教"是有勇的功用。由智德而能证得天人合一的天命之性；由仁德而能完成人伦大道的功勋；由勇德而能决断一切行为，归于止于至善的果位。

但从天性所发起作用的智、仁、勇三德，它在功用和行为的表现上虽是三个名词和三个作用，事实上，最初的也便是最高最后的根本，统归于天性之知的智德。而这个智德，与世俗所说的聪明并不相同。古人所谓的聪明，是指一般人的耳聪目明而言；而天性之知的智德，并非全借后天的耳目感官而来，所以在上古的文字中，就用神灵等字样来形容它的作用。

有关这个天性之知的智，后世的人又区分为上智、中智、下智；甚之，或分列为明智、察智、胆智、工（巧）智、术（数）智、商智、兵智、捷智、语智、艺智、闺智、杂智、贼智、浊智等，细说难详。总之，上至圣贤仙佛，下至蠢动含灵，凡是一个生命，都有它天生的智，只是成分的多少、高低明暗的程度不同而已。所以孔子说"行之者一也"，就是这个意思。例如道佛两家所谓的成仙成佛之道，也都是智慧的成就，并非另有一个什么功夫而成的。所谓功夫（工夫），是"学而知之""困而知之""利而行之""勉强而行之"的代名词而已。因此，佛学称成佛之道是大智度的成就。这种超越性的大智，并不属于世俗的聪明智慧，所以把世俗的聪明，叫作"世智辩聪"；把超越性的大智，沿用原始梵文发音，叫作"般若"。这也如《中庸》开头所说"天命之谓性"的自性本有的知智之性，是一样的道理。唯一不同之处，佛学把明心见性而证自证到"天命之谓性"的"道智"，特别命名叫"实相般若"。

　　至于一般的知识渊博，学问通达，思想高明等的一切智，就都归到"境界般若"和"文字般若"两个范围。至于因得"证自证"的道心性德所生的慈悲、布施等三千威仪，八万细行的菩萨道功德行为，就特别命名为"眷属般若"。所谓"眷属"的意义，是指慈悲、布施等一切上善的行为，都是从根本道智连带而发的作用。等于父子、夫妻、朋友一样，统统属于亲属的关系。如以智、仁、勇三德来讲，仁和勇，都是根本智德的眷属。其他如上文所讲世俗的各种智知或知智，都归于另一名词，叫它是"方便般若"。"方便"这个名词，有时是代表了一切方法的意思。例如孔子所说"及其知之一也"、"及其成功一也"，都是方便的说法。至于真正至高无上的道智，也是证自证"天命之谓性"的明心见性的根本智，是属于知无知，智无智，无知之智是为道智。

　　在东晋时期，印度东来翻译佛经的高僧鸠摩罗什法师，他的一个弟子僧肇法师，著有一篇《般若无知论》的名文，震撼千古。其实，道家的老子和庄子也有同样的论点。尤其在《庄子》的《逍遥游》与《养生主》两篇中，充分表达如老子所说"绝圣弃智"的理念。另如孔子所谓的"唯上知（智）与下愚不移"，其内涵密意，与初唐禅宗六祖慧能大师所说"下下人有上上智"，可说是同一意义。尤其在《周易·系传》上说得更加明白，如"易，无思也，无为也，寂然不动，感而遂通天下之故。非天下之至神，其孰能与于此？"因此，我们可以作个结论说：性德之智，智而无智，无智之智，是为大智，用智不如人智两忘，即是无上道谛，是大圣人的境界。（一笑）

治国平天下的九经

　　凡为天下国家有九经：曰修身也，尊贤也，亲亲也，敬大臣也，体群臣也，子庶民也，来百工也，柔远人也，怀诸侯也。修身则道立，尊贤则不惑，亲亲则诸父昆弟不怨，敬大臣则不眩，体群臣则士之报礼重，子庶民则百姓劝，来百工则财用足，柔远人则四方归之，怀诸侯则天下畏之。齐明盛服，非礼不动，所以修身也。去谗远色，贱货而贵德，所以劝贤也。尊其位，重其禄，同其好恶，所以劝亲亲也。官盛任使，所以劝大臣也。忠信重禄，所以劝士也。时使薄敛，所以劝百姓也。日省月试，既廪称事，所以劝百工也。送往迎来，嘉善而矜不能，所以柔远人也。继绝世，举废国，治乱持危，朝聘以时，厚往而薄来，所以怀诸侯也。凡为天下国家有九经，所以行之者一也。

　　接着所说的是，必须以智、仁、勇的功德，由修身开始，发展到可以知人而治人，然后扩充到治国平天下之道。因此，孔子特别提出九项大经大法的大原则。

　　"凡为天下国家有九经：曰修身也，尊贤也，亲亲也，敬大臣也，体群臣也，子庶民也，来百工也，柔远人也，怀诸侯也。"

　　这是九经的总称，下文接着有原则性的自注自释说：

　　第一"修身则道立"，这是指必须先完成个人修身的学养，明白率性而行道的正确目标和作为，才可以出而为政，担负治国平天下的责任。

　　第二"尊贤则不惑"，这是指身任治国平天下之责的人，日久月深，最容易被权位迷惑，不知不觉而陷入"师心自用"或"刚愎自用"

的自大狂之中。所以必须做到尊贤以自辅。曾子总结上古历史的经验说："用师者王，用友者霸，用徒者亡。"如商太甲师事伊尹，殷高宗师事傅说，周文王师事吕望（姜太公），都是用师者王的尊贤榜样。而齐桓公用管仲，秦缪公用百里奚，晋文公用舅犯等，越王勾践用范蠡，汉高祖刘邦用张良、陈平，刘备用诸葛亮，唐太宗用魏徵、房玄龄、杜如晦等诤臣，都是用友者霸的前例。至于一般后世的人主（老板们），都是喜欢用乖乖型服从听话的党徒们，那就是自取毁灭之道了。

有关"尊贤"的主张，在周、秦之际，各家学说大致相同。例如墨子（翟）很强调"尚贤"的重要；儒家在子思以后的孟子，又更加明白提出需要尊德尊士，做到"贤者在位，能者在职"，才是政治修明的前导。

第三"亲亲则诸父昆弟不怨"，这是从齐家之道的基础来说的，因为古代的宗法社会是以大家族为主。如果从帝王的家族恩怨、自取败亡的事例来讲，几乎历代皆有，只要仔细多读历史，就会明白，不必细说了。对于现代的所谓自由民主的政体来讲，它的原则原理也是相同的，只不过把所谓的"诸父昆弟"换成社会各阶层的民意社团，以及政党政治所谓的本党、友党、反对党等名目而已。明白了这个意义，再把所谓亲我之所亲，推广到亲他之所亲，如《论语》上孔子的话："泛爱众而亲仁"的博爱修养一样，才能减少社会各阶层的民怨。

第四"敬大臣则不眩"，这是作为最高领导者的大原则，重点在于一个"敬"字，敬重上层领导的大臣干部，犹如敬重自己一样的谦和小心，那是非常不容易做到的修养。例如现在许多大公司的老板，对于公司中的高级干部，始终有一种心态：我用他，我给他最高的权位，我付他最高待遇。像这种心态，根本没有敬重大臣的心，所以往往弄得主从之间，老板和同事之间，"凶终隙末"，两败俱伤为止。在中国的历史上，真能做到"敬大臣则不眩"的朝代，比较起来，只有北宋赵家天下的王朝最为像样。但可惜的是，赵家皇帝们都太文弱，不然的话，北宋王朝应当另有一番面目，而不亚于汉唐。最糟糕的是明朝朱家的三百年政权，对大臣还不如对家奴太监，实在卑不足道了。

第五"体群臣则士之报礼重"，这和上面"敬大臣"有相同的意义，只是在上古时代，大臣和士之间有阶级差别而已。换言之，等于现在的中央干部和省市以下的干部一样，其间的差别，不是人品和学养，而是职级的不同。如能多方体谅中下层干部的苦劳，那么中下层干部，乃至一般知识分子，自然就会以忠义还报。这样一来，上下之情一贯，就不会发生上有政策、下有对策、阳奉阴违的矛盾了。

第六"子庶民则百姓劝"，这是治国平天下的一个基本目标，都是为人民服务，也就是孟子所说"民为贵，社稷次之，君为轻"的道理。国家政权的基础，是人民和土地。因此，领导者必须爱人民，如爱自己亲生的子女一样，要有"如保赤子"的仁爱至情，才能使人民接受教化而互相规劝，养成良善的民风。

第七"来百工则财用足"，这是发展工商业经济思想的先声，同时也说明，传统的儒家和孔门之教并非轻视工商业，更不是轻商主义。在中国的历史文化上，轻商观念的形成，是由汉儒开始误导，致使魏、晋以后，在文化思想和政治措施上，只重农耕而薄视工商。由于这种观念深植人心，所以社会上始终以耕读传家作为美谈。

西方在十五世纪以后文化转型，开始重视工商业，促进实用科学的发达。这种物质文明的建设，成为西方文化的特色。而我们的一般教育，自宋元以后直到清末，依然停留在"万般皆下品，唯有读书高"的偏差思想之中。因此把儒家学说也变成读死书、死读书的呆板形态，认为那些西方人的洋玩意，不过是"奇技淫巧"，"劳民伤财"而已，不值得重视。但却忘了孔子这个"来百工则财用足"的重点教诲，后来反而把国家民族所受外侮的账，一概归到孔家学店的身上去，岂不冤哉枉也。

第八"柔远人则四方归之"，我们初读这一句，很容易理解为重视侨民或侨务。事实上，读经必须读史，就是古人所谓的"六经皆史也"。所以我们要了解，在春秋的时代，以周朝天子为中心，在中央政府所领导诸侯联邦的封建体制之下，整个中国正处在地大物博、人口不过几千万的阶段。那时开发资源，以及政治势力的动力，最重要的是人力和人才。因此，春秋战国诸侯之间，都是以招徕人才和人力为首务。正如《大学》所说："有德此有人，有人此有土，有土此有财，有财此有用"，"财聚则民散，财散则民聚"。这都是说明土地、人民、财富三者的结合，才是一个邦国政权稳固的基础。所以领导国家者，必须怀柔四方来归的远人，才能建国富国而治国。

同时更要了解，春秋战国时代，所谓知识分子的士大夫们，怀才抱负，各自谋求出路，往来于诸侯邦国之间，出谋划策，推销自己，甚为普遍。当时就有"楚材晋用"的千古名言，也是一个历史事实。如西秦的崛起，所用的名相，百里奚、蹇叔、范雎、商鞅、张仪，乃至秦始皇时代的李斯，都不是秦国本土出生的人才。但秦国的诸王，都能做到"柔远人则四方归之"，因此而能崛起边陲，终于统一了中国。

再如战国末期的齐国，因为工商业的发达，在诸侯国际间国富民强，号令东方，所以在齐宣王的时代，各国的知识分子人才，各家各派的学者专家，都集中在齐国的首都临淄。大儒如孟子、荀子，阴阳家如邹衍，乃至道家的方士们，统统都在齐国的临淄求出路，谋发展。这便是"柔远人则四方归之"的作用。

二十世纪的美国，因为移民政策，不期而遇地符合了"柔远人"的原则，所以能吸收各国一流优秀的科技人才归于己用，也节省了本国培养人才的经费，终于能在科技文明上傲视全球。这便是"柔远人则四方归之"的成果，实在值得我们深思反省。对于我们自己的未来，将何以自处，怎样才能使人才不外流，或进一步而怀柔容纳远方来归的人才，都属于重要课题。至于保护本国侨民，以及关怀外侨的政策，当然也包括在内，不必细说。

第九"怀诸侯则天下畏之"，这是上古王道政治和后世霸道政治共通的大道理。它的重心在这个"怀"字上，并非是以"畏之"为重点。"怀"字有怀服、怀思、怀念，胸怀博大，足以包容各国诸侯的内涵，也是统领天下的形容词，当然不是向别人投怀送抱的意思。有关这一句"怀诸侯则天下畏之"，在历史经验中，唯一值得研究的，是周朝初期的一两百年间。旧史所称周初封诸侯而建国的，竟有一千八百之多，而真实资料已经很难稽考了。从西周到东周的几百年来，周室王权衰落，诸侯互相吞并，在春秋的初期，仍有大小几十个诸侯邦国存在，而且有些国家根本不是姬周宗室的血缘关系。虽然周朝未能完全做到天下为公的大同之治，但至少不像秦汉以后异姓不封王的封建统治。

这种周朝王道政治的精神，本节在后文自有注释。至于春秋时代的霸道政治，研究起来，在所谓春秋五霸之中，唯一最为像样、值得研究参考的，就是齐桓公。其次是晋文公，也有一点依样画葫芦的味道。其余如宋襄公以及后起的吴、越霸业，就不足论了。总之，真能做到"怀诸侯则天下畏之"，从周秦以后的历史来讲，除了汉唐两代开国初期的气象以外，实在很少有一个合格的榜样。或者，往者已矣，来者可追，只有寄望于后之来者的作为了。

治国九经的补充

接着治国九经的法则之后，又进一步补充申述细则，共有九项。

补充一：说明领导治国者本身的内养和外用。

"齐明盛服，非礼不动，所以修身也。"这几句话，读来非常简洁，其实重点只有八个字，"齐明盛服，非礼不动"而已。但这两句话的内涵并不简单，其中有三个最重要的基本学养。

（一）"齐明"，这与《大学》所说"自天子以至于庶人，壹是皆以修身为本"的重点相同。也就是《中庸》开始所说的"喜怒哀乐之未发谓之中，发而皆中节谓之和"。这句话是中和学养境界的缩写，所以首先需要了解这个"齐"字。在古文中，"齐"就是"斋"，也就是后世所谓"斋戒沐浴"，以及世俗所谓"持斋""吃斋"的"斋"字。这里所谓的"斋"，就是澄心静虑，自净其意，斋心自律的代号。如果再进一步严格地说，便是《周易·系辞》所说"洗心退藏于密"的圣境工夫。由于斋心自净其意，才使心境清明，达到明智照耀的功用。换言之，这就等于唐代禅宗神秀禅师所说的渐修要旨。

> 身是菩提树　　心如明镜台
> 时时勤拂拭　　勿使惹尘埃

如果再进一步，能达到禅宗六祖慧能大师所说的境界：

菩提本无树　明镜亦非台
本来无一物　何处惹尘埃

那就可超凡入圣了。这也就是《大学》所谓的修身，是先由格物、致知、诚意、正心而到达的内明之学的目标。如果能这样去了解，可算是真正读懂"齐明"两个字的内涵了。

（二）"盛服"，这是儒家一贯所注重的礼仪，属于外相之学。所谓人之所以为人，必须要有严谨的衣冠来庄严外相，这样才能表示人之不同于其他的动物，所以必须要"正其衣冠，尊其瞻视"。上古以来，在儒道未分家的文化中，对于人与动物，本来都是一视同仁的，故称人类为"裸虫"。换言之，人是裸体无毛的大动物，与其他的毛虫之类，只有形象的不同而已。但因为人类有了思想文化，所以就大不同于其他的生物了。再说人文文化的开始，首先是人有了衣冠，不但可以御寒避热，并且可以装饰自己，建立起人类的尊严。因此，从上古开始，便以轩辕黄帝时代制作衣裳，为划时代的代表。从此以后，经历四五千年之久，每一个朝代，都自有"衣冠文物"，以表示本朝本代的象征。不像现代的人，反而以印度上古时期的裸形外道为美观。所以孔子在答鲁哀公问政时，首先是反复重申内养的"齐明"和外在的"盛服"，是国家领导者的自我修身的要务。

（三）"非礼不动"，我们要知道，这里所讲的"礼"字，并非单指礼貌、礼节的仪礼；"礼"字，是整体人文文化全部内涵的一个代名词。例如我们平常所谓的四书五经，其中《礼记》这一部书，内容就有三部要典（《周礼》《仪礼》《礼记》），统称"三礼"。大体来说，

《周礼》的内容，是搜罗周朝文化和政治体制，也可以说是周朝的政治哲学或宪政哲学思想的资料。《仪礼》是包括周朝继承传统文化的社会哲学和人类社会生活秩序的规范等。《礼记》是汇集整体中国传统文化的大丛典，内容非常广泛。

例如我们现在所讲的《中庸》和《大学》，以及《礼运篇》中的大同思想，只不过是《礼记》中的几篇论文而已。其余就可想而知，并不是那么简单了。因此，在这里所讲的"非礼不动"一句话，内涵非常广泛。但也可把它浓缩来讲，礼者理也。那么，所谓的"非礼不动"，就是指一切政务、事物等的措施，凡是不合理的，在"逻辑"理论上，没有经过博学、审问、慎思、明辨的，绝对不可轻举妄动。这便是秉国之钧者，以及各阶层的主管老板们，需要知道的内明外用修身之学的重点了。

补充二：说明领导治国者如何做到"选贤与能""重德尊贤"等行为上的风采。

"去谗远色，贱货而贵德，所以劝贤也"，这也只有两句话，去掉一个中介的"而"字，只有八个字，"去谗""远色""贱货""贵德"四个要点。一是不要轻易听信左右内外的谗言；二是不要贪图美色，乱搞男女关系，以免落于"玩人丧德"的陷阱之中；三是不要因为私欲爱好而贪图财货，落于"玩物丧志"的深坑之中；四是需要尊重有高尚人品的道德之士。不过，如要真正了解这四个要点对于齐家治国之道的重大关系，那就需要引用三千年来的许多历史故事来印证，恐怕又要变成专题论著的一本大书，所以现在只好从简了。

其实，在本文两句话中，把男女关系的色欲、谗言、好货三个问题连在一起，等于一个中心有三角交叉的关系，但我只想对这三个要点扼要地说明几句。先说什么叫正言和谗言。这实在很难下一个正确的定义。有时正言若反，有时反言若正，除非是听话的人具有高度明辨的慧力，心如明镜，立刻可判别清楚之外，其他无论是圣人或小人，在对人和对事的时候，或多或少，难免总有一点吹牛拍马的语气。所以身居高位要津或当上老板的时候，自己要头脑清醒才好。我常常提醒大家，清朝乾隆时代孙嘉淦的《三习一弊疏》奏折，最为重要，需要认真一读。那是一篇很有实质性的名文，无论上至帝王，下及政府官员或工商界的大小主管，都应该引为警惕的教诫。

以我个人几十年的阅历来讲，从读历史和亲眼所见的现代史中，最可怕的谗言，就是高呼万岁，高喊伟大，以及群众爆发鼓掌欢呼的声音。对这种情景，令人心有戚戚焉，不免冒出一句诗说："误尽苍生是此声"。这也是非谗言的最大谗言，应当明白。再说有关谗言的问题，只要明白古人几句名言，就可以举一而反三，自然少犯错误了。如说："来说是非者，便是是非人"，"是非终日有，不听自然无"。如能配合阅历与经验，自然就可了然于胸，运用之妙，自在一心了。其次是"色"字，不应该只从男性本位上出发，好像是专对女色来讲。例如清代名儒史学家赵瓯北，他题梓泽园（石崇的金谷园）的诗说："美人绝色原妖物，乱世多财是祸根。"这的确是两句名言，如果要解释好色和好货，只要这两句诗就够了。当然，男人好女色，女人亦好男色，"色"字所代表的祸害，是欲爱过分所发生的毛病，问题并不在美的色相上面。我们缩小范围，只拿唐代的历史来说，唐太宗并非不好女色，但没有出大问题；武则天也好男色，但她和唐太宗一样处理得当，并没有因好男色在政治上出大问题；唐明皇容易听谗言，又好玩，又好色，但在开元政治时期，并没有因这些毛病出大问题。唐明皇的问题出在晚年，在男人的更年期后，精力衰退，头脑不清，智慧、勇气都落在昏沉的阶段，因此由明君而变成昏君，所以出了大问题，使唐朝的气数，一落千丈。

至于说男女之间，长得漂亮的便叫色，那也不尽然。古人把被女人宠爱的漂亮男性叫作"面首"，这个用词很有道理，只是说头面好看而已。无论男女，真正的好色，不只是爱好面首的漂亮，而是爱上对象的某一特点或特性，正如一般俗话所说："牌打一张，色中一点。"你只要仔细观察社会上的现象，有时候，一个丑陋的男人，反被漂亮的女人所喜爱，所以漂亮的人并不是专爱漂亮的对象。"色"字，可说是男女之间专对某种爱好的代名词而已。例如唐明皇先后最爱的两个人，一个是梅妃，一个是杨玉环，如果根据历史资料来说，梅妃比杨贵妃清丽漂亮得多了。可是梅妃虽清丽且有文才，性情则比较严谨，比不上杨贵妃的浪漫，更适合唐明皇的性格。但不管如何，都不能把一个人的失败专门推过到女人的身上；更不能照骆宾王讨武曌（武则天）的檄文所说："掩袖工谗，狐媚偏能惑主"，认为就是武则天或某一女人的大罪过。况且，用手掩嘴一笑，是女性偶尔为之的天然动作，不一定就是说谗言啊！

我讲了这许多闲话，是看大家听讲《中庸》太过严肃了，也太累了，所以故意扯出这些笑话使大家开心。话说回来，爱听人讲小话，爱听别人打小报告，以及好色，都是领导者最容易犯的大毛病。你看当代美国总统的问题，不是也出在这种事上吗？如果依据学术问题来讲，爱听小话和好色的习气，都是精神不正常，在医学上是心理行为的大问题。细说难尽，只是提起大家做研究的注意而已。

至于有关好货这个问题，需要明白，古人所谓的好货，不但只对爱好财富而言，同时包括爱好物质的东西。古人常说"女人好货"，那是说女性比较爱好漂亮名贵的装饰品，如衣物、钻石、珠宝，等等，便叫好货。有关男性好货，在我们的历史上，便有好几个皇帝非常爱好聚敛财富的事例。其他如宋徽宗的爱好奇石和字画，也都属于好货之例。

在抗日战争的后期，国民政府的主席是林森先生，也许现在中年以下的人，根本不知道现代史上有这样一号人物。我们当时都习惯尊称他的表字林子超先生，他是一个品德清高、淡泊寡欲的人。我在峨眉山大坪寺闭关的时候，他正在大坪寺下面的洪椿坪寺院避暑。他虽身居一国之尊，随从只有几个人而已。也许山下看守故宫博物院文物的宪兵，兼有保护他的任务吧！有一天，当家师来说：林主席在洪椿坪，听说这里有你这样一个人在闭关，他很想上山找你谈禅。我听了便说：这一定是傅常（真吾）先生漏了嘴，因为他上山来看我，下山经过洪椿坪，可能因此被林主席知道了。我说，大坪寺的山路太险，绝对不可以让主席上山找我这个闲人。当家师又说：洪椿坪那边的师父说，主席喜欢吃素、写字、静坐，公事很少，有时候有空，还帮小和尚擦香炉。小和尚说主席擦的香炉都发亮，比谁都擦得好。我便对当家师说：你们不知道，林主席多年来只是单身一人，并无家眷，而且他还是修白骨禅观的行者呢！当家师听了大为诧异。

过了几天，我便接到傅真吾先生的信，说是由参军长吕超先生转告，林主席想上山和我谈禅。傅真吾认为不如我破例去一次洪椿坪看他，免得上山路险，怕发生意外。于是我就托当家师与洪椿坪方面联络，约定时间去看他。其实，早在六年前，我在杭州读书的时候，因为一件事，曾经写过信给他，当然他不会记得。潇洒清秀的子超先生，经常爱穿一件长衫，戴一副金边眼镜，留着胡须，慈容可掬。我们一见面，他便注目微笑看着我说：你知道袁子才归隐小仓山房时，有人送他一首咏吕纯阳的诗么？我说：主席是说"十年橐笔走神京，一遇钟离盖便倾。未必无心唐社稷，金丹一粒误先生"。这首诗么？他听了以后，便拈须微笑说：你好记性。我说：这是主席责我逃禅入山吧！他就端起茶杯说：请喝茶。

　　喝过茶后，谈了一些山上景物和其他的事，顺便看到他桌上有几张字画，还有一堆别人求他书法的宣纸，就不知不觉多看了几眼。他便说：你也欣赏字画？我说：对书法有兴趣，没有下过功夫。画嘛！更不会，只是爱好而已。他说：玩物丧志，不会更好。我接着说：家父曾经对我说过，根本不懂字画古董的是俗人；拼命收藏字画古董的是痴人。他听了回头看我一笑说：令尊讲得好，你看壁上这几张宋人的字画，能分别出真假吗？我说：外行，不敢妄语。主席说：这所有的字画，大半以上都是赝品（假货），我只爱好欣赏，并不收藏，凡是字画，能够做到以假乱真，便是高手，而且需要比真的更高明才行。况且，挂在我们这里，大概别人也不好明说是赝品，彼此心照不宣，会心一笑，岂不妙哉！我听了便说：这是狮子一滴乳，迸散十斛驴乳的话，非你老不足以语此。他听了，掀髯一笑。再谈了一阵，我就以日已迟暮，山上不好走为由立即告辞。他送到山门说：山中半日，大非易事啊！

　　他在抗战胜利以前逝世，但我始终还记得他清华绝俗的风姿，和蔼慈祥的笑容，以及淡泊如头陀的生活和作风。这是我亲自见过一位国家最高领导人"远色"和"不好货"的风格。

　　至于怎样是"贵德"而"劝贤"，在四书五经上已经说得太多了，而且也流传了两三千年，只要大家能细心去研读，自然就可融会贯通，不必再加细讲，不然就说来话长，反为累赘了。

　　补充三："尊其位，重其禄，同其好恶，所以劝亲亲也"，这在前面已说过，是古代宗法社会大家族血缘关系的亲亲之义，也是上文"亲亲则诸父昆弟不怨"的发挥。但很遗憾，在秦汉以后，被所有家天下的封建帝制私心自用，作为非同姓不封王的借口，完全失去"亲我亲而及人之亲"和"民胞物与"的博爱平等的真义。如果撇开帝王专制政体的善恶是非不讲，只谈亲族之间兄弟友爱的话，比较起来，东汉光武帝刘秀和他的儿子汉明帝刘庄，都是善于处理父子兄弟关系的人。其次便是唐明皇在开元时期，还能做到与兄弟等大被同床，这一幕也可算是千古美谈了。

补充四："官盛任使，所以劝大臣也"，这是指领导者在选贤能大臣干部以后，需要做到"用人不疑，疑人不用"的原则。所谓"官盛任使"，是说选拔大臣，事先需要注重他的才德学养。既然选定此人担任某一职责，委之以重任，在他担负责任的时候，就不要加以干预，不要使他难以发挥才能、施展抱负而功败垂成，或变成劳而无功。在历史上有关对大臣任使不专，最后铸成大错，造成严重后果的事故不少。最明显的事例，便是明朝末期，对于经略辽东的熊廷弼，以及督师蓟辽的袁崇焕，不但任使不专，反因听信小人的陷害而妄加杀害。大家只要多读历史就知道了。

补充五："忠信重禄，所以劝士也"，这是指任用一般公务员干部的原则。所谓"忠信"，有上对下与下对上两重内涵。凡是一般公务人员干部，要恪守职务，对于上级的正确指令，必须要有责任感而做到尽忠尽信。但在上级，也必须对下级干部信任才行。除此以外，更要紧的是"重禄"，对于任用干部的待遇，必须足以养家活口而有余，才能"养廉"，达到廉洁自律的功效。如果要求部属人人节操如圣贤，用之如牛马，防之如盗贼，那便如俗话所说：又要马儿跑，又要马儿不吃草，行吗？

补充六:"时使薄敛,所以劝百姓也",从古到今,诸子百家的学说,大多主张在财政税收上做到轻税、薄税。强调一点来说,几乎一部二十六史,便是一部财经税收兴衰恩怨的账簿。它和人类战争史一样,百年之内,几乎很少看到未发生民怨的情形。希望专门研究财政、经济、税务的专家学者,能够提出一个百年大计的长治久安的财税之道,然后再来讲民主、自由和大同之治,那样才可以说,虽不中,不远矣。

补充七:"日省月试,既廪称事,所以劝百工也",这是古代对于百工技艺工业管理的原则。但在讲解这句话之先,必须知道古人对"既"字读作"厩",就是像现代的厂房或工作坊。"廪"也包含食禄和工资的意义。所以他说到奖励百工技术发展的管理方法,必须要做到周密管理,每天每月,必要测试其进步和业绩,并且在服务和权利之间,要待遇公平,才能使工业有发展。照此看来,早在两千多年前,孔子已经首先提出工商业管理的大原则和大道理。只可惜从秦汉以后,一般冒称尊儒尊孔的帝王和自认从儒学出身的大臣们,一直没有真正实行孔子的思想学说,那是多么地冤枉,多么地遗憾啊!

补充八:"送往迎来,嘉善而矜不能,所以柔远人也",这一项"柔远人"的理念,在前面已经扼要地讲过。它的重点作用是因春秋战国时期,各国诸侯之间,如要图强称霸,必须引进外来的奇才异能之士成为己用。但对于人才,必须测试和甄别,如果真是高明之士,无论是外来或本有的,就要"嘉善"(奖励)而加以任用。倘使是徒有虚名、不符实际的,要同情包容,但以尊重自己本有的人才为主,应当自矜自尊,不必太过自卑。否则,便如俗话所说"外来的和尚会念经",那也未必尽然,外来的和尚,有时念的经,并不见得比自己的好多少啊!

补充九:"继绝世,举废国,治乱持危,朝聘以时,厚往而薄来,所以怀诸侯也",这是"怀诸侯则天下畏之"一节的补充。所谓"继绝世,举废国",以及"治乱持危"的理念,就是中国文化中对国际和平共存的传统信念。从西(公)元前二三五七年唐尧以前开始,已达四五千年不变。如果要正确研究,必须从《尚书·尧典》和《春秋·公羊传》《论语·尧曰篇》等资料来说明,才较明白。但在上古史上,真能实施这个政治理念的,唯有周朝建国之初实行分封诸侯、"兴灭继绝"的作为,最为明显。

例如《尚书》首篇《虞书·尧典》,记载唐尧的王道政治所说,"克明俊德,以亲九族。九族既睦,平章百姓。百姓昭明,协和万邦。黎民于变时雍"。《论语·尧曰篇》则说:"谨权量,审法度,修废官,四方之政行焉。兴灭国,继绝世,举逸民,天下之民归心焉。"《春秋·公羊传》僖公十七年,记载齐桓公的霸业,也说"桓公尝有继绝存亡之功"云云,这都是说明"兴灭继绝""治乱持危",是中国传统文化王道或霸道治国平天下的目标。并不是像秦汉后那些假借仁义实行家天下帝王的霸业那样,是以诛灭九族、赶尽杀绝为能事的。

在东西方人类历史上,最明显的史实,是周朝的建国,领导固有的八百诸侯革命,推翻了殷纣危乱的政权,重新分配诸侯的治地,组成一千多国的联邦政体。诸侯则各自为政,分治其国,只是拱奉周朝为中央政府的共主。但中央共主周朝的治地,也不过是"邦畿千里"而已。至于各诸侯国的治地,大的不过百里,小的不过数十里,这就是周制"治乱持危"以后的约略情况。而历史记载,周初"大封建诸侯于天下"的事,则是:"封神农之后于焦,黄帝之后于祝,帝尧之后于蓟,帝舜之后于陈,大禹之后于杞。"周武王灭商后,"封纣

（王）子武庚为殷侯，使管叔、蔡叔、霍叔监殷"。

其中所谓神农、黄帝、尧、舜、禹的后代，在周朝以前的历史上，都是先朝，但周却秉着"兴灭继绝"的政治伦理道德，重新找出这些先朝的后代，加以封建为诸侯。有些诸侯，一直随周朝七百余年而并存，最后统一于秦政。因此在《中庸》下篇，便特别提出孔子的政治哲学理念，就是"祖述尧舜，宪章文武"的意思。

从人类历史的观点来讲，这种"兴灭继绝""治乱持危"的政治理念和事实，如果仔细去检读埃及、希腊、印度的上古历史文化，在西（公）元前一一二二年以前，绝对没有出现过像《中庸》这种高尚的人文思想理念。他们的历史，只有以强权征服邻邦，认为强权就是公理。至于后世国际的帝国主义思想，则是以强占邻国主权、奴役落后地区人民为理所当然的事。到了现代，国际上自夸是自由、民主、人权的文明国家，却强行瓜分其他国家，或东西划界，或南北划线，借此攫取别人的资源财货为己用，而以国际霸主自居，并不明了真正的王霸之道，甚为可叹。

中国从秦汉以后，历代家天下的帝王制度，如唐、宋、元、明、清，朝代政体变革虽各有异同，但都遵守传统儒家之教，对待周边的藩属国，如朝鲜、琉球、越南、缅甸、泰国，甚之日本等，仍然秉承"朝聘以时，厚往而薄来"的精神传统。当这些藩属国家有内乱时，也只是因应他们的恳求，不得已而派兵弭乱，等到平定以后，便班师回朝，从来不留驻重兵，更不会占据邻邦的土地或资源财富，只不过要他们定期来朝进贡而已。但对来朝进贡的国家，仍然是依照"厚往而薄来"的古训，做的是赔本生意，回送他们的礼品，远超过他们的贡品。因为传统文化的教育，认为这样才是处理国际而"怀诸侯"的美德，这也是历史上无可否认的事实。希望后之来者，必须要有鉴古知今的学识，才能对待将来啊！

接着下一句是"凡为天下国家有九经，所以行之者一也"，这是孔子答哀公问政全篇的总结语。但这里所谓"所以行之者一也"的"一"字，照宋儒朱子的注解，认为是一于"诚意"。可能他是从下文专讲诚意的"诚"字所得的启发，因此，便连带上文"知、仁、勇三者……所以行之者一也"也统统都归到一个"诚意"，把《中庸》全文的主旨，就一概圈定在诚学之中。这种说法，未免有以偏概全之嫌，后世的儒家学者们并不完全同意，早有异议。

其实，这里所讲为天下国家的九经，从孔子答哀公问政开始，连接上下贯通的文字，就已说明"为政在人"是其重点。所谓"人存政举，人亡政息"，就是要点所在。因为"为政在人"，所以提出"为天下国家有九经"的首要重心，就是为政的领导者先能修身正己，然后才可正人，意思就是"人能弘道，非道弘人"。"所以行之者一也"这句话，岂不就是指反身而诚，事在人为吗？这样理解，便与《大学》的"物格而后知至，知至而后意诚，意诚而后心正，心正而后身修，身修而后家齐，家齐而后国治，国治而后天下平"的主旨一贯并且完全吻合了。下面接着再加说明上至帝王将相，下及任何个人，要想立身处世，成功立业，必须先要知道一个共通的法则，就是有关言语、行为和对事对人的大原则之道了。

谋而后动

凡事豫则立，不豫则废。言前定则不跲，事前定则不困，行前定则不疚，道前定则不穷。

讲到这里，我们首先需要了解"豫"和"跲"两个字的含义。"豫"字，包含从容优裕，以及事先要有备无患的意义；"跲"字，有并足难行的意义。至于"困"字和"疚"字的意义，大家都知道，不必另作解释。"凡事豫则立，不豫则废"，这是说凡是做人处世，事先必须要有周详的准备，到了行事的时候，便可悠游自在，顺理成章；就算遇到纷扰变动，也不惊不乱，能如此，则可以建功立业。如果事先没有预备周详，冒昧从事，就会劳而无功或功败垂成而作废。这不但是处世的首先原则，就以做人来讲，一个人从幼年接受教育开始，直到后来的一生，也必须随时随地"学而时习之"，才能有成。因此可知，一切教育和学问，也都是为了"豫则立，不豫则废"的作用。

"言前定则不跲"，这是教诫我们讲话的修养，尤其是在位当权的人，不可信口开河，随便乱说。必须事先谨慎思考，做到言而有信，能说必能行，说到必定做到。如果说了不算数，或者随便应付，或是自己说过就忘了，那就等于自己右脚踩着左脚，结果是寸步难行，走不通的。"事前定则不困"，这是说凡做任何一件事，事先必须知道或成或败，以及其优点和缺点，有正面必有反面等作用，然后确定计划，防患未然，这样才不会遭遇太多太大的困难。

"行前定则不疚"，凡是一个人有任何举动，或做任何事，都叫作行为，尤其是从政者或其他建功立业的人，都需要事先有预定的抉择，尽量减少后悔，以免事后内疚。甚之，一个普通的人，对于生活衣食等平常行事，也是如此。"道前定则不穷"，这里所说的"道"字，是指做人处世准则的"道"，也可以比喻为开一条道路的道，事先也是要有周全的准备和计划，才不会走到穷途末路或水尽山穷，无法回头。总之，这里所说有关做人处世的言语、行为的道理，统统都是从"凡事豫则立，不豫则废"的原则出发。"豫"字的意义，也就是《中庸》的"从容中道"，以及"君子而时中"的大机大用。先要能把握到"豫"字的学养，才可能切入"知至而后意诚"的修身要妙。因此，下文对诚意和修身的关键，就提出反复的辨证。

> 在下位不获乎上，民不可得而治矣。获乎上有道，不信乎
> 朋友，不获乎上矣。信乎朋友有道，不顺乎亲，不信乎朋友矣。
> 顺乎亲有道，反诸身不诚，不顺乎亲矣。诚身有道，不明乎善，
> 不诚乎身矣。

本节的原文，又出现"在下位不获乎上，民不可得而治矣"两句，似乎是前文的重复，所以朱注便把上文两句删去，只保留在这一节里。但我们却认为，上文这两句的重点，是说明由上对下尊贤之礼；而本节里的次序，却是由个人修养的本位说起，做到下学而上达，恰与上文有上下正反照应的作用。即使是千古以来的衍文，也并没有差错，所以不妨保持原样，"多闻阙疑"，照旧可以理解得通。

这句话是说，普通一个人，如果不能做到下学而上达，得不到在位者的知遇，就不能施展平生学养与抱负，当然更无法由从政而治国利民了。但野有遗贤，也不能说完全是在上位者的错，应当自我反省，是否自己平常就未被人信任揄扬？为什么自己没有被朋友（社会）信任揄扬？由于自己对父母亲属没有做到合于人伦之道的孝顺品行，所以得不到朋友（社会）的赞许和信任。

在周秦之先，选择士类，首重孝行。即如首先实行选举取士的西汉武帝时期，也是秉承孔孟之教，以孝和廉为基本选拔贤才的标

准。所以到了明清时代，把考取的举人称作"孝廉"，就是这个意思。

　　一个人为什么做不到孝于父母、和顺家人的德行呢？由于不能自我反省，没有做到真正的至诚。为什么不能做到至诚呢？因为不明白怎样才是"止于至善"的学养，所以就达不到"诚乎身"的境界了。

　　讲到这里，我们已经可以明白了解《中庸》的"天命之谓性，率性之谓道，修道之谓教"，是说天人之际性命互通的基本原理，也就是由天道的天性，互通于人道的人性说起，然后说明在学养到达"致中和，天地位焉，万物育焉"的中和境界时，便是"内明"性天风月的第一义谛。然后依性起修，"穷则独善其身，达则兼善天下"，则可以从事"外用"于治国平天下的功勋事业了。这是《中庸》全文直指见性的前提，是从人道修心养性开始，再返合于天性自然之道的德行。到此为止，应该是《中庸》的"上论"。

　　接着下文，是说明如何才能下学而上达，实证天人之际的大机大用，那就需要从反身而诚做起，才能达到复性境界的真正造诣。由这里开始，可说是《中庸》的"下论"。那么，所谓的诚至和至诚，究竟是怎样一回事呢？这便是《中庸》所阐说的"至诚无息"，内明与外用兼得的妙用。

下　论

反身而诚的真识

诚者，天之道也。诚之者，人之道也。诚者，不勉而中，不思而得，从容中道，圣人也。诚之者，择善而固执之者也。博学之，审问之，慎思之，明辨之，笃行之。有弗学，学之弗能弗措也。有弗问，问之弗知弗措也。有弗思，思之弗得弗措也。有弗辨，辨之弗明弗措也。有弗行，行之弗笃弗措也。人一能之，己百之；人十能之，己千之。果能此道矣，虽愚必明，虽柔必强。

我们必须了解，研读《中庸》到此，才是《中庸》学问修养最中心的关键。同时更要记住，《中庸》开宗明义所说"天命之谓性，率性之谓道，修道之谓教"的三纲领。那么，我们如何才能达到率性之道，而证得天命的本有之性呢？在本节的开始，他就提出一个"诚"字，作为方便法门。

"诚者，天之道也。诚之者，人之道也。"这是说，"诚"是形而上自然本自具足的先天自性的一个功用，也可以说它是一个表诠的名相。因为天命之性本自具足一切功能，所以说："诚者，天之道也。""诚"，就是天性本具率真的直道，但人出生后的后天人性，却需要借重学养修行，才能返合于本有具足的自性，所以说："诚之者，人之道也。"人能自诚其心，达到"至诚"的境界，才是人道学养最重要的造诣。其实，《中庸》所谓的"诚"，和《大学》所说的诚意，可以说是同一内涵，但有不同的功用。

《大学》所谓的诚意，是人能诚之的作用，必须先从意念做起。《中庸》在这里不说意的作用，只是直接说明诚心的本地风光。所以接着便直接说明诚心的功用境界："诚者，不勉而中，不思而得，从容中道，圣人也。"这是直指人心，从"诚"的因地起修，达到"至诚"境界的描述。但所谓"不勉而中"的"中"字，切莫当作中央的中字来读，必须用中州音来读，要读"仲"，就像打靶打中了的中（音仲）才对。"不勉"，就是不需要用心用力，不用一点勉强就中入无功用道的境界。"不思而得"，不是用思想意识去求得的，那是不可思议的境界，需要放下一切思维意识，绝对没有一点想象或妄念才能达到的境。如果你学养到达"不勉而中，不思而得"的无功用道，那么，你的行住坐卧、言谈举止都是从从容容，那就是无往而不合于中道了。

但这是圣人的境界，不是用心思方法或任何秘密法门，或一种什么功夫所能做到的。其实，只要放下一切思维、寻思、把捉、揣摩等的杂乱妄心，坦然而住，不思、不想、不寻究，对于一切心思杂念放任自然，由它自来自去，不随它转，只是不迎不拒，不随不去，坦荡胸怀，了然不着。由此渐进，涵养功深，就可接近"不勉而中，不思而得"，自能启发圣智的功用了。如果不能一举而超然直达圣境，那就必须要反身而诚，下学而上达，所谓"择善而固执之者也"。那么，择善是择个什么善？固执是固个什么执呢？

关于什么是"择善而固执"的问题，我们先搁置什么是至真、至善、至美的形而上学不谈，只说后天人性所认为的善和固执的道理。其实从人类整体文化来讲，无论西方或东方，一切教育、宗教、政治意识、哲学和科学的思想，它的终极目的，都是教导人们"择善而固执"。什么宇宙观、人生观、价值观念等，始终没有离开教人"择善而固执"的理论和目标。最明显的实例，便是宗教"择善而固执"的方法。如教人向最信仰的主宰祈求和祷告、礼拜，甚之，心心念念，念诵一句特称和名号，如主啊、神啊、佛啊、菩萨啊、天啊、父啊、母（妈）啊，乃至无义理可解释的真言咒语等。这些都是根据宗教的教义理念而特定，作为信仰和修行的规则，也就是"择善而固执"的作用。至于周、秦以后的儒家学者，并没有像宗教那样，特定一个名言作为总体专一的信仰。但到了宋朝，由于宋儒理学门派的兴起，便根据《大学》《中庸》的理念，认定以"主敬"或"存诚"作为"择善而固执"的学养标准，把原始儒家博大精深的学说，也变成类似宗教式的学问方法了。那么，宋儒理学家们是怎样变出这种花样呢？事实上，就是从《中庸》这一段话，建立了一个有分别影像、有义理可循的模式。

但《中庸》的原旨并没有叫你去"主敬"或"存诚"，而只是说，万一你不能直接到达"不勉而中，不思而得，从容中道"的圣智境界，那就要"择善而固执之"，才能达到"诚"的中道。至于怎样去择善，怎样去固执，他就提出下学而上达的五个学养方法，所谓"博学之、审问之、慎思之、明辨之、笃行之"。

"博学"，应当以孔子作榜样，不可固守一门学识，而困于主观成见的藩篱之中。"审问"，是对任何一种学问，都要穷源考究清楚，不可落于盲从或迷信。"慎思"，是将所学所闻加以理性的思考。"明辨"，等于后世所说要加以科学的、逻辑的分析和归纳。经由以上的四种治学过程，确定了理之所在，便要在做人做事方面实践，所以叫作"笃行"。换言之，"博学""审问""慎思""明辨"四种是"择善"；"笃行"便需要"固执"。下文是对这五个学养方法的说明：

"有弗学，学之弗能弗措也"，这是说，如果没有学习，或者学习不好、学习不到家，你就不要冒昧去做实验吧！

"有弗问，问之弗知弗措也"，这是说，你不懂的话，就要去求学，向知道的人请教。如不肯去求学求教，或求学求教后仍没有彻底明白，那你就不要随便去实施吧！

"有弗思，思之弗得弗措也"，如果你也学了，也经过自己的思考，还是没有想通，没有彻底明白，那也不可以将就去做。

"有弗辨，辨之弗明弗措也"，假使你把所学的经过思考和辨证仍然还是弄不清楚，于心不安，你就不可以随便去做。这都是说明"择善"须精细，然后才可去实践。

"有弗行，行之弗笃弗措也"，最后，重点是在知道学理以后的实践。但在实践的过程中，必须要秉持"择善而固执"的精神去"笃行"，不可半途而废，必须要坚持精进，实行彻底，才能有成。"措"，是坚持做到终点或做到最后的意思。

因此说，照这五个求学的方法去做，不急于求成功，只要重视彻底实践即可。

"人一能之，己百之。人十能之，己千之。果能此道矣，虽愚必明，虽柔必强。"看到别人一学就会，不必羡慕，不要气馁，你就准备用百倍的努力去完成。别人用十分的努力成功，你就准备千倍的努力去完成。总之，只要以"不问收获，只问耕耘"的精神去"笃行"，虽然是最愚笨的人，最后必然会明白；虽然是最优柔寡断的人，最后必然会坚强刚毅起来。

　　由于《中庸》在这里所说的"博学""审问""慎思""明辨""笃行"五种做学问的方法和程序，如用比较哲学、比较宗教的教学方法来对照，发现唯一和这个理念相似的，大概就只有中国的佛学了。佛学根据大小乘所说的"闻、思、修"的修行理念，提出"信、解、行、证"的修行次第，建立"教、理、行、果"四个综合的教法。例如佛经首重"多闻"，就同"博学"的意义相同；佛经的问答，先说"谛听"，就与"审问"同一作用；佛学的修行，注重正思维去修"禅观"及"观想"，就和"慎思"的意义相同；所有的经论著述，必须注重"因明"（逻辑），就是以"明辨"为主旨；最后要求达到真修实证的"行证"和"行果"，这和"笃行"的理念就完全一致。

　　因此，在魏晋南北朝时期，大量翻译的佛经多有采用《大学》、《中庸》中的名词作基础，使佛学在中国文化中很快就被融汇为一体。再加上平民宗教的外观，佛学终于普及民间而流行不衰了。到了隋唐以后，禅宗三祖僧璨大师以平易语体说教的《信心铭》，同样提出"至道无难，唯嫌拣择。但莫憎爱，洞然明白。毫厘有差，天地悬隔"等开示，也是说明择善固执的重要，并非是绝对不用文字语言就可悟道的。这也等于掺合"博学""审问""慎思""明辨"的理念，"即此用，离此用"而已。总之，由"博学""审问""慎思""明辨""择善而固执"的理念，也就是阐明"大学之道"，是"笃行""止于至善"的普及法门。

《中庸》的顿悟与渐修

　　自诚明谓之性，自明诚谓之教。诚则明矣，明则诚矣。唯天下至诚，为能尽其性。能尽其性，则能尽人之性。能尽人之性，则能尽物之性。能尽物之性，则可以赞天地之化育。可以赞天地之化育，则可以与天地参矣。

大家要注意，我们讲《中庸》时，开宗明义就说过什么是天性之道和修道之教。你只要熟读原文，用"以经注经"的办法，自然就会通达。现在从本节开始，他明白地注释说："自诚明谓之性，自明诚谓之教。诚则明矣，明则诚矣。"这四句话只有两个要点，就是由"诚"到"明"，由"明"到"诚"。这里所用的"明"，就是明明白白悟道的明，与"大学之道，在明明德"的明是同一内涵，是天命本有之性的性德。"诚"，就是"不勉而中，不思而得，从容中道"，是天性自然的直道境界。总之，天人之际的自性，本来就是上下古今亘古不变、圆明寂照的直道。

如果你能生而自知，自己本来处在无思、无虑、无为的直道诚性的境界中，那就可以自己明悟自性的妙用，所以叫作"自诚明谓之性"。

如果你迷失了本自诚明的作用，那就要从后天开始修习，先能够明心见性，自然而然也就达到明悟至诚的境界了，这就叫作"自明诚谓之教"。

你如了解了这两个要点的说法，就可以知道中国的禅宗心法，有"顿悟"与"渐修"两种方便法门。其实，它和《中庸》的"诚则明""明则诚"之教完全相似。由"诚"而自"明"是"顿悟"；从"明"后而自"诚"是"渐修"。但无论由"顿悟"见性，或是由"渐修"见性，对于天命自性的本来都是一样的，并无什么先后高低的差别。正如《中庸》所说"诚则明矣，明则诚矣"，只是文字语言次序上有先后而已。最重要的，是在于本身的真知灼见，在真修实证见性以后，必然会由性德的诚性而自起至诚作用。因此便说："唯天下至诚，为能尽其性。能尽其性，则能尽人之性。能尽人之性，则能尽物之性。能尽物之性，则可以赞天地之化育。可以赞天地之化育，则可以与天地参矣。"

我们读了这一节优美的论文，虽然明白了自性本自"诚明"的妙用，但却在"诚明"之外，似乎又多了一个名词"至诚"。是不是另有道理呢？答案是有道理的，但很难解释得清楚。如果借用佛家的学理来比喻，就比较容易了解了。佛学把悟道成圣的本有自性，叫作"本觉"；从后天的生命，重新修行而悟道见性的，叫作"始觉"。"本觉"起"始觉"，"始觉"觉"本觉"，本来是一而二，二而一，并无差别。

由于一般人喜欢从学问论辩来讲，所以佛家又用"智觉"的理念，把悟到本觉自性的明智叫作"根本智"。再把悟后起修，洞明世间和出世间的种种个别智慧，叫"差别智"。我们知道了佛学的这种"明辨"论理以后，再回转来了解《中庸》由"诚"而到"至诚"，的确就有它的界说了。其初所谓的"诚"，是"天命之谓性"的性德本有的妙用，等于是"本觉"灵明的"根本智"。后来所说的"至诚"，等于是"始觉"自性以后，依性起修，明悟所有人性、物性种种差别的作用，这是"始觉"以后的"差别智"。若能藉此理解，便可知道本节所说"唯天下至诚，为能尽其性"。然后，能尽知一切人的本性，原来本自平等，本自具足。

但只尽知人之性还不彻底，要进一步尽知万物的自性，其与人性也是一体并没有差别的。然后才可明白心物一元，人性、物性息息相关的妙用，才能达到"可以赞天地之化育，则可以与天地参矣"，才能完成人的生命功能的价值，那是与天地并存并立的，可以参与并赞助天地化生万物，养育万物的功德。所以传统文化把天、地、人称为宇宙之间的三才。"参"字，同时包含有数学"三"字的意义。

> 其次致曲。曲能有诚，诚则形，形则著，著则明，明则动，动则变，变则化。唯天下至诚为能化。

其次，为了说明天性的"诚"和人性"至诚"的效应，就提出先修后悟或悟后起修经由"致曲"的重要。"致曲"这个名词，在《周易·系传上》早已提出，说："范围天地之化而不过，曲成万物而不遗"，这就是"致曲"理念的根源。老子也有"曲则全"的说法。"致曲"，是宇宙万物自然的法则，也是人性和物理变化的规律。因为形而上天性本自的功能，是"〇"的，在《易经·系传上》的解说，叫它是专一的，也可以叫它是空的。因为它是无形象可见，无大小内外可分别，又是无边际的广大，人们姑且把这种功能定名叫作静态，但它并不是真实固定的恒静。其实，静态只是无边际，无方位，运行不息，极广大的恒动。因此，人们把这种运行不息的本有功能，姑且定名叫作直道，也可以说它是本有的空性。空，是指本有的功能而言；直，是指本有功能的作用而言。但在它形成空间和时间的宇宙物理中，根本是曲线旋转，形成了圆周的现象，并非真实有一个直线的作用。人们所谓的直线，只是把短的曲线分段，叫作直线，其实，在本源上，并无曲直内外之分。宇宙万物，都在这种曲直交互的作用中，形成生命和物理的现象。

同样的类比，我们的精神、意识、思维、情绪等的作用，也都跳不出这个曲成范围的规律。譬如人的意念和思维，根本就不是单一直线的作用，它是由生理和心理的交曲而形成来来往往，反复回旋，一点一滴，断断续续，连接构成了方圆曲直的心态表象。好了，我只能讲到这里为止，如果循这个思路去发挥，又是另一题目，离开本题就太远了。

现在我们只能照《中庸》本节的思路收紧范围，只在人性心意识的作用方面，来说由"致曲"到"至诚"的变化。因此，我们必须先要了解"天命之性"的性德，它本来便是"寂然不动"，圆明清静，"感而遂通"，自能照临一切的事物。但人们由"天命之性"所赋予的功能，生身为后天的人性以后，做不到"不勉而中，不思而得，从容中道"原本性德的圣境，始终落在后天心意识所起回旋曲折的作用之中，不能自主。如果学养想达到返本还原，重新返还"从容中道"的性德，就要从性德功能的诚意上起修，这就是"其次致曲，曲能有诚"的奥秘。同时也是说明"大学之道"，"知至而后意诚，意诚而后心正，心正而后身修"的内涵。

所以说，由"致曲"到"诚""形""著""明""动""变"六个程序，才完成了"至诚为能化"的大机大用。这才是子思启先圣之绝学，发祖德之幽光，阐师道之庄严的千古伟论；也是孔门儒学心法的真传，可以作为佛、道两家修证奥秘方法的明显注解，希望你们大家不可等闲视之。这八个原则的次序，包含六步修养的功夫，等于《易经》的原理：先天的基本现象唯八卦，后天的动用只六爻。它与心理、精神、医学等科学息息相关，内含真修实证的许多境象和理则。真不明白宋儒理学家们为什么只注重"博学""审问""慎思""明辨"，把它们作为"集义之所生"的"道问学"的主旨；甚至还与"尊德性"的主张互相争辩，而不切实从心理精神的实验科学上着手。这实在是传统学术上一大憾事。

　　至诚之道，可以前知。国家将兴，必有祯祥；国家将亡，必有妖孽。见乎蓍龟，动乎四体。祸福将至，善必先知之，不善必先知之，故至诚如神。诚者自成也，而道自道也。诚者物之终始，不诚无物，是故君子诚之为贵。诚者非自成己而已也，所以成物也。成己，仁也；成物，知也。性之德也，合外内之道也，故时措之宜也。

　　接着是说"曲能有诚"的学养，当你自修到"至诚"的最高境界时，自性自然就会有前知的功能。这也就是一般人盲目追求、盲从迷信神通妙用的说明。前知和神而通之的神通，在天人之际本有的性命功能上是本自具足的，是不必用什么修证的方法而求得的。他先举出大的方面来说，"国家将兴，必有祯祥；国家将亡，必有妖孽"。只要你明白了《易经》"象""数"的法则，或藉蓍草或龟甲等卜筮的作用，也可知道，如果你本身学养有素，就在你本身的身体上，也自有触受感应。

　　所谓诚于中者，必形于外，祸啊、福啊，善的、恶的，自然会在你心性寂静的境界上产生预感和先知。问题是，你本身是否真能做到"至诚"。所以说"故至诚如神"，能够做到"至诚"，自己就有神通，不需要外求什么先知和神通了。

　　说到这里，又进一步说明，"诚者自成也，而道自道也"。所谓达到"至诚"境界的"诚"之作用，不是从痴心妄想或是用各种虚幻的神秘方法达到的。"诚"是由你本心一念不生，"不勉而中，不思而得"，本自圆成的。所谓"率性之道"，也不是假借妄想或外物而修成的。"道"是由"率性"的自道，也不是你有为有修而增加的，它是不增不减、本自现前的。总之，"诚"，是心物同源、生生不已的功能。万物由生到灭、由无到有的生命，便是天命自性所生诚性直道的作用，所以说"诚者物之终始"。万物如果没有自性功能"诚"的能力，那就根本没有物象的呈现存在了。所以说君子的学养，必须要了解"诚之为贵"。"诚"，不是自己修学成功便了事，同时也需为使一切众生与万物能达到有福同享的境地才对。

因此，更要明白，成己与成人，还只是"仁"的向上半提而已。如果在成己以后，更要成就人人，而且能成就众生与万物，同登圣境，那才是大智大慧"心能转物"的向上全提。而大仁慈的"仁德"和大成就的"智德"，都是天人之际本有自性的德用。无论是自修"内明"之学，或是用于外在的治国平天下之道，它都是由"天命之性"的性德功用而成就。因为性德本自具有"智德"和"仁德"的内涵，只是运用之妙，存乎一心的"至诚"，能如此，则随时随处无往而不宜了。

天地万物存在的元始功能

《中庸》讲到这里，便转进一层，说明"至诚无息"，也就是天地万物形成和存在的元始功能。但诚德的本身，它既不是物理的，也不是心理的，它是形而上"天命之性"性德本具的功能，它是心物一元生生不已的原动力。人类的一切宗教、哲学、科学等，都把它冠上一个特别的名称，有的是神格化，有的是唯物化。只有佛学，比较用理性化的名称，叫它是"业力"，"业"字包括一切善业、恶业、无记业，是三种行为动力的总汇。唯一不同的，便是传统文化儒家的孔门教义，尤其是子思在《中庸》上把这种心物一元，天地万物与人性同体的原动功能，用人道的人格化来命名，叫它是"诚"和"至诚"。这就充分表达孔门之教是以人道的人伦道德为基本，进而修德进业而达天德，最终完成天人之际性命根源之道。大家明白了这个理路，再来读《中庸》的下文，便可迎刃而解，知道他说"至诚无息"之道，便是天、地、人三才生生不已的根源。

> 故至诚无息，不息则久，久则征，征则悠远，悠远则博厚，博厚则高明。博厚所以载物也，高明所以覆物也，悠久所以成物也。博厚配地，高明配天，悠久无疆。如此者不见而章，不动而变，无为而成，天地之道可一言而尽也，其为物不贰，则其生物不测。天地之道，博也，厚也，高也，明也，悠也，久也。

我们明白了上文"诚者物之终始，不诚无物，是故君子诚之为贵。诚者非自成己而已也，所以成物也。成己，仁也；成物，知也。性之德也，合外内之道也，故时措之宜也"，便知"至诚无息"的作用，就是天地万物与众生性命相通，生生不息的诚道之妙用。同时，你也可了解《周易·乾卦象辞》所说"天行健，君子以自强不息"的意义了。天地之道，何以能永远强健而运行不息呢？因为天地宇宙万物，始终有一个无形无相而生生不已的中心动力的存在，它在人道生命的精神心意识上，就是诚之至诚的作用。所以他说，因为有"至诚无息"的性德，才顺序产生天地宇宙时空长存的永久性。"不息则久，久则征，征则悠远，悠远则博厚，博厚则高明。"然后再来自行解释形成天地的现象，便有"博厚所以载物也，高明所以覆物也，悠久所以成物也。博厚配地，高明配天，悠久无疆。如此者不见而章"，那个能造成万物而使它彰显功能的，是无形象，看不见的。

"不动而变"，那个能使万物有生命原动力的功用，表面看来好像没有动作，根本没有动过一样。"无为而成"，因此，人们只觉得它什么都没有做过，一点都无所为似的。事实上，万物都是由这种似乎不明显、不变动、无所为的功能而形成的。"天地之道可一言而尽也，其为物不贰"，宇宙万物的形成和存在，只是一个功能，所谓不二就是一。"则其生物不测"，那个唯一不二的总体功能，它能生万物，但你是无法猜测称量它的。总之，"天地之道"，只有六个明显的现象和作用，那就是"博也，厚也，高也，明也，悠也，久也"，如此而已。

接着，下文说明天地生物载物的"博厚""高明""悠久"的德性，提示人们应当效法天地的盛德。最后举例，用周文王的学养和德业作表率，说明由人道而达天德的作为。

今夫天，斯昭昭之多，及其无穷也，日月星辰系焉，万物覆焉。今夫地，一撮土之多，及其广厚，载华（山）岳而不重，振河海而不泄，万物载焉。今夫山，一卷石之多，及其广大，草木生之，禽兽居之，宝藏兴焉。今夫水，一勺之多，及其不测，鼋鼍蛟龙鱼鳖生焉，货财殖焉。《诗》曰："维天之命，于穆不已"，盖曰天之所以为天也。"于乎不显，文王之德之纯"，盖曰文王之所以为文也，纯亦不已。

现在我们仰头看天，能够用肉眼明明白白看到的天空没有多大。事实上，天体是无穷大的，在太阳和月亮以外，还有许许多多的星球和银河系统。这些无量无数的星辰，都和我们所看到的天空联系一起，构成一幅天体图案，万物都在它的盖覆之下。

至于我们所立足的大地，它原来的泥土只有一小撮那么多。但由无穷数的小撮泥土，凝积成为极其广厚的地球，承载那么多的山岳而不重，江河海洋振动奔流而不外泄，同时又负载万物在地上成长。

我们再看看那些地球上的高山吧，它原来也只是一些小石子所卷成的大石块，无数的大小石块堆积成了广大的高山，"草木生之，禽兽居之"，而且还贮蓄了许多宝贵的矿藏。

至于地球上的水啊，它的来源，本来只有一小勺之多，但积聚成江河海洋以后，那些水族的生物，如鼋、鼍、蛟、龙、鱼、鳖，就都在它的领域中生存，而且繁殖了许多人类财货的资源。

所以《诗经·周颂·维天之命》上说："维天之命，于穆不已。"这是说上天赋予所有生命的功能，真是太奥妙而高深莫测了。这就是"天之所以为天也"的崇高伟大，实在没有什么可以用来形容了。同时，《维天之命》诗章上又说："于乎不显，文王之德之纯。"这是说文王的德行和对文化的贡献，犹如天一样的博厚和高明，这也就是对"文王之所以为文也，纯亦不已"的最好赞颂。

然后总结以上的理念，文章语气一转，便提出"尊德性""道问学""致广大""尽精微""极高明""道中庸"六大道行，乃至"温故""知新""敦厚""崇礼"四重品德的重要。

圣人之道　愚人之行

　　大哉圣人之道，洋洋乎发育万物，峻极于天，优优大哉！礼仪三百，威仪三千，待其人而后行，故曰："苟不至德，至道不凝焉。"故君子尊德性而道问学，致广大而尽精微，极高明而道中庸，温故而知新，敦厚以崇礼。是故居上不骄，为下不倍，国有道其言足以兴，国无道其默足以容。《诗》曰："既明且哲，以保其身"，其此之谓与？

　　这是说明，由人道学养到圣人之道的境界，那是极其伟大的德业，犹如天地一样地崇高，能够洋洋洒洒而发育万物，真是"优优大哉"的事功啊！所谓"礼仪三百，威仪三千"的精神和作用，必须"待其人而后行"。"礼"的精神是通于性灵自然的规律，不像后世只注重法治的作用，只要达到合于法治就可以了。"苟不至德，至道不凝焉"，如果没有真正修养到明心见性的至德境界，那就达不到凝然静定在率性之道的功用。因此君子之学需要先"尊德性"（明心见性），同时"道问学"（有学问修养）。由于"道问学"（有学问），才能达到"致广大"，明白形而上的哲学领域；由于"尊德性"，而明见心性的体用，才能启发道智极尽精微的学识（自然科学和人文社会科学等领域），然后才能达到"从容中道"的"中和"境界，这样才是极其高明而道行中庸的修养。

　　至于学问之道，需要先能熟习历史文化的典故，然后才可以推知时代的未来导向。但做人要敦厚平易，处事要崇敬礼义。能够做到这样，虽然位居众人之上，也不自骄；位居人下，也不自卑。生在国家有道的时代，一切言行也足有兴邦的贡献；生当国家无道的时代，就默默无闻，自求容身而已。所以在《诗经·大雅·烝民》第四章中就说："既明且哲，以保其身"，就是这个意思。所谓"明哲保身"这一名言，就是出在《诗经》此处。大家所熟知三国时期的诸葛亮，在他的名文《前出师表》中，说到自己隐居南阳的时期，"臣本布衣，躬耕于南阳，苟全性命于乱世，不求闻达于诸侯"。他当时的心境，就是这两句诗的境界。

讲到学养的四重品德以后，又引用孔子所告诫的几句话，再加注释，说明"时"和"位"的重要。这也等于是告诫学者"识时务者为俊杰"的名言。

> 子曰："愚而好自用，贱而好自专，生乎今之世，反古之道，如此者，灾（灾）及其身者也。"非天子不议礼，不制度，不考文。今天下车同轨，书同文，行同伦。虽有其位，苟无其德，不敢作礼乐焉。虽有其德，苟无其位，亦不敢作礼乐焉。子曰："吾说夏礼，杞不足征也。吾学殷礼，有宋存焉。吾学周礼，今用之，吾从周。"

这是引用孔子的名言说：有的人不明白自己是真愚笨，反而有我慢的癖好，认为自己对世间是最有用、最有贡献的大才，好像是当今世界舍我其谁的气概。虽然自己还身处贫贱之位，因为心有狂妄自尊的癖好，抓到一点，就要煞有介事，擅自专权做主。甚之，明明生存在现代，却偏要做复古反古的事。从大的历史事例来说，西汉末年的王莽，硬想恢复周制和井田制度；北宋时期的王安石，也同样有这种心态，要想实行古制而改变当时财经和税收，希望做到富国强兵。甚之，如日本在"明治维新"的先期，也有人大唱"王

政复古"，以抗拒西洋文化。最后都应验了孔子这句话："如此者，
栽（灾）及其身者也。"

我们要知道，孔子的思想是延续传统文化的精神，但不赞成复
古。他主张适应时代的潮流，把握时势的变化，参酌古今之变，而
建立人道文化的社会。但孔子也不同意完全否定传统的做法，所以
他又说："非天子，不议礼，不制度，不考文。"因为要改变社会，形
成一个新的时代模式，一定要有时势和机会，以及人心归向和拥戴，
才能成为当权的真正圣明天子。或者如周文王或周公一样的领导人，
才能来"议礼"，议论古今文化的得失，然后创建一套承先启后礼的
文化规模。同时参酌古今，创制一个简明而缜密的制度，建立新社
会文化的精神和秩序（仪礼）。并且要考据精详，建立人文社会的文
艺和法治等。

因此，子思又加解释说："今天下车同轨，书同文，行同伦"，
但"虽有其位，苟无其德，不敢作礼乐焉。虽有其德，苟无其位，亦
不敢作礼乐焉"。这是说明战国末期各国诸侯君相的情形。有的虽然
在位当权，但自忖学养和功德还不够，因此不敢创作承先启后、继
往开来的礼乐文化。有的虽然在学养上有道有德，但并没有当权在
位，同样也不敢随便制作继往开来、承先启后的礼乐文化。这也同
时说明，孔子在当时，虽有其德但无其位的心境。

讲到这里，让我们来讨论《中庸》所说"今天下车同轨，书同文，
行同伦"三句话。后世便有人据此而认为《中庸》并非子思所作，乃
是西汉学者的伪造之书。因为子思生在春秋末期，而"车同轨，书同
文"是秦始皇统一六国以后的事，在子思的时代，怎么会有这种现象
呢？这种论断，属于纯粹考证问题，似乎很有道理，但也未必尽然。
在诸侯争霸的时期，庞大战争的重要工具和交通都是车辆。如果秦、

齐、楚和韩、赵、魏、燕等国，行车的轨道各自不同，试想，诸侯各国之间用武力互相兼并土地、掠夺财货的战争，怎么能打呢？诸侯各国之间的文书，如果不是同文，那些外交文书，以及如《左传》、《战国策》等历史记载的文字，岂不是都要有翻译馆和翻译人员吗？事实上，东周到了春秋战国时期，因为时代趋使，在军事、经济、财政、商业上的需要，社会结构早已开始自动变化，已渐形成"车同轨，书同文，行同伦"的局面了，并非从秦始皇才统一车道和文书。只不过，因秦始皇统一六国以后，在历史上的记述，才算是全面的"车同轨，书同文"而已。

例如西方文化在十七世纪以后，到二十世纪末期，以欧洲各国来讲，三四百年之间，早已随时随地趋向于"车同轨""行同伦"的方面发展了。你不能说，欧洲的文明都在"二战"后，美国自认称霸全球，才形成了西方的文化吧？子思生卒年代，距离秦始皇登位只有百余年之久。而且秦始皇在位先后只有三十七年，除了修长城、造阿房宫等工程以外，并没有命令全国统一修筑道路啊！所以有关考据上的问题，当然很重要，但有时候也不能作为定论，需要"慎思""明辨"才对。

现在闲话讲过了，再来述说子思记载他祖父孔子有关考据学上"考文"的态度和感言："子曰：吾说夏礼，杞不足征也"，孔子说，我也曾经访问过夏朝后裔的杞国，但无法由杞国清楚了解夏朝礼乐文化的确实资料。"吾学殷礼，有宋存焉"，我又为了学殷朝的礼乐文化，访问过殷人之后的宋国。宋是孔子的宗主国，所以他不加定论。"吾学周礼，今用之，吾从周"，至于我学周代的礼乐文化，现在还是一脉相承在用，所以我宁可从周代礼乐文化的精神中上溯传统。这是说明孔子对"考文"治学态度的认真和慎重，作为后文再三申述孔子学问宗旨的前提。

总结圣道内明外用之学

　　王天下有三重焉，其寡过矣乎？上焉者虽善无征，无征不信，不信民弗从；下焉者虽善不尊，不尊不信，不信民弗从。故君子之道，本诸身，征诸庶民，考诸三王而不缪，建诸天地而不悖，质诸鬼神而无疑，百世以俟圣人而不惑。质诸鬼神而无疑，知天也。百世以俟圣人而不惑，知人也。是故君子动而世为天下道，行而世为天下法，言而世为天下则，远之则有望，近之则不厌。《诗》曰："在彼无恶，在此无射。庶几夙夜，以永终誉。"君子未有不如此而蚤有誉于天下者也。

　　《中庸》这一段文章，好像是引用孔子说夏、商、周三代文化以后顺便带出的一篇议论。但仔细看来，似乎又不是这样，因为根据上文所说"大哉圣人之道"，与"愚而好自用"的凡人态度完全不同。因此圣如周文王和孔子，对于文化传统的"议礼""制度""考文"，绝对不敢随便。因为文化思想和政治是不可或分的连体，稍有偏差的领导，就会引来灾祸，殃及当时和后代。故而说明孔子的"考文"治学态度是何等的慎重，所以他删《尚书》，只起自唐、虞；订《礼》《乐》，只从周文以后。宁可"多闻阙疑，慎言其余"。因此，从第一句"王天下有三重焉，其寡过矣乎"，直到这一段总结，应该都是子思礼赞祖父孔子和其师承之教，以及对内明外用学养心得的发挥。

　　但从"王天下有三重焉，其寡过矣乎"开始，不另作"三重"内涵的解释，而使后世学者猜疑莫定。例如宋儒朱熹章注《大学》、《中庸》，自成一家之言，但对于"王天下有三重焉"，也只好采用吕氏的批注，认为这"三重"便是上文"议礼""制度""考文"三事，应该只有圣人的天子或天子的圣人才能做主。这把"三重"的重任，完全安置在历来儒生所认为的真命天子身上。因此读书人只要得天子的任用，永远是依草附木求生存而已。其然乎？其不然乎？他们却忘了孔子不是一代的天子，他虽然自谦不敢"议礼""制度""考文"，但他却删《诗》《书》，订《礼》《乐》，著《春秋》，述《易传》。事实上，他是完全在做"议礼""制度""考文"的事。子思著《中庸》，说到这里为止，也都在发扬他祖父孔子这方面的精神，好像这些历代的大人先生们，都被子思的谦让所瞒，岂不怪哉！

　　至于"王天下有三重"的"王"字，古文"王"与"用"字通用。如果认定在这里的"王"字便是称帝称王的王，那么"王天下有三重"应该是《尚书·大禹谟》上"正德、利用、厚生"的三重，才是王天下的大经大法。但与"其寡过矣乎"又似乎拼不到一处。因此，我认为《中庸》在这里所谓"王天下有三重焉，其寡过矣乎"这个"三重"，就是《中庸》中心学说的知、仁、勇三达德，才是"王"天下的三重点。有人虽然具备智德、仁德、勇德三者，可是在对人对事方面，尤其是对天下大事上，也不一定能够做到纯善无瑕。所以说，无论是智、仁、勇三者具备，或只有其二，或只有其一，姑且不论，最要紧的是，在外用作为上能做到少犯过错，便算是功德无量了。所以才说"王天下有三重焉，其寡过矣乎"，这就非常明白了。换言之，做人处世的学养也是一样，一个人不能绝对做到没有过错，只求少犯错误，那就是不幸中的大幸了。其实，从"子曰：吾说夏礼，杞不足征也。吾学殷礼，有宋存焉。吾学周礼，今用之，吾从周"说起，直到本节"王天下有三重焉，其寡过矣乎"为止，你只要仔细一读《礼记·礼运篇》有关孔子说到夏、商、周三代文化的演变，以及"大同"之治的理念，就可明白"王天下有三重焉"和知、仁、勇的寡过意义了。

因此便说："上焉者虽善无征，无征不信，不信民弗从；下焉者虽善不尊，不尊不信，不信民弗从。"这句话是说，上古所传上乘道的善世善行，虽有此传闻，但并没有征信可以稽考。既然无法征信，人们当然不会相信，当然也不会从学。自古以来，传说中有修行上乘善道的神人，但到底是可望而不可及的，因为极难有确实的证据。因此，人们只把他们当作精神上的信仰，而不愿从学。至于在下层社会中，虽然有善德善行的人，但得不到上下大众的尊重，当然也不会有人信，也就无人从学。如照人类社会文化演变史来讲，如司马迁在《史记》中说过："太史公曰：夫神农以前，吾不知已。""老子曰：'至治之极，邻国相望，鸡狗之声相闻，民各甘其食，美其服，安其俗，乐其业，至老死不相往来。'必用此为务，挽近世，涂民耳目，则几无行矣。"这也等于说"上焉者虽善无征，无征不信，不信民弗从"。

至于"下焉者虽善不尊，不尊不信，不信民弗从"的情况，我们不妨也引用老子的一段话作为说明："上士闻道，勤而行之。中士闻道，若存若亡。下士闻道，大笑之，不笑不足以为道。"因此，子思在这里，便提出一个继往开来的真儒原则，"故君子之道，本诸身，征诸庶民，考诸三王而不缪，建诸天地而不悖，质诸鬼神而无疑，百世以俟圣人而不惑"。这是说学习君子之道的，必须先从诚其身做起，再来征信一般的人情世故。然后向上考证夏、商、周三代的传统文化，明白古人为什么必须了解天地运行的法则，建立岁月时辰运行的历法。这是配合宇宙自然的规律，完全合于自然物理的科学原理，因此才能知道所谓鬼神的本质意义，然后才能明白"其为物不贰，则其生物不测"的真义。这样的述作，才可以流传百世，以待后世的圣哲来承先启后。

所谓"质诸鬼神而无疑，知天也"，是知道形而上的天道和天文的物理作用。关于天地鬼神之说，可以详见《周易·系传》所谓："仰以观于天文，俯以察于地理，是故知幽明之故。原始反终，故知死生之说。精气为物，游魂为变，是故知鬼神之情状。"

"百世以俟圣人而不惑，知人也"，通达历史文化和历代社会人文的衍变。"是故君子动而世为天下道"，因此，君子的举动，都是合于天下世道人心的正道。"行而世为天下法"，君子的行为，都可为天下世道人心所效法。"言而世为天下则"，君子的言语，都可以为天下世道人心的规则。"远之则有望"，无论时代或地区相隔多远，都是众望所归；"近之则不厌"，当时亲近过他的人，也不会生厌烦之感。"《诗》曰：在彼无恶，在此无射。庶几夙夜，以永终誉。"这是引用《诗经·周颂·振鹭》章上的话说，因为他本身，并无任何过错，所以也没有人对他指责。大家都愿意朝朝暮暮，永远保持他这种荣誉。"君子未有不如此而蚤（同早）有誉于天下者也。"所以说，学养修行君子之道的人，如果不是这样，就不会很早受到天下人的推崇和赞美。

其实，以上全段的内涵，是赞颂真正的儒学儒行，作为下文直接赞述孔子的先声。

礼赞孔子的功德

仲尼祖述尧舜，宪章文武，上律天时，下袭水土。辟如天地之无不持载，无不覆帱。辟如四时之错行，如日月之代明。万物并育而不相害，道并行而不相悖。小德川流，大德敦化，此天地之所以为大也。唯天下至圣，为能聪明睿知，足以有临也；宽裕温柔，足以有容也；发强刚毅，足以有执也；齐庄中正，足以有敬也；文理密察，足以有别也。溥博渊泉，而时出之。溥博如天，渊泉如渊。见而民莫不敬，言而民莫不信，行而民莫不说。是以声名洋溢乎中国，施及蛮貊，舟车所至，人力所通，天之所覆，地之所载，日月所照，霜露所队，凡有血气者莫不尊亲，故曰配天。唯天下至诚，为能经纶天下之大经，立天下之大本，知天地之化育。夫焉有所倚，肫肫其仁，渊渊其渊，浩浩其天，苟不固聪明圣知达天德者，其孰能知之。

《中庸》讲到这里，由赞颂传述孔子"仲尼祖述尧舜，宪章文武"开始，大约可分三节，如下文的排列。

现在我们回头再看《中庸》原文，正式介绍孔子儒家学说的传统根源是从夏、商、周三代以上，祖述尧、舜"公天下"的文化精神开始，然后承接周初以家天下为中心，封建诸侯，实行联邦自治体制，用周文王、武王时代的"宪章"《周礼》《仪礼》《礼记》等三礼的精粹。同时考证自然物理的天文和天象，而建立历法和律吕之学，用于对地球物理和人事的征验，以及对证地球物理和水土动植物等的变化法则。这是有关自然物理科学方面的学识，须研究《易经》内涵的理、象、数等学问，方知大概。孔子因而删《诗》《书》，订《礼》《乐》，著《春秋》，述《易传》。所以说："仲尼祖述尧舜，宪章文武，上律天时，下袭水土。"

接着，又赞颂孔子的内明外用之学和他道成德就的伟大，犹如天地一样的崇高广博——"辟（同譬）如天地之无不持载，无不覆帱"，他像天地一样，没有任何事物不包含在它的范围之中。"辟（同譬）如四时之错行，如日月之代明。万物并育而不相害，道并行而不相悖。小德川流，大德敦化，此天地之所以为大也。"他又像一年春、夏、秋、冬的四季，气象分明；又像白天和夜里的太阳与月亮一样，照亮人世间的一切事物；同时又使万物都能受到养育而互不相妨。因为天地既能包容生育万物而互不相害，所以人能效法天地，不论是正或反的学问之道，都可以并存而不相违背。就像大地上的流水一样，微小的道德理念，犹如小溪小流，小川小河；伟大的道德理念，犹如天地自然物理的功能，无形无相，化生万物。这是天地自然伟大的功德。

原文讲到这里，便又峰回路转，只从人道的学养上来说："唯天下至圣，为能聪明叡知，足以有临也；宽裕温柔，足以有容也；发强刚毅，足以有执也；齐庄中正，足以有敬也；文理密察，足以有别也。"在这一节里，我们先要把其中的五个理念搞清楚，再来缝缀全文，才可明白。

一、"聪明叡知，足以有临也"，"聪明"是人身生理耳目感官上的特性，即所谓耳聪目明。"叡知"，却不同于"聪明"，那是超过耳聪目明的智慧作用，在古代叫作"叡"，与"睿"字通用，就是后世所常用智慧的简缩代号。"临"，包括到达的意思。

二、"宽裕温柔，足以有容也"，是形容一个人的禀赋，天生具备丰富温良柔和的情操。"容"，是包容和容纳的意义。

三、"发强刚毅，足以有执也"，是描写一个人的个性，具有发奋图强和刚果决断的毅力。"执"，是表示"择善固执"的精神。

四、"齐庄中正，足以有敬也"，包括内在的修养和外用的行为两方面。"齐"字与"斋"字通用，就是内心净洁无邪，所以随时随地有庄严肃穆的美感。"中正"，是对外用的行为来讲，无论对人处事，都是中规中矩、正正当当的。因此，无论是自处或对人，内外都有令人肃然起敬的感受。

五、"文理密察，足以有别也"，"文"，包括了文章和文学乃至文化的总和；"理"，包括有论理逻辑的作用。把这两种观念浓缩，就简称叫"文理"。"密察"是精密考察明辨的治学方法，再与"文"和"理"浓缩拼成一个名言，简称"文理密察"，因为精密思辨的观察一切学识，当然就具有充分辨别是非的能力。

一个人能够同时具备了上述的几种条件，他的成就当然就不同于一般的常人了。所以接着说"溥博渊泉而时出之"，又自注说："溥博如天"，他犹如天一样的广大宽博；"渊泉如渊"，他犹如泉源一样的渊深莫测。因此，他的自心随时涌生智慧，可以清楚了解一切事物的原理。所以"见而民莫不敬"，谁看见他都会生起敬仰之心；"言而民莫不信"，谁都会相信他所讲的道理；"行而民莫不说"，谁都会很高兴地学习他的善行。

"是以声名洋溢乎中国，施及蛮貊"，所以他声名普及全中国，同时远播到边地蛮夷之中。"舟车所至，人力所通，天之所覆，地之所载，日月所照，霜露所队（同坠），凡有血气者莫不尊亲，故曰配天。"这几句文字内容等于语体，大家一气呵成来读，自己便都清楚了，不必多加解说。总之，最后两句的"莫不尊亲"，是说谁都会尊敬他，亲近他，"故曰配天"，他的学养道德，与天地并重，受人尊敬。

但一个人如何能做到这样呢？"唯天下至诚，为能经纶天下之大经，立天下之大本，知天地之化育。"天下的人，唯有能修养心意"至诚"清静专一的工夫，像纺织一样，整理一条条的经纬丝，才能编成一匹完整的锦缎。"至诚"的学养工夫，也如织锦一样，是由日常逐渐用功而成就的。所以说，"唯天下至诚，为能经纶天下之大经，立天下之大本"。只有修学"至诚"之道，才能够罗织天下的正理而成为大经大法，这是天下人文文化最伟大的基本。然后才能智能明悟，了解天地化生养育万物的功能。

其实"至诚"之道，"夫焉有所倚"，是由人内心所发，哪里需要依靠什么方法呢！但只"肫肫其仁"，先要发起诚诚恳恳仁慈厚德的存心，"渊渊其渊"，犹如探寻泉源一样，深深地沉潜静定去参究，"浩浩其天"，同时放开胸怀，使自己的心境如浩然无际的太虚一样，日久工深，必然会有成就的。可是"苟不固聪明圣知达天德者，其孰能知之"，如果没有天性禀赋聪明圣智的大功德，谁又能够相信"至诚"之道的可贵呢！

我们读了全段以后，真有一点像读庄子的文章一样，汪洋恍惚，浩瀚无边。换言之，这是在赞颂孔子的学问道德呢？还是在描绘一个圣人的学养境界呢？或是指出心意识的"至诚"专一静定工夫为最主要呢？实在很难作一定论。似乎是三者都有，也似乎是唯道是指，并不只是独赞个人道德而称颂孔子。这真是《中庸》之所以为"中"的妙论，也可以说这是儒家孔门学问中的走盘珠，是无方可拘的绝妙好辞吧！

但我们读了这一段赞美的文章，也由此可以想到，子思确实受到乐朔的非礼压迫，甚之，是连带毁谤孔子。因此，子思不得不作

《中庸》，以阐明孔子之所以被称为圣人的学养和造诣；既为传统的儒学辩护，又表达自己自少亲受孔子的教诲而别传圣学心印的精义。如果只把它当作赞美诗一样来看，倒也真是一篇发挥圣学的宏文，比起《论语·子张》中子贡所说的"仲尼不可毁也。他人之贤者，丘陵也，犹可踰也。仲尼，日月也，无得而踰焉。人虽欲自绝，其何伤于日月乎？多见其不知量也"等语，认为孔子像日月一样的不可毁，更加"充实而有光辉之谓大，大而化之之谓圣"矣。

《中庸》到此，便不另作结论，他只是采用《诗经》相关的名句，作为结语如下。

结语

《诗》曰："衣锦尚絅"，恶其文之著也。故君子之道，闇然而日章；小人之道，的然而日亡。君子之道，淡而不厌，简而文，温而理，知远之近，知风之自，知微之显，可与入德矣。

《诗》云："潜虽伏矣，亦孔之昭。"故君子内省不疚，无恶于志。君子所不可及者，其唯人之所不见乎！

《诗》云："相在尔室，尚不愧于屋漏。"故君子不动而敬，不言而信。

《诗》曰："奏假无言，时靡有争。"是故君子不赏而民劝，不怒而民威于铁钺。

《诗》曰："不显惟德，百辟其刑之。"是故君子笃恭而天下平。

《诗》云："予怀明德，不大声以色。"子曰："声色之于以化民末也。"

《诗》曰:"德辅如毛",毛犹有伦。"上天之载,无声无臭。"至矣。

《诗经·国风·硕人》章里说到"衣锦尚絅",这句诗是说明有教养的人们,虽然里面穿着华丽的织锦衣服,但外面仍然要罩着一件普通的外衣,那是为了什么呢?"恶其文之著也"。因为古代传统社会的风气,最讨厌人们自我炫耀,自夸才华,所以在外形上仍然要平淡无奇才好。"故君子之道,闇然而日章",所以君子之道虽然隐暗不显,但掩不住真正的光芒,仍然会日益彰显出来。"小人之道,的然而日亡",如果是小人的作风,只图一时的快意,那就会很快消失了一切。"君子之道淡而不厌,简而文,温而理,知远之近,知风之自,知微之显,可与入德矣。"所以君子之道是平淡无奇的,不会使人厌烦。虽然简单,但有文化有深度,温和而有条理,虽然能知幽深久远的事,但仍然自处于浅近平常的日用之中。知道一切风险都由于自心一念所自起,知道对微末细节也不可大意,因为微末细节就是最显著的根源,所以不可忽略。如果学养知见能够明白这些重点,就可说是入德之门了。

《诗经·小雅·正月》章里说到"潜虽伏矣,亦孔之昭",这是说你故意把过错盖起来,藏在深处,但那是没有用的,越是伪装潜伏,越会很明显地暴露出来。"故君子内省不疚,无恶于志",所以有学养的君子们常反省自己是否有过错,做到无愧于心而不内疚,自心无悔,无自我厌恶,才能心安理得。所以说"君子所不可及者,其唯人之所不见乎",就是平常外人看不见的毛病,君子也都能反省自修。

《诗经·大雅·抑》章里说到"相在尔室，尚不愧于屋漏"，这是说不要以为在暗室中只有自己，做坏事没有人看见。其实，屋外也会有光明漏进来，面对一缕光明，总难免于心有愧啊！"故君子不动而敬，不言而信"，所以君子之学，要做到在没有行动的时候仍然恭敬自持，不需要别人的告诫和鼓励就能诚信而无动于衷。

《诗经·商颂·烈祖》章里说到"奏假无言，时靡有争"，这是说在迎神祭天的典礼中，大家不乱说话，也没有人敢起争吵。"是故君子不赏而民劝，不怒而民威于鈇钺"，所以君子之道有德便有威，不需要奖赏，人们自会互相劝勉而自重，也不需要发威震怒，或用鈇钺等武器来镇压，令人们畏惧。

《诗经·周颂·烈文》章里说到"不显惟德，百辟其刑之"，这是说道德的感化最不明显，如果真能做到德足以感人，其他百路诸侯自然会服从尊重崇德的典型。"是故君子笃恭而天下平"，所以说君子之道，只要自己真实的诚笃恭敬，天下就能太平了。

《诗经·大雅·皇矣》章里说到"予怀明德，不大声以色"，这是说周文王成就大业，在他的胸怀中只有"明德"而已，并不需要大声疾呼，或是用威武的姿态。所以孔子也说过："声色之于以化民末也"，如果只靠口号的声音和威武的态度来表达自己的尊严，那是最末等的办法。可是现代的文明，无论是教育、政治、社会、经济，没有哪一样不是靠声色来化民啊！幸而孔子没有看见，所以夫子也无须烦忧了！

《诗经·大雅·烝民》章里说到"德輶如毛"，这是说德行并非是那么严重、那么困难的事，德行只是轻如毫毛，轻而易举，人人随时随地都可做到的事。"毛犹有伦"，毫毛虽然是轻而易举，还是有伦有相的。所以他再进一步引用《诗经·大雅·文王》章里"上天之载，无声无臭"，天性本自具有的道德，是和形而上的天道相通，它的自性本来就是"无声无臭"，无形无相，无所在无所不在的，是心外无法，道外无心，如此而已。"至矣"，明白了这个"天命之谓性"，你就可以归家稳坐，正如古德所说：

> 勿于中路事空王　策杖还须达本乡
> 撒手到家人不识　更无一物献尊堂

"至矣"，如此而已。

南怀瑾先生年谱（简谱）

二〇二二年十月修订

南怀瑾先生，谱名常铿、常泰，又名永宁，学名超，号怀瑾，别号玉溪

1918年（民国七年）戊午　1岁

农历二月初六出生于浙江省乐清县翁垟镇地团叶村

父谱名光裕，名正裕，字仰周，号化度（1888—1957）

母赵氏（1891—1990）

1923年（民国十二年）癸亥　6岁

开蒙

1928年（民国十七年）戊辰　11岁

乐清县立第一高等小学校六年级

1929年（民国十八年）己巳　12岁

小学毕业

1930年（民国十九年）庚午　13岁

从学朱味温先生、叶公恕先生

乐清县井虹寺玉溪书院自读

1931年（民国二十年）辛未　14岁

自读

1932年（民国二十一年）壬申　15岁

自读

1933年（民国二十二年）癸酉　16岁

自读

1934年（民国二十三年）甲戌　17岁

结婚，妻王翠凤（1916—2009）

长子南宋钏出生

1935 年（民国二十四年）乙亥　18 岁

于杭州入学浙江省国术馆

孤山文澜阁藏书楼，阅《四库全书》

里西湖闲地庵出家师赠《金刚经》《指月录》

秋水山庄，阅道家秘本等藏书

1936 年（民国二十五年）丙子　19 岁

杭州之江文理学院中国文学系旁听

1937 年（民国二十六年）丁丑　20 岁

次子南小舜出生

浙江省国术馆毕业

浙江省学生集中训练总队技术教官

七七事变，由杭州径赴四川成都

1938 年（民国二十七年）戊寅　21 岁

参贤访道

1939 年（民国二十八年）己卯　22 岁

创办"大小凉山垦殖公司"（一年后结束）

1940 年（民国二十九年）庚辰　23 岁

四川宜宾《金岷日报》编辑

成都中央陆军军官学校政治教官

1941 年（民国三十年）辛巳　24 岁

成都金陵大学社会福利行政特别研究部选读

中央陆军军官学校政治研究班（第十期）修业

1942 年（民国三十一年）壬午　25 岁

参加袁焕仙先生主持的灌县灵岩寺禅七

随袁焕仙先生至重庆，会见主持护国息灾法会的虚云老和尚、贡噶呼图克图

1943 年（民国三十二年）癸未 26 岁

参与筹创维摩精舍

入峨眉山大坪寺闭关，阅藏

1944 年（民国三十三年）甲申 27 岁

闭关，阅藏

1945 年（民国三十四年）乙酉 28 岁

闭关，阅藏。秋后转至乐山五通桥继续闭关，阅《永乐大典》《四部备要》等

11 月 9 日（农历十月初五），在成都大慈寺万佛楼，贡噶呼图克图等授予三坛大戒

1946 年（民国三十五年）丙戌 29 岁

新正后转至多宝寺（大坪寺下院）继续闭关

主持大竹县文昌阁禅七

走康藏参访密宗上师

应邀赴昆明讲学

年底，自昆明赴上海，转杭州

1947 年（民国三十六年）丁亥 30 岁

返乐清故里省亲

修南氏家谱

1948 年（民国三十七年）戊子 31 岁

旅台三个月后，返杭州

江西庐山大天池短期闭关

杭州武林佛学院教师

再阅文澜阁《四库全书》等藏书

1949 年（民国三十八年）己丑　32 岁

只身赴台

台湾《全民日报》社论委员

结婚，妻杨晓薇（1928—2011）

组公司"义利行"，三条机帆船从事货运

1950 年　庚寅　33 岁

"义利行"船只被官方征用，三船火灾沉舟山

长女南可孟出生

1951 年　辛卯　34 岁

基隆佛教讲堂讲佛法

1952 年　壬辰　35 岁

次女南圣茵出生

1953 年　癸巳　36 岁

写作

1954 年　甲午　37 岁

主持台北观音山凌云寺禅七

三子南一鹏出生

1955 年　乙未　38 岁

主持七堵法严寺禅七

台湾初版《禅海蠡测》

1956 年　丙申　39 岁

杨管北先生邀请，讲佛经

1957 年　丁酉　40 岁

四子南国熙出生

1959 年　己亥　42 岁

讲《楞严经》

1960 年　庚子　43 岁

主持新北投居士林禅七

台湾初版《楞严大义今释》

1961 年　辛丑　44 岁

台北寓所掩关

写作

1962 年　壬寅　45 岁

主持新北投居士林禅七

台湾初版《禅宗丛林制度与中国社会》《孔学新语》

1963 年　癸卯　46 岁

主持新北投居士林禅七

辅仁大学讲"哲学与禅宗"

1964 年　甲辰　47 岁

写作

1965 年　乙巳　48 岁

主持北投奇岩精舍禅七

台湾初版《楞伽大义今释》

兼任教授：陆军理工学院、辅仁大学、台湾中国文化学院

1966 年　丙午　49 岁

主持北投奇岩精舍禅七

应邀于台湾三军各基地巡回讲演中国文化

兼任教授：辅仁大学、台湾中国文化学院

1967 年　丁未　50 岁

台湾中华学术院研士

兼任教授：辅仁大学、台湾中国文化学院

1968 年　戊申　51 岁

主持台北禅七法会

台湾初版《禅与道概论》

1969 年　己酉　52 岁

辅仁大学讲《易经》、"中国哲学史"

台湾师范大学讲"佛学概论"

随台湾"中日文化访问团"赴日，应邀发言（《致答日本朋友的一封公开信》）

于美国加州先创办东西精华协会分会

1970 年　庚戌　53 岁

东西精华协会总会成立大会

开设禅学班（台北市青田街）

成功大学讲"廿一世纪的文明与禅学"

台湾初版《维摩精舍丛书》（袁焕仙著，南怀瑾等整理）

兼任教授：辅仁大学

1971 年　辛亥　54 岁

主持禅学班禅七

创办《人文世界》月刊

东西精华协会迁至台北市临沂街莲云禅苑四楼，定期讲课

兼任教授：辅仁大学

1972 年　壬子　55 岁

主持东西精华协会禅七

定期讲课

各大学邀请讲演

兼任教授：辅仁大学

1973 年　癸丑　56 岁

在莲云禅苑四楼主持禅七

杨管北先生邀请，讲《金刚经》

台湾中华电视台邀请，讲《论语》

台湾初版《静坐修道与长生不老》《禅话》

兼任教授：辅仁大学

1974 年　甲寅　57 岁

"恒庐"（台湾国民党中央党部大陆工作会）邀请，讲《论语》

高雄佛光山邀请，讲"丛林制度"

东西精华协会迁至台北市信义路三段，讲《难经》

台湾初版《周易今注今译》（南怀瑾、徐芹庭合著）

1975 年　乙卯　58 岁

在佛光山大悲殿主持禅七

"恒庐"邀请，讲《易经》、"历史的经验"、"革命哲学"

东海大学历史研究所，讲"隋唐五代文化思想史"

《青年战士报》慈湖版连载《论语别裁》讲记

1976 年　丙辰　59 岁

台湾中国广播公司邀请，讲《易经》

青年战士报社，讲"唯识研究"、《孟子》

创办老古出版社

台湾初版《习禅录影》《论语别裁》

1977 年　丁巳　60 岁

台北寓所掩方便关

台湾初版《新旧的一代》

1978 年　戊午　61 岁

在台北佛光别院，讲"融会显密圆通修证次第"

台湾初版《南氏族姓考存》、《正统谋略学汇编初辑》（三十四卷
五十本）

1979 年　己未　62 岁

主持新正禅七

洗尘法师从香港来敦请主持十方丛林书院

为出家同学讲"佛教佛法与中国历史文化"、《禅秘要法》

讲《大圆满禅定休息清净车解》、《宗镜录》、《大乘要道密集》、
《楞严经》、《大比丘三千威仪》、"诗学"等

1980 年　庚申　63 岁

东西精华协会迁至台北市信义路二段复青大厦九楼

假台北市辛亥路救国团活动中心主持禅七

老古出版社改组为老古文化事业股份有限公司

十方丛林书院成立，开设定期课程

为台湾军方将领、政要、企业界领导组成的文化专题研究班，
讲《左传》《战国策》《史记》《长短经》《汉书》《管子》《易经系
传》等

主持十方丛林书院禅七

台湾初版《参禅日记》（初集）（金满慈著，南怀瑾批）

1981 年　辛酉　64 岁

主持十方丛林书院教务

假东西精华协会大礼堂，举行"南氏宗亲新正祭祖大典"

创办《知见》杂志

1982 年　壬戌　65 岁

主持十方丛林书院学员新正特别修定训练

政治大学东亚研究所兼任教授，讲"中华文化大系"

1983 年　癸亥　66 岁

与美国斯坦福大学哈门教授谈全球性前提计划

主持十方丛林书院教学

政治大学东亚研究所兼任教授，讲"中华文化大系"

台湾初版《定慧初修》（袁焕仙、南怀瑾合著）、《参禅日记》（续集）（金满慈著，南怀瑾批）

1984 年　甲子　67 岁

主持东西精华协会（台北禅学中心）新正精进禅修

美国禅学大师卡普乐先生来访

英国学者李约瑟先生来访（陈立夫先生陪同），讨论道家学术问题数小时

政治大学东亚研究所兼任教授，讲"中华文化大系"

台湾初版《金粟轩诗词楹联诗话合编》《孟子旁通》《旅台南氏家族记要》

美国初版英文译本《静坐修道与长生不老》(*Tao and Longevity*)

1985 年　乙丑　68 岁

寒假禅修课程

十方丛林书院结束

离台赴美

在天松阁寓所，讲《圣经·启示录》

台湾初版《历史的经验》、《道家、密宗与东方神秘学》、《观音菩萨与观音法门》（合著）

1986 年　丙寅　69 岁

夏，移居兰溪行馆

成立东西学院

台湾初版《中国文化泛言》《一个学佛者的基本信念》《禅观正脉研究》

美国初版英文译本《习禅录影》之"一九六二年禅七"（*Grass Mountain*）

意大利文译本初版《静坐修道与长生不老》（*Tao and Longevity*）

1987 年　丁卯　70 岁

于兰溪行馆为大陆留学生等讲"中国未来之前途"（共四十三讲）

讲"密宗大手印"、"佛学大纲"、《佛为阿难说处胎会》、《易经》

台湾初版《老子他说》（上）、《易经杂说》、《中国佛教发展史略述》、《中国道教发展史略述》、《金粟轩纪年诗初集》、《怀师——我们的南老师》

1988 年　戊辰　71 岁

离美赴港

老友贾亦斌先生从北京来访，谈两岸事

香港佛教图书馆，讲"唯识"

温州政府代表来访，谈金温铁路修建事

大陆初版《维摩精舍丛书》（袁焕仙著，南怀瑾等整理）（繁体字木刻版影印）

韩国初版韩文译本《静坐修道与长生不老》

1989 年　己巳　72 岁

主持新正禅修

金温铁路建设意向确定

讲《庄子》选篇

台湾初版《如何修证佛法》

1990 年　庚午　73 岁

应邀返台湾谈两岸事

两岸国共两党密使会谈于香港寓所

讲"三十七菩提道品"

指导《大智度论》研究

个人捐资设立温州南氏医药科技奖励基金

大陆简体字初版《静坐修道与长生不老》《论语别裁》

1991 年　辛未　74 岁

讲"静坐要诀"、《百法明门论》、《肇论》

台湾初版《易经系传别讲》

大陆简体字初版《孟子旁通》、《老子他说》（上）、《禅宗与道家》

1992 年　壬申　75 岁

正式签订金温铁路修建协议

修建金温铁路的合资公司在浙江温州开业

拟《和平共济协商统一建议书》

个人捐资设立南氏农业科技成果奖

台湾初版《圆觉经略说》《金刚经说什么》

大陆简体字初版《历史的经验》、《观音菩萨与观音法门》（合著）

1993 年　癸酉　76 岁

讲"生命科学研究"（共三十五讲）

大陆简体字初版《如何修证佛法》《楞严大义今释》《楞伽大义今释》《金刚经说什么》《圆觉经略说》

美国初版英文译本《如何修证佛法》（上）（*Working Toward Enlightenment*）

1994年　甲戌　77岁

主持厦门南普陀寺禅七"生命科学与禅修实践研究"

讲"生命科学研究"（共七十七讲）

大陆简体字初版《禅海蠡测》、《禅话》、《参禅日记》（初、续集）（金满慈著，南怀瑾批）

美国初版英文译本《如何修证佛法》（下）（*To Realize Enlightenment*）

法国初版法文译本《道家密宗与东方神秘学》之节录（*YI KING*）

1995年　乙亥　78岁

主持新正禅修

美国彼得·圣吉教授初次来访

应邀赴法国文化交流考察

台湾初版《药师经的济世观》

大陆简体字初版《亦新亦旧的一代》《中国文化泛言》

美国初版英文译本《禅与道概论》之"禅的部分"（*The Story of CHINESE ZEN*）

1996年　丙子　79岁

个人出资五百多万元人民币改扩建幼时旧居后，捐赠乐清地方政府，作为"乐清老幼文康活动中心"，题写匾名并作《乐清老幼文康活动中心赠言》：

我生于此地长于此地，而十七年后，即离乡别土。情如昔贤所云：身无半亩，心忧天下；读书万卷，神交古人。旋经代嬗五六十年后，父罹世变，未得藻雪，老母百龄，无疾辞世，虽欲归养而不可得，故有此筑，即以仰事父母之心转而以养世间父母，且兼以蓄后代子孙。等身著作还天地，拱手园林让后贤。以此而报生于此土长于此土之德，而无余无负。从今以后，成败兴废，皆非所计。或嘱有言，则曰：人如无贪，天下太平，人如无嗔，天下安宁。愿天常生好人，愿人常做好事。

> 岁次乙亥冬月中旬　即一九九六年一月上旬
>
> 南怀瑾书　时年七十八

大陆简体字初版《中国佛教发展史略》《中国道教发展史略》《易经杂说》《易经系传别讲》《道家、密宗与东方神秘学》《禅观正脉研究》《习禅录影》

1997 年　丁丑　80 岁

主持新正禅修

于香港光华文化中心，为彼得·圣吉教授等主持七天禅修

金温铁路全程铺通，感言：铁路已铺成，心忧意未平，世间须大道，何只羡车行。提出"功成身退，还路于民"

美国初版英文译本《中国佛教发展史略述》（*Basic Buddhism*）

韩国初版韩文译本《易经系传别讲》

1998 年　戊寅　81 岁

台湾初版《原本大学微言》、《南怀瑾与金温铁路》（侯承业编记）

大陆简体字初版《原本大学微言》

法国初版法文译本《如何修证佛法》（上）

韩国初版韩文译本《易经杂说》

1999 年　己卯　82 岁

受邀在吴江宾馆，与吴江政府代表商谈文化投资事宜

台湾初版《禅门内外——南怀瑾先生侧记》（刘雨虹著）

韩国初版韩文译本《金刚经说什么》

2000 年　庚辰　83 岁

讲学

写作

2001 年　辛巳　84 岁

创设东西精华农科（苏州）有限公司，任董事长

2002 年　壬午　85 岁

主持新正禅修

台湾初版《布施学——毗耶娑问经》

大陆简体字初版《药师经的济世观》、《定慧初修》（袁焕仙、南怀瑾合著）、《学佛者的基本信念》

韩国初版韩文译本《论语别裁》（上、下）

2003 年　癸未　86 岁

主持浙江义乌双林寺禅修

台湾初版《现代学佛者修证对话》（上）

韩国初版韩文译本《静坐修道与长生不老》（《静坐修道讲义》新译本）、《如何修证佛法》（《佛教修行法》）

2004 年　甲申　87 岁

移居上海

与中国科技大学联合举办"中国传统文化与认知科学、生命科学、行为科学"专题研讨会，在吴江七都讲课

上海兴国宾馆二楼，讲"读书和工商文化"

上海国家会计学院，讲"大会计？"

台湾初版《现代学佛者修证对话》（下）

美国初版英文译本《金刚经说什么》（*Diamond Sutra Explained*）

韩国初版韩文译本《原本大学微言》（上、下）

2005 年　乙酉　88 岁

资助《仓央嘉措》纪录片拍摄工作

上海四季酒店，讲"人文问题"

上海市宛平宾馆会议厅，讲"中国传统文化与经济管理"

为美国来访学者讲"企业之道、管理要义、修行入门、认知科学"等

台湾初版《花雨满天维摩说法》

2006 年　丙戌　89 岁

独资创办"吴江太湖文化事业有限公司"

主持"禅与生命科学的实践研究"

上海美仑大酒店会议厅，对新闻出版界讲演

彼得·圣吉教授及 ELIAS 国际跨领域领导人组团参学

台湾初版《庄子諵譁》《南怀瑾与彼得·圣吉》

筹建恒南书院

为美国管理协会（中国）讲"现代工商业企业家的修养"

2007 年　丁亥　90 岁

独资创办"吴江市太湖大学堂教育培训中心"（简称"太湖大学堂"）

解答法国参学团关于"道家、观心法门、医疗与养生、生死"等问题

净慧老和尚邀请，作《序说虚老年谱》文，题写《虚云老和尚全集》书名

获江苏省吴江市政府授予"荣誉市民"

台湾初版《南怀瑾讲演录》《与国际跨领域领导人谈话》《人生的起点和终站》《答问青壮年参禅者》

大陆简体字初版《南怀瑾讲演录》《南怀瑾与彼得·圣吉》《庄子諵譁》

2008年　戊子　91岁

独资创办"吴江太湖国际实验学校"

国际教育研讨会

与人民出版社黄书元社长一行，议定著作授权出版事宜，亲自签署合约（以"东方出版社"名义出版著作简体字版）

开办太湖大学堂国学经典导读讲习班

为香港瑜伽团队讲课

托宗性法师代查袁焕仙先生灵骨下落

推动中印文化交流，捐资印度龙城龙树学院建造佛像、培训中心

支援中医四诊仪研制

支持北京桂馨慈善基金会

台湾初版《小言黄帝内经与生命科学》《禅与生命的认知初讲》《漫谈中国文化》

大陆简体字初版《人生的起点和终站》《答问青壮年参禅者》《小言黄帝内经与生命科学》《漫谈中国文化》

大陆初版英文版《静坐修道与长生不老》《中国佛教发展史略述》

2009 年　己丑　92 岁

个人出资并委托宗性法师代为主持修建袁焕仙先生灵骨塔工程（登琨艳设计）

主持太湖大学堂禅七

彼得·圣吉教授等数十位学者来参学，研讨"科学与哲学、宗教、人性、社会"等问题

推动复建禅宗曹洞宗祖庭洞山寺

对太湖国际实验学校学生家长研修班讲话

台湾初版《我说参同契》《老子他说（续集）》

大陆简体字初版《禅与生命的认知（初讲）》、《我说参同契》（上、中）

2010 年　庚寅　93 岁

对太湖国际实验学校学生家长、教师数次讲话

对太湖大学堂经史合参班第一期学员讲话，授课

"音声法门""音声与疾病诊断"答疑，指导《华严字母》学习

台湾初版《列子臆说》

大陆简体字初版《我说参同契》（下）、《老子他说（续集）》、《维摩诘的花雨满天》（上、下）、《列子臆说》（上）

韩国初版韩文译本《人生的起点和终站》

2011 年　辛卯　94 岁

对太湖国际实验学校新生家长讲话

台湾初版《孟子与公孙丑》

大陆简体字初版《列子臆说》（中、下）、《孟子与公孙丑》

韩国初版韩文译本《定慧初修》（袁焕仙、南怀瑾合著）

2012 年　壬辰　95 岁

讲"女性修养教育""子女教育""母仪修养"

答复中国航天员科研训练中心航天员医监医保室管理及研究人员，关于"航天员如何在未来二〇二二年空间站内停留几百天"等问题

对太湖国际实验学校第一届学生毕业典礼致临别赠言

对太湖国际实验学校家长讲话

捐赠十八亩土地使用权及个人稿费一百万元人民币，资助修建吴江庙港老太庙文化广场

以个人身体情状为例说明医理；谈病与十二时辰经脉运行的关系、《验方新编》噎膈的理法方药、如何面对生死与疾病、如何面对人生的最后等问题；谈根本气

辞世（九月廿九日十六时廿九分）

台湾初版《〈瑜伽师地论·声闻地〉讲录》《廿一世纪初的前言后语》《孟子与离娄》《孟子与万章》

大陆简体字初版《廿一世纪初的前言后语》《〈瑜伽师地论·声闻地〉讲录》

韩国初版韩文译本：《圆觉经略说》、《漫谈中国文化》（《中国文化漫谈》）

先生辞世后

南怀瑾文化事业有限公司在台湾设立

南怀瑾文化事业有限公司台湾初版：《孟子与尽心篇》、《孟子与滕文公、告子》、《太极拳与静坐》、《话说中庸》、《对日抗战的点点滴滴》、《大圆满禅定休息简说》、《我的故事我的诗》、《洞山指月》、《禅海蠡测语译》（南怀瑾原著，刘雨虹语译）、《金粟轩纪年诗》（南

怀瑾原著，林曦注释）、《南师所讲呼吸法门精要》（刘雨虹汇编）、
《东拉西扯——说老人、说老师、说老话》（刘雨虹著）、《点灯的人》
（东方出版社编）、《云深不知处》（刘雨虹编）、《跟着南师打禅七》
（刘雨虹编）、《说不尽的南怀瑾》（查旭东著）、《说南道北——说老
人、说老师、说老话》（刘雨虹著）、《南怀瑾与杨管北》（刘雨虹编）、
《怀师之师——袁公焕仙先生诞辰百卅周年纪念》（刘雨虹编辑）、《百
年南师——纪念南怀瑾先生百年诞辰》（刘雨虹编）、《中医医理与道
家易经》、《怀师的四十三封信》（刘雨虹编）、《怀师的四十八本书》
（刘雨虹著）、《谈天说地——说老人、说老师、说老话》（刘雨虹著）、
《照人依旧披肝胆　入世翻愁损羽毛——刘雨虹访谈录》（岱峻编著）、
《传统身心性命之学的探讨》

　　南怀瑾文化事业有限公司校订台湾繁体字再版：《孟子与万章》、
《孟子与离娄》、《孟子与公孙丑》、《禅海蠡测》、《孟子旁通》、《我说
参同契》（上、中、下）、《人生的起点和终站》、《孔子和他的弟子们》
（原名《孔学新语》）《漫谈中国文化》、《〈瑜伽师地论·声闻地〉讲录》
（上、下）、《静坐修道与长生不老》、《圆觉经略说》、《答问青壮年参
禅者》、《如何修证佛法》、《药师经的济世观》、《禅、风水及其他》
（刘雨虹著）、《新旧教育的变与惑》（原名《新旧的一代》）、《禅与生
命的认知初讲》、《易经系传别讲》（上、下）、《道家密宗与东方神秘
学》、《花雨满天维摩说法》（上、下）、《金刚经说什么》（上、下）、
《禅宗新语》（原名《禅话》）、《楞严大义今释》、《一个学佛者的基本
信念》、《历史的经验》、《南怀瑾与彼得·圣吉》、《禅观正脉研究》

　　大陆简体字初版：《孟子与离娄》、《孟子与万章》、《孟子与尽心
篇》、《孟子与滕文公、告子》、《太极拳与静坐》、《话说中庸》、《历
史的经验》增订本（附《对日抗战的点点滴滴》）、《孔子和他的弟子们》

（原名《孔学新语》）、《大圆满禅定休息简说》、《定慧初修》（袁焕仙、南怀瑾著）、《禅海蠡测语译》（南怀瑾著，刘雨虹译）、《南师所讲呼吸法门精要》（刘雨虹汇编）、《禅门内外——南怀瑾先生侧记》（刘雨虹著）、《南怀瑾与金温铁路》（侯承业编著）、《东拉西扯——说老人、说老师、说老话》（刘雨虹著）、《点灯的人》（东方出版社编）、《云深不知处》（刘雨虹编）、《说不尽的南怀瑾》（查旭东著）、《洞山指月》、《易经与中医》、《怀师的四十三封信——南怀瑾致刘雨虹书信四十三札》（刘雨虹编）

　　大陆初版日文译本：《论语别裁》（上、下）

　　韩国初版韩文译本：《老子他说》（上、下）、《禅与生命的认知初讲》、《楞伽大义今释》、《孟子与公孙丑》、《孟子旁通》、《庄子諵譁》（上、下）、《小言黄帝内经与生命科学》、《药师经的济世观》、《花雨满天维摩说法》（上、下）、《孟子与尽心篇》、《定慧初修》（袁焕仙、南怀瑾合著）、《南师所讲呼吸法门精要》（刘雨虹汇编）、《佛说入胎经》（南怀瑾指导，李淑君译）、《南怀瑾谈历史与人生》（练性乾编）、《话说中庸》、《道家、密宗与东方神秘学》、《大圆满禅定休息简说》、《我说参同契》（上、下）、《〈瑜伽师地论·声闻地〉讲录》（上、下）

　　初版法文译本：《般若正观略讲》（*Le Sûtra du coeur*，即《心经讲记》）

　　日本初版日文译本：《人生的起点和终点》《孔子和他的弟子们》《小言黄帝内经与生命科学》